当代世界农业丛书

法国农业

李 岩 主编

中国农业出版社
北 京

图书在版编目（CIP）数据

法国农业 / 李岩主编 . —北京：中国农业出版社，
2021.12
（当代世界农业丛书）
ISBN 978-7-109-28586-6

Ⅰ.①法…　Ⅱ.①李…　Ⅲ.①农业经济－研究－法国
Ⅳ.①F356.53

中国版本图书馆 CIP 数据核字（2021）第 149582 号

法国农业
FAGUO NONGYE

中国农业出版社出版
地址：北京市朝阳区麦子店街 18 号楼
邮编：100125
出版人：陈邦勋
策划统筹：胡乐鸣　苑　荣　赵　刚　徐　晖　张丽四　闫保荣
责任编辑：张　丽
版式设计：王　晨　　责任校对：沙凯霖
印刷：北京通州皇家印刷厂
版次：2021 年 12 月第 1 版
印次：2021 年 12 月北京第 1 次印刷
发行：新华书店北京发行所
开本：787mm×1092mm　1/16
印张：16.5
字数：270 千字
定价：88.00 元

当代世界农业丛书编委会

法 国 农 业

当代世界农业丛书

本书编写组

主　　编：李　岩

编写人员（按姓氏笔画排序）：

李　俊　李　琦　李冬冬　武文方　梁亚波

薛惠文

序

Preface

2018 年 6 月，习近平总书记在中央外事工作会议上提出"当前中国处于近代以来最好的发展时期，世界处于百年未有之大变局"的重大战略论断，对包括农业在内的各领域以创新的精神、开放的视野，认识新阶段、坚持新理念、谋划新格局具有重要指导意义。农业是衣食之源、民生之基。中国农业现代化取得举世瞩目的巨大成就，不仅为中国经济社会发展奠定了坚实基础，而且为当代世界农业发展提供了新经验、注入了新动力。与此同时，中国农业现代化的巨大进步，与中国不断学习借鉴世界农业现代化的先进技术和成功经验，与不断融入世界农业现代化的进程是分不开的。今天，在世界处于百年未有之大变局、世界经济全球化进程深入发展、中国农业现代化进入新阶段的重要历史时刻，更加深入、系统、全面地研究和了解世界农业变化及发展规律，同时从当代世界农业发展的角度，诠释中国农业现代化的成就及其经验，是当前我国农业工作重要而紧迫的任务。为贯彻国务院领导同志的要求，2019 年 7 月农业农村部决定组织编著出版"当代世界农业丛书"，专门成立了由部领导牵头的丛书编辑委员会，从全国遴选了相关部门（单位）负责人、对世界农业研究有造诣的权威专家学者和中国驻外使馆工作人员，参与丛书的编著工作。丛书共设 25 卷，包含 1 本总论卷（《当代世界农业》）和 24 本国别卷，国别卷涵盖了除中国外的所有 G20 成员，还有五大洲的其他一些农业重要国家和地区，尤其是发展中国家和地区。

在编写过程中，大家感到，丛书的编写，是一次对国内关于世界农业研究力量的总动员，业界很受鼓舞。编委会以及所有参与者表示一定要尽心尽责，把它编纂成高质量权威读物，使之对于促进中国与世界农业国际交流与合作，推动世界农业科研教学等有重要参考价值。但同时，大家也切实感到，至今我国对世界农业的研究基础薄弱，对发达国家（地区）与发展中国家（地区）的农业研究很不平衡，有关研究国外农业的理论成果少，基础资料少，获取国外资料存在诸多不便。编委会、各卷作者、编审人员本着认真负责、深入研究、质量第一的原则，克服新冠肺炎疫情带来的诸多困难。编委会多次组织召开专家研讨会，拟订丛书编写大纲、制订详细写作指南。各卷作者、编审人员千方百计收集资料，不厌其烦研讨，字斟句酌修改，一丝不苟地推进丛书编著工作。在初稿完成后，丛书编委会还先后组织农业农村部有关领导和专家对书稿进行反复审核，对有些书稿的部分章节做了大幅修改；之后又特别请中国国际问题研究院院长徐步、中国农业大学世界农业问题研究专家樊胜根对丛书进行审改。中国农业出版社高度重视，从领导到职工认真负责、精益求精。历经两年三个月时间，在国务院领导和农业农村部领导的关心、指导下，在所有参与者的无私奉献、辛勤努力下，丛书终于付梓与读者见面。在此，一并表示衷心感谢和敬意！

即便如此，呈现在广大读者面前的成书，也肯定存在许多不足之处，恳请广大读者和行业专家提出宝贵意见，以便修订再版时完善。

倪欣荣

2021 年 10 月

前　言

| Foreword |

　　法国位于欧洲西部，气候温和，土地肥沃，为农业发展提供了得天独厚的条件。法国是欧盟共同农业政策的发起国，其农业产量、产值均居欧洲之首，较高的农业机械化水平使其成为欧洲农业现代化模式的代表。2020年，法国农场和大型农业生产集团凭借140万全职员工创造了680亿欧元的产值，占欧盟28个成员国总量的18%，位居欧洲第一。2020年法国葡萄酒产量位居世界第二。

　　法国因畜牧业和园艺业发达，而成为全球重要的农产品出口国。其农业食品行业已形成比较完备的农业食品生产体系，农产品加工制成品在外贸中占有重要地位。法国出口到欧盟国家的主要农产品包括饮料、乳品和谷物等；在世界范围内，法国农产品主要出口到美国和中国，向美国出口大量的葡萄酒和烈性酒，向中国出口猪肉、奶制品和谷物。

　　向欧盟以外的第三国出口农产品，为法国的农业食品贸易顺差做出了越来越多的贡献：2019年，法国农业食品行业实现总销售额1267亿欧元，法国对第三国的贸易顺差为80亿欧元，与2018年相比增长了21%，其中肉类和饮料产值占比达41%，奶制品占17%，其他食品（糖、糖果、巧克力，速食便餐，儿童食品）占14%。法国农业食品在外贸顺差中的贡献仅次于化学产品、香水和化妆品，是法国外贸的支柱性产业。

　　法国作为欧洲的农业大国，不仅有着完备的农业人才培养体系，更在农业技术创新、农业市场化建设以及农业科研和技术推广上有着独具特色的发展模式。中法两国都是农业大国，在农业的发展历史和现实中有很多可以相互学习借鉴的方面。中法农业合作经过半个多世纪的历史积淀，不仅形成了良好的政府合作机制，还通过市场建立起广泛的合作渠道：在中国，有近120家法国农业和农业食品公司代表处，涵盖葡萄酒和烈性酒、谷物、甜菜、麦芽和淀粉、动物饲料、动物生产、水果加工、植物种子、奶制品以及保险行业；与此同时，法国也吸引了大量来自中国的投资者，除了154家波尔多葡萄园被中国投资者收购外，近些年，还涌现出合生元、圣元、安迪苏等中国在法农业投资成功的企业，进一步加深了中法两国的全面战略伙伴关系。

法国是中国农业发展与国际经贸合作的好伙伴，是中国农业现代化可借鉴的技术强国。《法国农业》一书的撰写不仅是对法国农业历史和现实的描绘，更期望引发农业科研人员、政府部门、行业人士对中法未来农业合作的开展方式和方案深入思考、凝聚共识，为打造更稳定的中法农业关系出谋划策。

本书所引用的法国农业行业数据主要参考法国农业和食品部数据统计司官网发布的农业、林业、渔业和食品业年度报告2020版和2019版（www. agreste. agriculture. gouv. fr），部分资料来自欧盟统计局（ec. europa. eu）等官网。书中各类机构官网均以法文为主要搜索语言，由于编者认知局限以及法语到汉语翻译过程的影响，疏漏之处在所难免，针对法国农业领域出现的各类机构名称的法文表述，我们特别采用了括号内标注法文原文的方式，以便读者在阅读中文时查找法文原文进行比对。

在本书付梓的时刻，我们要将感谢之情特别送给励精图治、笔耕不辍的《法国农业》编委会成员：首先，感谢北京语言大学法语系国别和区域研究方向的研究生们（博士研究生梁亚波，硕士研究生武文方、李琦、薛惠文），在时间紧、任务重的情况下，他们在本书主编李岩导师的带领下克服重重困难，实现全员参与，保质保量地完成了本书主要内容的撰写工作。这份感谢更要送给农业农村部国际交流服务中心技术合作处的李俊，以及上海对外经济贸易大学法语系教师李冬冬，您们撰写的部分让本书的内容更加完整和生动。其次，我们要特别感谢为《法国农业》提供审校的农业农村部国际交流服务中心洪志杰副主任，他对本书的编写逻辑、编写内容等方面提出的诸多建议，提升了本书的整体质量和阅读体验。最后，我们要把致谢送给为本书的编辑和后期校对工作提出最佳解决方案的编辑们，是他们的耐心、细致的工作以及负责任的敬业精神，促成了这本《法国农业》的诞生。从某种意义上说，《法国农业》不仅仅是一部科研专著，更是北京语言大学外语专业向国别和区域研究方向转型在教学成果上的一次集中展示，以《法国农业》一书为契机，农业主题将为北京语言大学法语系开展硕士研究生国别和区域专题教学提供主题参考。

当您阅读这本书时，不管您是农业专家，还是法语爱好者，或是普通读者，我们都诚挚地希望您为本书提出宝贵的修改意见，这会激励我们更好地从事法国农业专题研究和法语教学研究，您提出的任何意见和建议都是我们进步的力量！

本书在编写过程中，得到了农业农村部领导、部内相关司局和有关专家的大力支持和帮助，谨向助力本书付梓做出贡献的所有人士表示衷心的感谢！

编　者

2021 年 10 月

目 录

| Contents |

第一章 CHAPTER 1
法国自然资源概况 ▶▶▶

::::::::::: 第一节　地理环境 :::::::::::

一、地形地貌

法国位于欧洲西部，气候温和，土地肥沃，为农业发展提供了得天独厚的条件。法国国土面积 551 602 平方千米（不包括科西嘉岛和沿海岛屿），占欧洲大陆面积的 5%，是西欧大陆面积最大的国家，在欧洲仅次于俄罗斯，居第二位，在世界排名第 40 位。

法国最北端在敦刻尔克（Dunkerque）东北角，处于北纬 51°50′；最南端在比利牛斯山脉（Pyrénées）东南角，处于北纬 42°20′。科西嘉岛最南端处于北纬 41°20′；最东端在阿尔萨斯（Alsace）东北角，处于东经 8°18′；最西端在布列塔尼半岛（Bretagne）最西头，处于西经 4°42′。法国领土除了地中海（Méditerranée）中的科西嘉岛外，大致呈六边形，三面临海，三面靠陆。东南临地中海，西濒比斯开湾和大西洋，西北隔拉芒什海峡（La Manche，也叫英吉利海峡）和加来海峡（Pas de Calais）与英国相望，正北面向北海。在陆地上，东北部紧靠比利时、卢森堡和德国，东部与瑞士、意大利和摩纳哥相邻，南部与西班牙和安道尔接壤。法国本土东西南北之间的距离大体上都在 1 000 千米左右，布局比较均匀。例如，从最北部的敦刻尔克到最南部的卡尼古（Canigou）或从最西部的韦桑岛（île d'Ouessant）到东部的斯特拉斯堡（Strasbourg），其距离大体上都是 950 千米。从西北部的布雷斯特（Brest）到东南部的芒通（Menton）是 1 050 千米。从西南部的昂代（Hendaye）到东北部的洛泰堡（Lauterbourg）则是 1 000 千米。总之，法国本土

1

没有一个地方距离海岸直线超过 500 千米。正因为法国本土的边疆在地图上呈现出优美的和比较对称的六边形,所以法国常常被称为"六角国"或者"六边形"。

法国国境线全长 5 500 千米,其中海岸线长约 3 300 千米。在西欧诸国中,只有法国成为大西洋、北海和地中海之间的桥梁,充当西欧和北半球通向北美、非洲和南半球的快捷通道,可见法国地理位置十分优越。法国陆地边界中约有 1 000 千米沿山脉走向,并且一般是以山顶线为界,如比利牛斯山脉和阿尔卑斯山脉(Alpes)等;有 195 千米则是以莱茵河(Rhin)的左岸为界。但是,法国北部的边界则不是依据任何自然地理的因素,而是与邻国共同达成协议而划分,切断了从摩泽尔河(Moselle)至伊泽尔河(Yser)之间的很多河流及其流域。法国领土除了法国本土外,还有沿海诸岛屿,其中地中海的科西嘉岛最大,面积为 8 680 平方千米。此外,沿着大西洋海岸线星罗棋布地分布着众多的岛屿,如韦桑岛、贝勒岛(Belle‐fle)、努瓦尔穆捷岛(île de Noir-moutier)、约岛(île d'Yeu)、雷岛(île de Ré)和奥莱龙岛(île d'Oléron)等,大大小小岛屿总共有 150 多个。

法国地形

法国本土地形特点是东南高西北低。东部和南部为山脉所环绕,其海拔都在 500 米和 1 000 米以上。中南部是中央高原(massif Central),其海拔在 250~1 000 米,有些地方达到 1 000 米以上。东北部的海拔在 250~500 米。中部和中西部的海拔在 100~250 米。法国本土的沿海地带海拔都在 100 米以下。法国本土地形的另一特点是低地、平原和低台地多于山地,法国本土的海拔平均为 342 米充分证明了这一特征。法国本土面积的 80% 是平原和丘陵,其中海拔 250 米以下的平原地带占本土面积的 60%,处于海拔 100 米以下的低地占 25%。介于 250~500 米的丘陵地带占本土面积的 20%。500 米以上的山地占本土面积的 17.8%(科西嘉岛除外)。

如果以法国本土南部的努瓦尔山口(Noire)开始画线,向东北方向经过埃斯皮努斯山脉(monts de l'Espinouse)、塞文山脉(monts Cévennes)、里昂内山脉(monts Lyonnais)、博若莱山脉(monts Beaujolais)、沙罗莱山脉(monts Charollais),再向北通过科多尔台地(côte d'Or)、朗格勒高原(plat-eau de Langres)和福西耶山脉(monts Faucilles),最后到达阿尔萨斯的圆顶山（ballon d'Alsace），形成 S 形的南北走向。这条 S 曲线把法国本土分为两部分：S 曲线以西在地质构造上叫海西地区，S 曲线以东是比利牛斯-阿尔卑斯地区。正是这个海西地区集中了法国本土绝大部分的低地、平原和台地，如巴黎盆地（bassin Parisien）、加龙平原（plaine Garonne）、阿基坦盆地（bassin Aquitain）、阿摩里卡丘陵地（massif Armoricain）、安格洛-弗拉芒盆地（bassin d'Anglo - flamand）。其中，巴黎盆地位于法国北部，东西宽约 450 千米，南北长约 300 千米，大部分属于塞纳河（Seine）和卢瓦尔河流域（Loire）。在阿摩里卡丘陵地还分布着大大小小的盆地，如雷恩盆地（bassin de Rennes）、南特盆地（bassin de Nantes）、基乌盆地（bassin de Quiou）、沙托兰盆地（bassin de Chateaulin）等。阿摩里卡丘陵位于法国西北部，包括诺曼底（Normandie）和布列塔尼（Bretagne）。加龙平原位于中央高原的西南部，是河流冲积的一个大三角形盆地。S 曲线以东也分布着一些平原和谷地，尤其从阿尔萨斯（Alsace）到鲁西永（Rou ssillon），形形色色、大大小小的平原、盆地和谷地位于山岳之前或者穿插在两个山脉分支之间。著名的索恩-罗讷谷地就位于中央高原和阿尔卑斯山脉之间，谷地宽 20～30 千米，由北向南蜿蜒直达地中海沿岸，是地中海到法国内地的通道，在历史上是贸易、军事调动和殖民的必经之路。至于低地，主要分布在大西洋、拉芒什海峡和加来海峡的法国沿岸部分，面积辽阔。在地中海的法国沿岸部分，也有相当面积的低地。正是这些低地、平原、低台地和谷地，使法国成为对外最敞开的国家，在世界之林中成为既有地理上优势又有地形上优势的为数不多的国家之一。中央高原也处在海西地区，位于法国中南部，平均海拔为 715 米，最高达到 1 886 米。中央高原面积约 8.6 万平方千米，囊括了法国本土的 22 个省。法国本土一些重要的河流都以此作为分水岭，从而形成中央高原的辐射状水系。中央高原在古老年代曾经是火山活动最活跃的地区，至今还留下了火山喷发的遗迹。

　　从法国地形和河流构成上看，法国是一个以平原为主的国家，法国本土山脉的分布和构成对法国农业和交通的发展都没有造成不利的影响，平原适合大田作物的种植，河谷地带分布着大量的葡萄园和其他果园，山区林地为国家提供大量的木业原材料，低台地适合发展牧场，有利于畜牧业发展。

二、气候

法国本土距离赤道和北极大体相等，因此法国大部分地区处于温带，只有南部地区属于亚热带。法国本土西部面向大西洋，属于典型海洋性气候，冬暖夏凉，温和湿润，适宜农作物的生长。如地处法国西部的布列塔尼半岛1月平均气温为7℃，8月平均气温为17℃，该半岛最西边的布雷斯特冬季没有那么严寒（1月平均气温为6.3℃），夏季不像所处同一纬度的其他地区那么酷热（7月平均气温为16℃）。常年气温变化不大，只是在冬季向夏季或夏季向冬季转换时有较大的变化。例如，巴黎处在西部布列塔尼和东部阿尔萨斯的中间，是海洋性和大陆性交叉混合型气候：10月到第二年4月属于海洋性气候，4—9月是大陆性气候。年平均气温为11.2℃，1月平均气温为3.5℃，7月平均气温为18.4℃，冬季多雨寒冷潮湿，夏季少雨炎热晴朗。东部靠近边境的斯特拉斯堡同西部的布雷斯特大体处在同一纬度上，但斯特拉斯堡却是典型的大陆性气候，1—7月气温逐渐上升，降水量逐渐增加，8—12月气温逐渐下降，降水量逐渐减少。1月平均气温为0.4℃，7月平均气温为19℃。法国南部受地中海海洋性气候的影响，夏季干热，冬季充满阳光，春季和秋季多雨。夏季平均气温为22℃，冬季平均气温为8℃。例如，地处法国南部的尼斯（Nice）面临地中海，1月平均气温为8.7℃，7月平均气温为22.9℃。波尔多（Bordeaux）面临大西洋的比斯开湾，秋季和冬季受比斯开湾强烈的海洋性气流影响，降雨较多且雨量大；春季和夏季特别是夏季主要受地中海亚热带气流的影响，少雨炎热。波尔多1月平均气温为5.6℃，7月平均气温为20.9℃。马赛濒临地中海，春季和秋季是多雨季节，夏季降水量逐渐减少。

法国大部分地区雨量适中，年降水量一般在600～1 000毫米，少数地区在600毫米以下，如巴黎年降水量为550毫米，1月为54.3毫米，7月为53.6毫米。只有几个地区的年降水量在500毫米以下，如普罗旺斯（Provence）和朗格多克（Languedoc）的滨海地区、卢瓦尔河流域的伊利埃地区（Illiers）、博斯平原（plaine de Beauce）和佩尔什（Perche）之间的边界区、阿尔萨斯等。山区降水量比较多，每年可达1 000～2 000毫米。特别是比利牛斯山脉和北阿尔卑斯山脉的几个最高山峰以及汝拉山和中央高原的几个山顶的年降水量在2 000毫米以上。降水量从东向西递减，如斯特拉斯堡的年降水量为700毫米，1月为 51 毫米，7月为 73 毫米。年降水量较少的区域在南特（Nantes）、亚眠（Amiens）、穆尔默隆（Mourmelon）和普瓦捷（Poitiers）所形成的四边形内。总体来看，整个法国在秋季降水量最大，春季和夏季次之，但在地中海和大西洋的沿岸地带，秋季和冬季的降水量也较多，如尼斯的年降水量为 800 毫米，1月为 82.7 毫米，7月为 15.6 毫米。

法国本土的霜冻期集中在冬季。地中海和大西洋沿岸地区的霜冻期不足一个月，但地处法国东部的洛林地区（Lorraine）的霜冻期可达 80 天以上。在海拔 1 000 米以上的地区，霜冻期超过 3 个月，如朗格多克、普罗旺斯、索恩-罗讷河（Saône - Rhône）和瓦朗斯以南的高地，霜冻期在 3 个月以上。中央高原的霜冻有时也会在春末和秋季出现，对农作物的生长危害极大。法国本土大部分地区降雪的日子有限，但在海拔 500 米以上的高原地区如中央高原、洛林、上索恩省（Haute - Saône）等每年降雪达到 20 天。在海拔 1 000～1 500米的山地以及海拔 1 200 米以上的中央高原地区，积雪可延续 4～5 个月，那里即使在夏季也偶尔会降雪。

总体来看，法国本土的气候温和，大部分地区的气候得天独厚。但是，天有不测风云，在一些局部地区难免会出现反常的气象，也会受到恶劣气候引起的自然灾害的困扰，给国民经济造成不小的损失，使人民生命、财产和生活受到危害。2018 年的秋季天气温和，降水量不足，各地区雨量对比明显。地中海地区受风暴影响雨量偏大，相反其他地区则遭受严重干旱，东北部地区尤其明显。平常法国 1 月份相当寒冷，但 2019 年的 1 月天气异常温和。从 2 月中旬开始，法国的气温大大超过了正常的季节性温度。整个季节降水量不足。截至 2019 年 3 月 1 日，几乎所有地区的土壤湿度指数都低于正常水平，4 月和 5 月天气凉爽，平均气温保持在正常水平。降水量较往年同期呈负增长，且在地理上分布不均衡。热浪事件使 2019 年夏季成为法国第三个最热的夏季。截至 2019 年 9 月 1 日，除少数地区外，大部分地区的土壤湿度指数低于正常值，对农作物产量产生一定影响。

第二节　土地资源

法国土地按农业资源的类别可以划分为 14 个大的区域，每个区域都有各自主要的农业生产活动，例如大田种植、林地、水产养殖等。法国全境按照农业生产活动划分为 14 个地区如表 1-1。

表 1-1　法国农业生产活动地区分布总表

序号	地区名	主要农业生产活动
1	大东部地区（44-Grand Est）	畜牧、永久作物种植、大田作物种植
2	新阿基坦地区（75-Nouvelle-Aquitaine）	永久作物种植、畜牧、大田作物种植
3	奥弗涅-罗讷-阿尔卑斯地区（84-Auvergne-Rhône-Alpes）	畜牧、永久作物种植
4	勃艮第-弗朗什-孔泰地区（27-Bourgogne-Franche-Comté）	畜牧、大田作物种植
5	布列塔尼地区（53-Bretagne）	畜牧
6	中央-卢瓦尔河谷地区（24-Centre-Val de Loire）	大田作物种植、畜牧
7	科西嘉地区（94-Corse）	畜牧
8	法兰西岛地区，即巴黎地区（11-Île-de-France）	大田作物种植
9	奥克西塔尼地区（76-Occitanie）	永久作物、畜牧、大田作物种植
10	上法兰西地区（32-Hauts-de-France）	大田作物种植
11	诺曼底地区（28-Normandie）	畜牧、大田作物种植
12	卢瓦尔河地区（52-Pays de la Loire）	畜牧
13	普罗旺斯-阿尔卑斯-蓝色海岸地区（93-Provence-Alpes-Côte d'Azur）	永久作物种植、畜牧
14	法国海外省（DOM）	大田作物种植

注：地名中数字为地区和省的邮政编码。

一、土地资源总览

2018 年，法国本土和海外省总面积达 6 380 万公顷，以耕地、草场和畜牧业用地为主的农业用地占领土总面积的 45%[①]，其中 31% 为耕地，14% 为牧场。天然区域占国家领土面积的 48%（其中 39% 在法国本土），其中林地（包括森林、树丛、树篱、道旁树等）是最大的天然区域（41%），远远超过

---

① 法国农业和食品部数据统计司，https://agreste.agriculture.gouv.fr/agreste-web/download/publication/publie/Chd2 011/C&D% 202020-11_SAA% 202 019%20V2-Définitive.pdf。

荒原、次生林和其他灌木丛（3%）、水下区域（3%）和天然裸露土壤（1%）。诺曼底、卢瓦尔河沿岸、上法兰西、布列塔尼等地区是农业用途覆盖最广泛的地区。林业占法国领土面积的 26%，主要集中在法国东部和南部地区。法国海外省圭亚那①森林广袤富饶，面积相当于法国本土西南部的新阿基坦地区的面积（84 100 平方千米），被列为未使用土地。2019 年，法国农业、林业、人工化用地和未使用土地资源四项土地资源的比例分布如图 1-1。

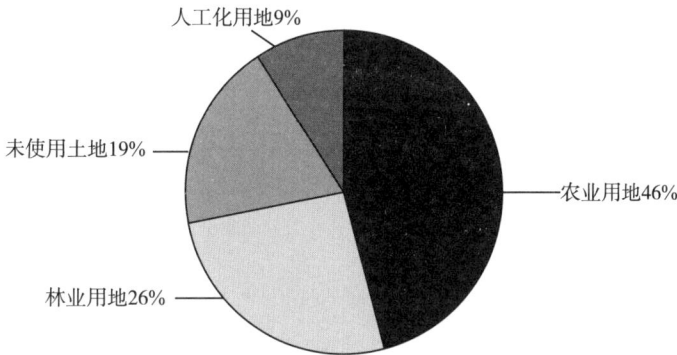

图 1-1　2019 年法国土地资源比例分布

资料来源：法国农业和食品部数据统计司 2020 年年度报告，agreste. agriculture. gouv. fr。

法国农业用地主要集中在法国西北部省份，占西北部省份总面积的 60% 以上。在法国南部和东部省份，这一比例要低得多。在滨海阿尔卑斯省、瓦尔省以及地中海沿岸的省份，这一比例不到 15%。

二、农业用地使用状况

法国农业用地主要用于大田作物种植、饲料作物种植、永久性作物种植（葡萄园、其他果园等）以及蔬菜、花卉等的种植。法国农业用地面积正在逐年减少，1950 年已用农地面积为 3 440.8 万公顷，占法国本土面积的 62.6%；1980 年为 3 174.4 万公顷（占比为 57.8%）；2000 年为 2 980.8 万公顷（占比为 54.3%）；2010 年为 2 892.6 万公顷（占比为 52.7%）；到了 2019 年，减少

① 圭亚那（La Guyane），法属海外省，位于南美洲北海岸，面积 91 000 平方千米，森林占全境面积 90% 以上。

到 2 863.7 万公顷（占比减少到 52.2%）。尽管法国农业用地面积在逐年减少，但是法国大田作物种植面积在农业用地中的占比却在逐年增加，从 1950 年的 34.3%增加到 2019 年的 45%。2019 年，法国本土的大田作物种植面积为 1 287.4 万公顷，而 1950 年为 1 181.2 万公顷。1950—2019 年法国农业用地作物种植面积及占比数据如表 1-2。

表 1-2　1950—2019 年法国农业用地作物种植面积及占比

单位：万公顷

农业用地类别	1950 年		1980 年		2000 年		2010 年		2019 年	
	面积	比例（%）	面积	比例（%）	面积	比例（%）	面积	比例（%）	面积	比例（%）
大田作物	1 181.2	34.3	1 162.0	36.6	1 345.9	45.2	1 313.6	45.4	1 287.4	45.0
饲料作物	1 951.1	56.7	1 819.4	57.3	1 469.1	49.3	1 433.9	49.6	1 422.9	49.7
永久性作物	205.0	6.0	142.2	4.5	114.1	3.8	101.1	3.5	101.0	3.5
蔬菜、花卉等	103.5	3.0	50.8	1.6	51.7	1.7	44.0	1.5	52.4	1.8

资料来源：法国农业和食品部数据统计司 2020 年年度报告，agreste. agriculture. gouv. fr。

（一）大田作物种植面积

自 20 世纪 50 年代以来，大田作物（谷物、油料作物、蛋白质作物、马铃薯、经济作物）的种植面积一直在增加，取代了部分饲料作物和永久性作物（葡萄树、其他果树、其他永久性作物）的种植。2019 年谷物、油料作物和蛋白质作物的种植面积占大田作物种植面积的比例达 89.7%，马铃薯只占 1.6%，而 1950 年马铃薯占比为 8.4%。近 70 年间，休耕田的比例从 11.9% 下降至不到 4%。自 2010 年以来，种植经济作物的土地面积显著增加，特别是纤维植物（造纸大麻、纺织亚麻等）的面积翻了一倍，芳香植物种植面积提高了近 1/3。2018—2019 年，大田作物种植面积整体在减少，主要原因是油料作物和工业甜菜种植面积减少了 49 万公顷。1950—2019 年法国大田作物种植面积及占比如表 1-3。

表 1－3　1950—2019 年法国大田作物种植面积及占比

单位：万公顷

作物类别	1950 年		1980 年		2000 年		2010 年		2019 年	
	面积	比例（%）	面积	比例（%）	面积	比例（%）	面积	比例（%）	面积	比例（%）
谷物、油料作物、蛋白质作物	887.6	75.1	1 047.3	90.1	1 155.4	85.8	1 186.1	90.3	1 155.1	89.7
主要经济作物（工业甜菜、纤维植物等）	54.3	4.6	70.7	6.1	52.1	3.9	49.5	3.8	64.4	5.0
马铃薯	98.8	8.4	21.8	1.9	16.3	1.2	15.7	1.2	20.7	1.6

资料来源：法国农业和食品部数据统计司 2020 年年度报告，agreste. agriculture. gouv. fr.。

2019 年谷物种植面积占谷物、油料作物和蛋白质作物总种植面积的 81.4%。尽管 2019 年谷物、油料作物、蛋白质作物总种植面积经历了周期性的大幅下降，但油料作物（油菜、向日葵、大豆和亚麻籽）的种植面积整体呈上升趋势，它们占谷物、油料作物和蛋白质作物总种植面积的 16.5%，而 1950 年这一类作物的占比却不到 2%。因为油料作物可以生产油，它们的残渣（即饼）可用作动物饲料。2018—2019 年，谷物种植面积增加了 35 万公顷，特别是大麦和春小麦增加了 32%，冬小麦增加了 2%，这些增加的部分抵消了经济作物种植面积下降的部分。大田作物主要集中在以下省份：厄尔-卢瓦尔省（Eure‐et‐Loir）、马恩省（La Marne）、维也纳省（La Vienne）、约纳省（L'Yonne）、埃纳省（L'Aisne）和热尔省（Gers）。1950—2019 年法国谷物、油料作物和蛋白质作物种植面积如表 1－4。

表 1－4　1950—2019 年法国谷物、油料作物和蛋白质作物种植面积

单位：万公顷

作物类别	1950 年	1980 年	2000 年	2010 年	2019 年
谷物	872.4	989.2	907.6	923.1	940.3
油料作物	15.2	50.7	201.0	223.3	190.7
蛋白质作物	—	7.5	46.7	39.7	24.2
谷物、油料作物和蛋白质作物总种植面积	887.6	1 047.3	1 155.4	1 186.1	1 155.1

资料来源：法国农业和食品部数据统计司 2020 年年度报告，agreste. agriculture. gouv. fr.。

（二）饲料作物种植面积

法国饲料作物的种植面积一直比大田作物种植面积多。2019年，饲料作物种植面积占农业用地总面积的近一半，其他作物（如永久作物、蔬菜、花卉）的种植面积则占农业用地总面积的5%。1960—2019年法国饲料作物种植面积如表1-5。

表1-5　1960—2019年法国饲料作物种植面积

单位：万公顷

作物类别	1960年	1980年	2000年	2010年	2019年
年度饲料作物（卷心菜和玉米）	81.4	141.0	143.6	142.8	170.8
根（块）茎植物	127.3	35.0	4.1	1.1	1.6
牧草	1 742.4	1 643.4	1 321.3	1 290.0	1 268.4
饲料作物总面积	1 951.1	1 819.4	1 469.1	1 433.9	1 440.8

资料来源：法国农业和食品部数据统计司2020年年度报告，agreste. agriculture. gouv. fr。

法国牧场在法国本土农业用地中的占比较高，尽管部分饲料作物用地改成了大田作物种植，但并未改变牧场在法国农业中首屈一指的地位。在法国本土，2019年牧场总面积达1 183.3万公顷，占农业用地的44.3%。按牧场面积排序，最大的在法国中部的奥弗涅-罗讷-阿尔卑斯地区，最小的在上法兰西地区。2019年法国本土10个面积较大牧场的地区分布如表1-6。

表1-6　2019年法国本土大牧场地区分布

地区名	奥弗涅-罗讷-阿尔卑斯地区	奥克西塔尼地区	新阿基坦地区	勃艮第-弗朗什-孔泰地区	卢瓦尔河地区	大东部地区	诺曼底地区	布列塔尼地区	中央-卢瓦尔河谷地区	上法兰西地区
牧场面积（万公顷）	221.2	192.9	192.5	139.1	101.9	91.6	89.3	66.9	51.6	36.3

资料来源：法国农业和食品部数据统计司2020年年度报告，agreste. agriculture. gouv. fr。

（三）永久性作物（葡萄树、其他果树、其他永久性作物）种植面积

2019年，法国永久性作物的种植面积为100.9万公顷，占法国农业用地面积的3.5%。法国永久性作物主要种植在西南部省份、地中海沿岸和卢瓦尔

河谷地区。20世纪80年代，法国葡萄园的面积急剧下降，主要是因为法国采取了一些限制产量的措施，如根除用于酿造日常餐酒的葡萄藤。1950—2019年法国永久性作物种植面积及占比如表1-7。

表1-7　1950—2019年法国永久性作物种植面积及占比

单位：万公顷

作物	1950年		1980年		2000年		2010年		2019年	
	面积	比例（%）	面积	比例（%）	面积	比例（%）	面积	比例（%）	面积	比例（%）
葡萄树	157.4	76.8	115.7	81.3	89.7	78.6	79.6	78.7	79.4	78.6
其他果树	45.3	22.1	24.3	17.1	21.8	19.1	18.6	18.4	18.2	18.1
其他永久性作物	2.2	1.1	2.3	1.6	2.6	2.3	2.9	2.9	3.3	3.3
永久性作物总面积	204.9		142.3		114.1		101.1		100.9	

资料来源：法国农业和食品部数据统计司2020年年度报告，agreste. agriculture. gouv. fr。

法国农作物种植不仅包括大田作物、饲料作物和永久性作物的种植，还包括蔬菜、水果种植等，篇幅有限，这里不一一列举。

三、林业用地使用状况

2018年，法国林地面积（包括海外省）为2 630万公顷，占法国领土（包括海外省）面积的41.2%，林地包括森林、树丛、树篱、道旁树以及红树林，其中森林占林地面积的94%。自20世纪80年代初以来，法国本土的森林面积增加了200万公顷，相比之下，同期其他林地（树丛、树篱）则减少了70万公顷。位于南美洲的法国海外省圭亚那地区，其土地的92%是林地，拥有法国其他海外省和法国本土南部以及东部（林地集中地区）林地总面积的39%以上份额。相比之下，林地在法国西部和北部地区面积则很少。

法国森林对农村地区的发展起到重要作用，它不仅为多个行业提供原材料，同时也是民众休闲活动的重要场地。此外，它对环境保护也发挥着重要作用，尤其可以通过碳存储来应对气候变化。2015年，法国本土森林面积占欧盟28国森林面积的11%，仅次于瑞典（17%）、芬兰（14%）和西班牙（11%）。前两个国家的林地以森林为主，森林覆盖率达领土的2/3以上。法国本土森林覆盖率达 33.5%，全法（包括海外省）森林覆盖率为 41.2%。1990—2018 年法国本土林地面积参见表 1-8。2018—2019 年法国土地使用的具体情况可参见表 1-9。

表 1-8 1990—2018 年法国本土林地面积

单位：万公顷

类　　别	1990 年	2000 年	2010 年	2018 年
森林	1 520.0	1 601.1	1 635.8	1 680.8
树丛、树篱、道旁树及红树林	205.5	187.8	175.5	156.7
林地总面积	1 725.5	1 788.9	1 811.3	1 837.5

表 1-9 2018—2019 年法国土地使用的具体情况

单位：公顷

类　　别	2018 年	2019 年	19/18 指数
休耕田	505 161	487 532	96.5
谷物（包括种子）	9 056 412	9 395 128	103.7
油料作物（包括种子）	2 357 362	1 906 836	80.9
蛋白质作物（包括种子）	227 270	241 582	106.3
工业甜菜（包括种子）	485 855	446 601	91.9
甘蔗（海外省）	40 242	40 138	99.7
纤维植物（包括种子）	122 373	136 230	111.3
各类经济作物（不包括种子）	7 637	7 308	95.7
芳香类、药用、香料类植物（不包括种子）	49 418	54 244	109.8
马铃薯（包括苗圃）	199 557	207 157	103.8
块茎、根茎和热带鳞茎（海外省）	9 996	966 6	100
新鲜蔬菜（不包括种子）	221 822	226 078	101.9
豆类	66 848	72 910	109.1
鲜花和盆栽	8 743	8 741	100
种子和各类苗圃	81 049	75 316	92.9
饲料用卷心菜、根茎和块茎	13 517	15 216	112.6
年度草料	1 498 890	1 540 074	102.7
人工牧场和临时牧场	3 087 741	3 139 063	101.7
农场主家庭花园和果园	14 905	14 901	100
可耕地	18 054 798	18 025 051	99.8
果树种植（包括栗树、橄榄树、胡桃树）	199 333	201 453	101.1
葡萄园	792 734	794 346	100.2
木本苗圃	15 442	15 628	101.2

（续）

类　别	2018 年	2019 年	19/18 指数
其他永久性作物（柳林、普罗旺斯甘蔗）	17 117	17 830	104.2
永久性作物（草场除外）	1 024 626	1 029 257	100.5
农场开发的永久性草场	7 878 878	7 889 147	100.1
农场使用的农用地面积	26 977 134	26 930 305	99.8
非农场主开发的花园和家庭果园	151 372	150 989	99.7
农场除外的永久性草场面积（集体和非耕地）	1 715 108	1 721 372	100.4
已用农地面积	28 843 614	28 802 666	99.9
林地和杨树林（包括树篱和道旁树）	24 718 096	24 739 839	100.1
荒原（未耕种、未放牧，荒地、丛林、次生林）	2 114 026	2 123 501	100.4
人工化用地	5 381 098	5 404 262	100.4
其他地表（海滩、岩石、内陆水域）	2 767 607	2 754 173	99.5
总面积	63 824 441	63 824 441	100.0

资料来源：法国农业和食品部数据统计司 2020 年年度报告，agreste. agriculture. gouv. fr。

第三节　劳动力资源

随着法国农业现代化的发展，农业劳动力（包括农场主、农业家庭辅助劳动力、非农业家庭劳动力）数量急剧减少，1990 年为 132.6 万人，2000 年为 96.7 万人，2010 年为 97.5 万人，2011 年为 78.5 万人，2012 年为 77.4 万人，2013 年为 76.7 万人，2017 年再减为 69.8 万人。农业劳动力占就业人口的比例在 1990 年为 5.7%，2000 年为 3.9%，2006 年为 3.4%，2017 年降为 2.6%。从农业经济的规模看，从事小规模农业经营的农民数量 2000 年为 27.8 万人，2010 年减为 17.8 万人，2016 年再减为 13.7 万人；从事中等规模农业经营的农民数量 2000 年为 21.8 万人，2010 年减为 15.1 万人，2016 年再减为 11.5 万人；从事大规模农业经营的农民数量 2000 年为 16.8 万人，2010 年为 16.2 万人，2016 年增加到 18.5 万人。法国农业领域企业大多为国有企业，截至 2017 年底，法国农业领域国有企业有 6 家，在职员工数量达 9 800 人，主要为国家林业局员工。

法国国家统计和经济研究所发布的《法国经济图表（2020）》最新数据[①]

---

① 法国国家统计和经济研究所，https：//www.insee.fr/fr/statistiques/4277862？sommaire＝4318291。

显示，截至 2019 年，法国本土总人口达 6 510 万人，人口密度为每平方千米 119 人。截至 2018 年底，法国本土农业从业人口占总人口比例为 1.5%，农业从业人口达 97.65 万人，占法国年度总就业人口的 2.5%。

一、农场规模

2016 年，欧盟 28 国范围内共有农场 1 050 万个，罗马尼亚占 1/3，其次是波兰（13%）、意大利（11%）、西班牙（9%），法国凭借其 45.7 万个农场，占有欧盟农场总数的 4.4%。但是欧盟农场中的 80% 都是小型农场，罗马尼亚 99% 的农场也都是小型农场。相反，荷兰、比利时、卢森堡、法国、德国和丹麦的农场却多数为中大型农场。[①] 欧洲农场平均面积为 17 公顷，但是罗马尼亚农场平均面积为 4 公顷，捷克农场平均面积则有 130 公顷。从经济规模上看，欧盟中大型农场的平均面积为 74 公顷，其中 78% 为农业用地面积。2016 年的统计数据表明，欧洲农业产值（按毛产值计算）的一半以上源于以下几个国家：法国（17%），意大利（14%），德国（14%），西班牙（11%）。这些农场的种植面积占欧洲农业用地总面积的 46%，但是产值却只占欧洲农场总数的 27%。

2016 年，法国农场的平均面积为 62 公顷，比 2010 年多 7 公顷。2016 年，法国本土农场总计 43.6 万个，比 1988 年（102 万个）减少了一半以上。大型农场平均面积能达到 111 公顷，比中型农场平均面积多 63 公顷。小型农场平均面积为 11 公顷。大型农场的面积占农业用地面积的 74%。2016 年，法国大型农场 18.5 万个，中型农场 11.5 万个，小型农场 13.6 万个。

二、农业专业化劳动力分布

随着农场规模和公司经营模式的转变，法国中大型农场聘用长期受薪人员的比例也在不断增加。2016 年，法国农场平均雇用全职员工 1.6 人，比 2010 年增加 5%。对劳动力的需求因农场农活的专业化程度而表现出较大差异：蔬菜园艺种植需要的劳动力最多，平均雇用全职员工 4 人；大田作物种

---

① 法国农业和食品部数据统计司 2020 年年度报告，agreste. agriculture. gouv. fr。

植和饲养动物的农场平均雇用全职员工1.2人。农业生产实践中，肉牛养殖场的农场主或家庭成员往往是主要劳动力，不需要再雇用额外的劳动力，因其时间投入还不到蔬菜园艺种植、果树栽培以及葡萄种植等领域工作时间的一半。法国农业长聘受薪岗位主要集中在蔬菜园艺和葡萄种植领域。水果生产领域有近一半的农活由季节性工人来承担。法国农业劳动力主要从事以下十类农业生产活动，按农场聘用的平均劳动力人数来排序：蔬菜园艺（4人），养牛（2.2人），葡萄种植（2.1人），奶牛养殖（2.0人），肉猪、禽类养殖（2.0人），水果种植（2.0人），多种栽培和多种动物养殖（1.8人），绵羊山羊和其他食草动物养殖（1.2人），肉牛类养殖（1.2人）以及大田作物种植（1.2人）。

2016年，法国本土的农场受聘人员总数达82.5万人，其中84%为长聘受薪人员（约69.3万人），与2010年（86%）相比略有下降，季节性受薪人员和部分外聘劳工弥补了由于长聘受薪人员人数下降所造成的劳动力缺口。中大型农场聘用的员工中的17%为季节性受薪人员，相比之下，小型农场聘用的季节性受薪人员数量则只占员工总数的7%。2016年，中大型农场主、个体农场主及其家庭成员越来越多地成为长聘受薪人员，此类长聘受薪人员占农业长聘受薪人员总数的17%。2010年和2016年，法国农场劳动力构成可参见表1-10。

表1-10　2010年和2016年法国农场劳动力构成

类别	2010年			2016年		
	在职员工数（万人）	全职员工数（万人）	农场平均全职员工数（人）	在职员工数（万人）	全职员工数（万人）	农场平均全职员工数（人）
个体农场主、联合经营者	60.5	44.6	0.91	56.4	42.4	0.97
个体农场家庭成员	15.2	6.3	0.13	10.5	4.4	0.10
其他长聘员工	19.2	14.3	0.29	15.6	13.1	0.30
季节性受薪人员或临时工	—	8.4	0.17	—	8.3	0.19
外聘劳工（雇主集团、居马*或其他）	—	2.2	0.04	—	8.3	0.19

（续）

类别	2010 年			2016 年		
	在职员工数（万人）	全职员工数（万人）	农场平均全职员工数（人）	在职员工数（万人）	全职员工数（万人）	农场平均全职员工数（人）
临时性劳动力或外聘劳动力总数	—	10.6	0.22	—	11.3	0.26
法国本土农业劳动力总数	—	86.4	1.76	—	87.8	2.01

* 居马是农民为了购买那些一次性投入较大的机械而建立的合作组织，即共同使用农业机械合作社（CUMA）。

资料来源：法国农业和食品部数据统计司 2020 年年度报告，agreste. agriculture. gouv. fr。

2014 年，法国中大型农场长聘受薪人员平均比例达 24％，按地区分布，长聘受薪人员比较集中的地区主要在北部地区。2010 年和 2016 年法国中大型农场长聘受薪劳动力指标详见表 1-11。

表 1-11　2010 年和 2016 年法国中大型农场长聘受薪劳动力数据

类　　别	2010 年	2016 年
聘用长聘受薪人员农场数（万个）	6.42	7.24
长聘受薪人员数（万人）	14.71	15.95
长聘受薪人员在长期就业人员总数中的比例（％）	22.4	25.7
长聘受薪人员在农业岗位中的占比（％）	19.4	22.0
季节性受薪人员在农业岗位中的占比（％）	11.5	12.5

资料来源：法国农业和食品部数据统计司 2020 年年度报告，agreste. agriculture. gouv. fr。

在法国，大型农场中的 3/4 是农业有限责任经营体，1/4 是农业共同经营联合体。2017 年，法国从事农业劳作的结构如下：农场主和联合体的会员占 57.8％，夫妻和非受薪的亲友占 6.2％，常年雇用的受薪人员占 20.0％，季节性的受薪人员占 16.0％。由此可见，法国从事农业劳作者绝大多数是农业经营者。2018 年，以年度工作单位衡量，法国本土 57.3％ 的农业工作由在职经理负担，26.4％ 的工作由其他长聘雇员（受薪或非受薪人员）提供，16.3％ 的工作由季节性工人或农场外的从业人员提供。所有农业从业人员的劳动岗位继续减少（2010—2018 年平均每年下降 1.0％）。

三、农业劳动力性别年龄构成

从农业从业人员的性别上看，男性农业从业人口占法国总就业人口的3.5％，女性农业从业人口占法国总就业人口的1.4％，女性在农业从业人口总数中占比为27％；从年龄分布上看，15～24岁农业从业人口占总就业人口的2.7％，25～49岁农业从业人口占总就业人口的1.8％，50岁及以上的农业从业人口占总就业人口的3.6％。2016年统计数据显示，法国中大型农场主、联合农场主以及农场合伙人平均年龄为52岁，比法国平均就业年龄大11岁，其中女性农场主平均年龄比男性大3岁。40岁以下的农场主占农业就业人口总数的20％，然而接近退休年龄的农业就业人口数高达25％。小型农场的农场主年龄普遍偏大，60岁及以上人数达小型农场主人数的50％。法国年龄55岁以上的农场主持有1/3以上的农业用地面积。2010年和2016年法国本土中大型农场主年龄构成可参见表1－12。

表1－12　2010年和2016年法国本土中大型农场主年龄构成

单位：万人

中大型农场主年龄段	2010年	2016年
40岁以下总人数	9.78	8.45
40岁以下女性人数	1.67	1.50
40～49岁总人数	13.86	10.89
40～49岁女性人数	3.17	2.60
50～59岁总人数	14.41	15.54
50～59岁女性人数	3.79	4.08
60岁及以上总人数	4.24	7.15
60岁及以上女性人数	1.68	2.36
法国本土总人数	42.28	42.03
法国本土女性人数	10.31	10.54

资料来源：法国农业和食品部数据统计司2020年年度报告，agreste. agriculture. gouv. fr。

2016年，女性农场主在专业化农场中的占比按由多到少（30％～23％）的顺序分别为：养羊和其他食草类动物饲养农场，葡萄种植农场，肉猪、禽类饲养农场，蔬菜园艺种植农场，混合牛类饲养农场，奶牛饲养农场，大田作物种植农场，水果和其他永久性作物种植农场，多种栽培和多种养殖农场，肉牛饲养农场。

四、农业劳动力收入

截至 2017 年，法国居民的人均可支配收入能达到每年 23 920 欧元，以一夫一妻两孩（14 岁以下）的家庭为例，其可支配收入每月达 3 644 欧元。法国居民中等收入为 22 077 欧元。2017 年，法国农场平均总收入为 221 500 欧元，农场平均总资本达 380 000 欧元，其中政府平均补贴占比达 13%。2018 年，法国有 1/4 的农场主总收入高于 67 600 欧元，有 1/4 的农场主总收入低于 23 500 欧元。法国农业行业收入极不均衡，收入从高到低排序依次为：葡萄种植，大田种植，禽类养殖，猪养殖，永久性水果种植，谷物、油料和蛋白质作物种植，多种栽培和养殖，蔬菜种植，奶牛养殖，食谷动物混合养殖，牛混合养殖，鲜花园艺，肉牛养殖和山羊-绵羊养殖。以葡萄种植业为例，2018 年葡萄种植业农场收入最高可达 109 400 欧元，最少的农场只有 24 500 欧元。而山羊-绵羊养殖行业收入差距最小。法国农业行业人均年收入按地区排序可参见表 1-13。

表 1-13　法国农业行业人均年收入地区分布

单位：万欧元

地区名	平均年收入	最高年收入
法兰西岛地区	8.54	10.06
中央-卢瓦尔河谷地区	6.15	8.28
勃艮第-弗朗什-孔泰地区	5.97	6.97
诺曼底地区	5.70	6.98
上法兰西地区	6.95	8.67
大东部地区	8.05	9.34
卢瓦尔河地区	5.24	6.73
布列塔尼地区	5.43	6.36
新阿基坦地区	6.13	6.29
奥克西塔尼地区	3.70	4.78
奥弗涅-罗讷-阿尔卑斯地区	4.34	5.62
普罗旺斯-阿尔卑斯-蓝色海岸地区	5.56	6.78
科西嘉地区	5.60	5.99

资料来源：法国农业和食品部数据统计司 2020 年年度报告，agreste. agriculture. gouv. fr。

一般情况下，在统计农业从业人口的贫困率时，若贫困线定在国家居民中等收入的 60％，则法国农业从业人员的贫困率达 22.1％，若贫困线定在国家居民中等收入的 50％，则法国农业从业人员的贫困率则下降为 15.7％。

1945 年以前，法国农业地区主要以传统的混作方式经营，其后则朝着专业化的方向发展，从而改变了法国农业的生产结构和地理分布。法国农业专业化可以概括为区域专业化、农场专业化和作业专业化三种类型。

在区域专业化方面，依据自然条件和农业资源，法国形成了四个商品产区：

（1）大耕作区，分布在巴黎盆地和法国中部地区，以种植粮食、甜菜、蛋白或脂肪植物等为主，其小麦产量占法国农产品总产量的 33％，甜菜种植面积占法国农产品总种植面积的 73％。

（2）畜牧业区，分布于法国西部，以发展奶牛、肉牛、肉羊、猪和禽等饲养业为主，如布列塔尼畜牧生产基地提供法国猪肉产量的 40％、禽肉产量的 30％、牛肉产量的 32％、蛋产量的 20％。

（3）园艺生产区，分布于法国南部，以生产花卉、蔬菜等为主。

（4）农业产业混营区，主要在山区和某些农产品加工区。

在农场专业化方面，按经营内容可将农场大体分为畜牧农场、谷物农场、葡萄农场、水果农场、蔬菜农场等，大部分专业农场只经营一种产品。

在作业专业化方面，过去由一个农场完成的全部工作，如耕种、田间管理、收获、运输、储藏、营销等，现今大部分环节由农场以外的企业来承担。①

---

① 吴国庆. 列国志：法国 ［M］. 北京：社会科学文献出版社，2019：218－219。

第二章 CHAPTER 2
法国农业生产概况 ▶▶▶

═══════ 第一节　农业生产概述 ═══════

　　从国民生产总值贡献率上看，2018 年法国各行业对国民生产总值的贡献达 41 640 亿欧元，其中农业、林业和渔业创造产值 900 亿欧元，在国民生产总值中占比为 2.2%。从 1950—2018 年的数据来看，法国农业、林业和渔业创造的年产值有大幅度的增长。1950—2018 年法国农林渔业产值可参见表 2-1。

表 2-1　1950—2018 年法国农林渔业产值

单位：亿欧元

年份	1950 年	1960 年	1970 年	1980 年	1990 年	2000 年	2010 年	2018 年
农林渔业产值	42	90	151	388	684	720	788	900

资料来源：法国农业和食品部数据统计司 2020 年年度报告，agreste. agriculture. gouv. fr.

　　2018 年，法国农作物总产值为 431.3 亿欧元，占欧盟农作物总产值的 19.4%；法国畜牧业总产值为 257.6 亿欧元，占欧盟畜牧业总产值的 14.7%。2019 年，法国农业实现了 773 亿欧元的农产品产值，其中农作物产值为 447 亿欧元，畜牧业产值为 265 亿欧元。法国是欧洲最大的农产品生产国，占欧盟 28 国总产量的 18%。法国在欧洲动植物生产方面遥遥领先，其他 3 个欧洲农产品生产大国分别是德国、意大利和西班牙。1970—2019 年法国农作物和畜牧业产值可参见表 2-2。

表 2-2　1970—2019 年法国农作物和畜牧业产值

单位：亿欧元

农产品	1970 年	1990 年	2000 年	2010 年	2019 年
农作物总产值	72	342	306	403	448

20

（续）

农产品	1970 年	1990 年	2000 年	2010 年	2019 年
谷物	21	91	67	117	108
油料作物	1	18	1	27	19
水果	6	24	24	28	31
蔬菜	8	27	30	30	33
葡萄酒	14	90	95	96	120
其他	22	92	89	105	137
畜牧业总产值	**56**	**234**	**229**	**228**	**265**
牛肉	19	77	65	65	68
猪肉	9	29	30	28	35
奶	17	79	80	81	100
家禽产品	6	34	40	41	47
其他	5	15	14	13	15

资料来源：法国农业和食品部数据统计司 2020 年年度报告，agreste. agriculture. gouv. fr.

1990—2017 年，法国主要农产品产量可参见表 2-3。

表 2-3　1990—2017 年法国主要农产品产量

类别[1]	1990 年	2000 年	2010 年	2017 年
谷物总产量（亿千克）	551	656	655	686
小麦（亿千克）	334	374	380	366
玉米（亿千克）	94	160	141	145
牛（万头）	2 140	2 130	1 960	1 900
猪（万头）	1 230	1 510	1 430	1 290
羊（万只）	1 140	960	800	690

资料来源：法国农业和食品部数据统计司 2020 年年度报告，agreste. agriculture. gouv. fr.

法国酒产量 1970 年为 74.4 亿升，1990 年为 65.5 亿升，2015 年为 47.9 亿升，2017 年为 36.8 亿升。酒的产量自 1974 年以来一直在减少，是因为法国正在逐步调整酒生产结构，大幅度减少中低档酒产量，大力提高高档酒（如精制葡萄酒）产量。2017 年，法国葡萄酒产量为 34.7 亿升，法国蝉联世界第二大葡萄酒生产国。法国精制葡萄酒［2009 年改名为原产地命名保护（AOP[2]）葡萄酒］在 2012 年的产量为 19.7 亿升，2015 年为 31.1 亿升，2017 年为 24.4 亿升。

---

[1]　吴国庆. 列国志：法国［M］. 北京：社会科学文献出版社，2019：217。

[2]　AOP 为法文 Appellation d'Origine Protégée 的缩写。中文：原产地命名保护。

2019 年法国林业产品对第三国的贸易顺差为 80 亿欧元，与 2018 年相比增长了 21%。每年伐木可达 3 600 万立方米，相当于木材库存自然增长量的 60%，其中木材成材和饰面木材达 1 800 万立方米；工业用木材（造纸和板材）达 1 050 万立方米；木材能源（木柴、木炭和木板）达 690 万立方米，在法国可再生能源中占比为 47%。木材行业能提供 43 万个就业岗位（平均每 1 000 立方米木材砍伐需要 1 个林业劳动力和 11 个行业劳动力），比汽车行业的就业岗位（23 万个）还多。法国是欧洲木材能源消费第一大国，其木材能源消费相当于 900 万吨石油能源的用量。

法国渔业和水产养殖业十分发达，在欧盟仅次于西班牙和英国，排名第三位。法国拥有海洋捕鱼船队数据如下：1995 年为 6 646 艘，2000 年为 5 859 艘，2005 年为 5 380 艘，2017 年为 3 929 艘。法国海洋捕鱼量 2000 年为 4.08 亿千克，2010 年为 4.4 亿千克，2016 年 4.78 亿千克。法国水产养殖业产量 2015 年为 1.63 亿千克，尽管如此，仍然不能满足国内对水产品日益增长的需求，每年仍需要大量进口。2019 年法国海产品和水产品进口总额达 60.25 亿欧元，其中相当大部分属于名贵的鱼贝类品种，例如鲑鱼、大虾、鳕鱼、金枪鱼、扇贝等。从行业企业发展状况来看，2018 年底，法国倒闭企业总数为 53 982 家，其中农业、林业和渔业领域倒闭企业为 1 406 家，与 2017 年倒闭的 1 532 家相比数量有所减少。

第二节　种　植　业

法国种植业作物主要包含三大类：大田作物（谷物、油料作物、蛋白质作物和经济作物）、饲料作物以及永久性作物。

一、大田作物种植

法国大田作物主要包括谷物、油料作物、蛋白质作物以及经济作物等。

（一）谷物种植

2019 年，世界粮食产量为 27 110 亿千克，法国则只有 712 亿千克，与 2018 年的 630 亿千克产量相比略有增加。法国生产的主要粮食包括小麦、大麦、燕麦、玉米、稻米等谷物。2018 年和 2019 年法国粮食产量可参见表 2-4。

表 2-4 2018 年和 2019 年法国粮食产量

名称	产量（千克/公顷）		总收成（吨）	
	2018 年	2019 年	2018 年	2019 年
小麦	7 000	7 900	34 045 412	39 516 462
硬粒小麦总量	5 100	6 400	1 795 481	1 566 202
黑麦和小麦混种	4 500	4 800	109 820	136 955
大麦和六棱大麦	6 300	7 100	11 172 735	13 725 017
燕麦	4 700	4 700	428 231	407 159
玉米	8 900	8 600	12 725 379	12 995 626
高粱	5 300	5 200	320 363	427 879
黑小麦	4 800	5400	1 349 469	1 660 793
其他未混合谷物	3 300	3 600	187 924	229 238
谷物混合物（不含黑麦和小麦）	3 700	4 000	356 685	457 328
籼稻	5 600	5 700	8 329	10 284
粳稻	5 800	5 900	63 760	73 314
谷物总计	**6 900**	**7 600**	**62 563 588**	**71 206 257**

资料来源：法国农业和食品部数据统计司 2020 年年度报告，agreste. agriculture. gouv. fr。

此外，2019 年，法国麦秸产量达 173 亿千克，比 2018 年增加 13 亿千克。

（二）油料作物种植

2019 年法国油料作物总产量 53 亿千克，比 2018 年（67 亿千克）略有下降。法国种植的油料作物主要包括油菜籽、向日葵籽、大豆、亚麻籽、其他油籽等。2018 年和 2019 年法国油料作物产量可参见表 2-5。

表 2-5 2018 年和 2019 年法国油料作物产量

名称	单产（千克/公顷）		总产量（吨）	
	2018 年	2019 年	2018 年	2019 年
油菜籽	3 100	3 200	4 980 537	352 3299
向日葵籽	2 200	2 200	1 239 080	1 298 137
大豆	2 600	2 600	398 481	428 531
亚麻籽	1 900	2 100	45 835	45 503
其他油籽	1 500	1 300	14 793	13 081
油料作物总计	**2 800**	**2 800**	**6 678 726**	**5 308 551**

资料来源：法国农业和食品部数据统计司 2020 年年度报告，agreste. agriculture. gouv. fr。

（三）蛋白质作物种植

2019 年法国蛋白质作物总产量 8.9 亿千克，比 2018 年（7.4 亿千克）略有增加。蛋白质作物主要包括蚕豆、豌豆和羽扇豆。2018 年和 2019 年法国蛋白质作物产量可参见表 2-6。

表 2-6　2018 年和 2019 年法国蛋白质作物产量

名称	单产（千克/公顷）		总产量（吨）	
	2018 年	2019 年	2018 年	2019 年
蚕豆	2 500	2 800	142 528	177 381
豌豆	3 500	4 000	590 221	709 385
羽扇豆	2 400	2 500	6 959	7 110
蛋白质作物总计	3 300	3 700	739 708	893 876

资料来源：法国农业和食品部数据统计司 2020 年年度报告，agreste. agriculture. gouv. fr。

（四）经济作物种植

2019 年法国工业甜菜产量 380 亿千克，与 2018 年（近 400 亿千克）相比略有下降。2018 年和 2019 年法国经济作物产量对照可参见表 2-7。

表 2-7　2018 年和 2019 年法国经济作物种植面积和产量

名称	种植面积（公顷）		产量（吨）	
	2018 年	2019 年	2018 年	2019 年
工业甜菜	485 854	446 601	39 914 027	38 024 386
甘蔗	37 657	38 352	2 269 078	2 426 049
纤维植物（包括种子）总计	122 339	136 230	813 396	928 400
烟草	2 619	2 047	6 726	5 321
其他经济作物（啤酒花等）	7 686	6 959	—	—
芳香植物总计	49 830	54 765	—	—

资料来源：法国农业和食品部数据统计司 2019 年年度报告，agreste. agriculture. gouv. fr。

值得一提的是，近年来法国薰衣草精油产量大增，2018 年为 176 万千克，2019 年为 200 万千克。此外，2019 年法国马铃薯种植面积为 20.7 万公顷，产量为 85.6 亿千克。

二、饲料作物种植

法国饲料作物的种植主要用于畜牧业养殖，主要饲料作物包括饲料卷心菜、根（块）茎类作物、玉米和牧草。

（一）饲料卷心菜、根（块）茎类作物种植

2019 年，法国饲料卷心菜、根（块）茎类作物种植面积达 1.6 万公顷，产量 679 937 吨，其中饲料卷心菜种植面积 2 320 公顷，产量 105 917 吨，与2018 年相比，产量基本稳定，并略有增加。2018 年和 2019 年法国饲料卷心菜、根（块）茎类作物产量可参见表 2-8。

表 2-8　2018 年和 2019 年法国饲料卷心菜、根（块）茎类作物产量

作物	种植面积（公顷）		产量（吨）	
	2018 年	2019 年	2018 年	2019 年
饲料卷心菜	2 364	2 320	107 453	105 917
根（块）茎作物	12 356	14 052	532 724	574 020
总计	14 720	16 372	640 177	679 937

资料来源：法国农业和食品部数据统计司 2020 年年度报告，agreste. agriculture. gouv. fr。

（二）玉米种植

玉米是法国用于家畜和禽类养殖不可缺少的饲料。2019 年法国玉米种植面积达 144 万公顷，产量 163.2 亿千克，比 2018 年略有下降。2018 年和 2019年法国玉米类饲料种植面积和产量可参见表 2-9。

表 2-9　2018 年和 2019 年法国玉米类饲料种植面积和产量

作物	种植面积（公顷）		产量（吨）	
	2018 年	2019 年	2018 年	2019 年
灌溉饲料玉米	98 118	102 242	1 384 660	1 298 004
干饲料玉米	1 317 514	1 334 095	1 569 779	1 502 467
总计	1 415 632	1 436 337	17 082 449	16 322 677

资料来源：法国农业和食品部数据统计司 2019 年年度报告，agreste. agriculture. gouv. fr。

（三）牧草种植

法国牧草种植主要为畜牧业服务，常年种植脱水苜蓿等牧草，用来直接喂养牛、羊、马等各类牲畜。2019 年法国牧草种植面积达 1 300 万公顷，产量530 亿千克，与 2018 年相比略有下降。2018 年和 2019 年法国牧草种植面积及产量可参见表 2-10。

表 2-10　2018 年和 2019 年法国牧草种植面积及产量

类别	种植面积（公顷）		产量（吨）	
	2018 年	2019 年	2018 年	2019 年
非永久性牧草	3 073 225	3 136 958	20 398 916	19 774 045
永久性牧草	9 534 984	9 559 008	34 654 024	32 895 854
总计	**12 608 209**	**12 695 966**	**55 052 939**	**52 669 899**

资料来源：法国农业和食品部数据统计司 2020 年年度报告，agreste. agriculture. gouv. fr。

三、永久性作物种植

法国永久性作物包括葡萄、其他水果。其他水果主要有樱桃、杏、桃、梨、李子等。

（一）葡萄种植及葡萄酒产量

2019 年法国葡萄种植面积 755 367 公顷，其中鲜食葡萄种植面积为5 309 公顷，酿酒葡萄种植面积为 750 058 公顷。葡萄总产量 5 488 734 千克，其中鲜食葡萄 46 279 千克，酿酒葡萄种植面积占葡萄种植总面积的 99%，为5 442 455 千克。可见，葡萄酒产业在法国农业中具有重要地位。2018 年和2019 年法国各类葡萄酒的产量可参见表 2-11。

表 2-11　2018 年和 2019 年法国葡萄酒产量

单位：万升

葡萄酒类别	白葡萄酒产量		红葡萄酒产量		葡萄酒总产量	
	2018 年	2019 年	2018 年	2019 年	2018 年	2019 年
原产地命名保护（AOP）葡萄酒	95 669.8	70 189.3	142 282.4	130 436.2	237 952.2	200 625.5

（续）

葡萄酒类别	白葡萄酒产量		红葡萄酒产量		葡萄酒总产量	
	2018 年	2019 年	2018 年	2019 年	2018 年	2019 年
原产地命名保护（AOP）自然甜葡萄酒	1 033.5	819.5	355.3	380.5	1 388.8	1 200.0
原产地命名保护（AOP）蒸馏葡萄酒	98 584.6	78 571.1	—	—	98 584.6	78 571.1
地理标识保护（IGP＊）葡萄酒	36 767.4	34 469.2	92 803.1	92 672.4	129 570.5	127 141.6
无地理标识保护（IGP）葡萄酒	12 920.3	7 528.2	14 251.8	9 195.8	27 172.1	16 724.0
未列级、未销售的 AOP/IGP 葡萄酒	11 182.9	3 832.3	6 744.9	5 527.5	17 927.8	9 359.8
未列级无地理标识葡萄酒	24 103.3	11 360.5	20 996.6	14 723.3	45 099.9	26 083.8

资料来源：法国农业和食品部数据统计司 2020 年年度报告，agreste.agriculture.gouv.fr。

（二）水果种植及产量

法国本土和海外省种植的水果种类多样，主要包括核果类水果、带籽水果和常见的温热带水果。

1. 核果类水果种植

2019 年，法国核果类水果树种类繁多，包括杏，樱桃，黏核毛桃、桃、油桃，李子，荔枝、桂圆、红毛丹，芒果以及橄榄等。2018 年和 2019 年法国核果类水果种植面积和产量可参见表 2-12。

表 2-12 2018 年和 2019 年法国核果类水果种植面积和产量

名称	种植面积（公顷）		果园产量（吨）		用于再加工量（吨）	
	2018 年	2019 年	2018 年	2019 年	2018 年	2019 年
杏	12 272	12 283	112 887	13 4802	13 293	16 602
樱桃	8 125	8 027	32 645	34 856	7 289	7 573

＊ IGP 为法文 Indication Géographique Protégée 的缩写，中文意思为地理标识保护。

（续）

名称	种植面积（公顷）		果园产量（吨）		用于再加工量（吨）	
	2018 年	2019 年	2018 年	2019 年	2018 年	2019 年
黏核毛桃、桃、油桃	9 096	9 033	184 065	202 818	8 933	9 756
李子	14 968	14 834	175 443	205 108	121 081	145 684
荔枝、桂圆、红毛丹	1 258	1 338	7 604	8 984	1 000	1 200
芒果	941	996	3 863	4 859	800	755
橄榄	17 395	17 717	26 036	23 515	25 553	23 120

资料来源：法国农业和食品部数据统计司 2020 年年度报告，agreste. agriculture. gouv. fr。

2. 带籽水果种植

法国的带籽水果主要包括苹果、梨等。法国苹果种植面积较大，包括酿制苹果酒的苹果种植以及各类鲜食苹果。2019 年酿酒苹果的种植面积达 1.3 万公顷，产量 2.4 亿千克，鲜食苹果种植面积 3.8 万公顷，产量 15 亿千克。梨的种类包括夏梨、秋梨和冬梨 3 个品类，2019 年梨的种植面积达 5 248 公顷，产量 1.2 亿千克，用于再加工的梨产量占 16％。2018 年和 2019 年法国带籽水果种植面积和产量可参见表 2－13。

表 2－13　2018 年和 2019 年法国带籽水果种植面积和产量

名称	种植面积（公顷）		产量（吨）		用于再加工量（吨）	
	2018 年	2019 年	2018 年	2019 年	2018 年	2019 年
酿酒苹果	13 080	12 809	299 284	238 901	—	—
鲜食梨	5 239	5 248	129 492	119 833	21 806	19 312
鲜食苹果	37 459	37 560	1 441 070	1 514 601	146 678	150 768

资料来源：法国农业和食品部数据统计司 2020 年年度报告，agreste. agriculture. gouv. fr。

3. 常见水果种植

法国水果种植还包括壳类水果、浆果、热带水果、柑橘类水果以及常见的其他水果。

（1）壳类水果种植。壳类水果主要包括杏仁、栗子、核桃、椰子和榛子。其中核桃种植面积和产量在壳类水果中占比较高，达 60％以上。2019 年法国核桃树种植面积 25 883 公顷，产量 3 494.6 万千克，与 2018 年相比产量略有下降。2018 年和 2019 年法国壳类水果种植面积和产量可参见表 2－14。

表 2-14 2018 年和 2019 年法国壳类水果种植面积和产量

名称	种植面积（公顷）		果园产量（吨）		用于再加工量（吨）	
	2018 年	2019 年	2018 年	2019 年	2018 年	2019 年
杏仁	1 219	1 178	1 133	1 133	—	—
栗子	8 477	8 573	8 696	7 348	2 372	2 096
核桃	22 173	25 883	37 694	34 946	—	—
椰子	1 000	1 000	2 488	2 488	—	—
榛子	6 682	5 192	15 656	11 659	—	—

资料来源：法国农业和食品部数据统计司 2020 年年度报告，agreste. agriculture. gouv. fr。

（2）浆果类水果种植。法国浆果类水果种植主要品类包括猕猴桃、黑醋栗和蓝莓、覆盆子以及醋栗，其中猕猴桃种植面积和产量在浆果类水果中占比较高，达 78% 以上。2019 年法国猕猴桃种植面积 3 809 公顷，产量 5 582.6 万千克，其中用于再加工的猕猴桃产量为 696.9 万千克，与 2018 年相比略有下降。2018 年和 2019 年法国浆果类水果的种植面积和产量可参见表 2-15。

表 2-15 2018 年和 2019 年法国浆果类水果种植面积和产量

名称	种植面积（公顷）		产量（吨）		用于再加工量（吨）	
	2018 年	2019 年	2018 年	2019 年	2018 年	2019 年
猕猴桃	3 809	3 809	51 895	55 826	7 419	6 969
黑醋栗和蓝莓	2 408	2 437	9 206	8 678	1 594	1 710
覆盆子	674	679	5 029	5 452	1 121	1 436
醋栗	292	285	1 745	2 063		

资料来源：法国农业和食品部数据统计司 2020 年年度报告，agreste. agriculture. gouv. fr。

（3）热带水果种植。法国本土和海外省种植的热带水果包括番荔枝，番石榴，曼密杏、山竹，百香果和西番莲等。热带水果种植面积不大，产量也不高，除了鲜食外，主要用于制作果汁等再加工产品。2018 年和 2019 年法国热带水果种植面积和产量可参见表 2-16。

表 2-16 2018 年和 2019 年法国热带水果种植面积和产量

名称	种植面积（公顷）		产量（吨）		用于再加工量（吨）	
	2018 年	2019 年	2018 年	2019 年	2018 年	2019 年
番荔枝	166	176	1 046	1 066	102	104

（续）

名称	种植面积（公顷）		产量（吨）		用于再加工量（吨）	
	2018 年	2019 年	2018 年	2019 年	2018 年	2019 年
番石榴	344	344	2 042	2 042	802	60
曼密杏、山竹	25	45	166	296	0	16
百香果、西番莲	213	248	2 323	2 543	621	720

资料来源：法国农业和食品部数据统计司 2020 年年度报告，agreste. agriculture. gouv. fr。

（4）柑橘类水果种植。法国柑橘类水果主要包括柠檬、酸橙、橘，细皮橘，柑和葡萄柚等。细皮橘的种植面积虽然在柑橘类水果树中占比不到 50%，但产量却占柑橘类水果的近一半，是法国地理标志产品中的佼佼者。2018 年和 2019 年法国柑橘类水果种植面积和产量可参见表 2-17。

表 2-17　2018 年和 2019 年法国柑橘类水果种植面积和产量

名称	种植面积（公顷）		产量（吨）		用于再加工量（吨）	
	2018 年	2019 年	2018 年	2019 年	2018 年	2019 年
柠檬、酸橙、橘	1 022	1 067	9 794	10 044	4 501	4 506
细皮橘	1 990	2 097	46 714	34 358	700	401
柑	1 003	1 053	8 592	8 892	1 150	1 203
葡萄柚	371	391	6 602	8 501		

资料来源：法国农业和食品部数据统计司 2020 年年度报告，agreste. agriculture. gouv. fr。

（5）其他常见水果种植。除了上述水果种植外，法国也种植常见的其他水果，例如菠萝、牛油果、香蕉以及无花果等。2019 年法国香蕉种植面积在常见水果中占比最高，达 7 781 公顷，产量 2.1 亿千克；其次是菠萝，种植面积 2 098 公顷，产量达 2.9 亿千克。2018 年和 2019 年法国其他常见水果种植面积和产量可参见表 2-18。

表 2-18　2018 年和 2019 年法国其他常见水果种植面积和产量

名称	种植面积（公顷）		产量（吨）	
	2018 年	2019 年	2018 年	2019 年
菠萝	2 048	2 098	28 323	28 823
牛油果	238	238	2 082	2 082
香蕉	7 496	7 781	190 748	206 869
无花果	439	439	3 340	3 340

资料来源：法国农业和食品部数据统计司 2020 年年度报告，agreste. agriculture. gouv. fr。

第三节 畜牧业

畜牧业在法国农业中占有重要地位，它为法国餐饮业提供了强有力的保障。法国畜牧业主要提供牲畜、禽类以及奶、蛋、蜂蜜等农产品。

一、牲畜

2018 年和 2019 年法国畜牧业存栏牲畜包括牛、猪、山羊、绵羊和马。2018 年和 2019 年法国牲畜饲养量可参见表 2 - 19。

表 2 - 19 2018 年和 2019 年法国牲畜饲养量

单位：头（只）

名称	2018 年	2019 年
牛	18 613 038	18 174 624
猪	13 297 712	13 167 518
山羊	1 302 107	1 303 849
绵羊	7 048 720	6 956 730
马	398 465	392 436

资料来源：法国农业和食品部数据统计司 2020 年年度报告，agreste. agriculture. gouv. fr.

二、禽类

禽类养殖包括家鸡、鸭、火鸡、珠鸡、鹌鹑等。家鸡包括下蛋母鸡、食用母鸡、小母鸡和肉鸡（公鸡和童子鸡），鸭包括填鸭、烤鸭。2018 年和 2019 年法国禽类养殖量可参见表 2 - 20。

表 2 - 20 2018 年和 2019 年法国禽类养殖量

单位：万只

名称		2018 年	2019 年
家鸡	下蛋母鸡	1 018.1	992.9
	食用母鸡	4 797.1	4 591.1
	小母鸡	2 411.8	2 568.9

（续）

名称		2018 年	2019 年
肉鸡（公鸡和童子鸡）		15 702	15 633.2
鸭	填鸭	1 196.4	1 223.3
	烤鸭	1 312.6	1 273.5
火鸡		1 880.6	1 825.8
珠鸡		34	34.7
鹌鹑		1 040.8	989.8

资料来源：法国农业和食品部数据统计司 2020 年年度报告，agreste. agriculture. gouv. fr。

三、奶、蛋、蜂蜜

法国的奶、蛋、蜂蜜产品在畜牧业中占有重要地位，为法国各类糕点制作提供直接原料，是法国餐饮业重要的基础性农产品。

（一）奶

法国牛奶的品质一直以优质闻名于世界。2019 年法国生产的牛奶蛋白质含量为每升 34 克，奶油含量每升 42 克。除了牛奶，法国还盛产山羊奶和绵羊奶。2019 年法国牛奶产量 243 亿升，山羊奶产量 6.3 亿升，绵羊奶产量 3.1 亿升。2018 年和 2019 年法国牛奶、山羊奶和绵羊奶的产量可参见表 2-21。

表 2-21 2018 年和 2019 年法国奶产量

单位：万升

奶类型	牛奶		山羊奶		绵羊奶	
	2018 年	2019 年	2018 年	2019 年	2018 年	2019 年
工业用全脂奶	2 385 798	2 386 024	48 085	48 282	28 965	29 034
生产农产品的奶	30 951	30 810	14 713	15 043	1 986	1954
直接销售全脂奶	15 784	15 670	151	167	22	23
总计	**2 432 533**	**2 432 504**	**62 949**	**63 492**	**30 973**	**31 011**

资料来源：法国农业和食品部数据统计司 2020 年年度报告，agreste. agriculture. gouv. fr。

（二）蛋

法国蛋类主要是鸡蛋。2019 年法国鸡蛋产量 155.68 亿枚，其中食用蛋

136.32 亿枚，孵化蛋 19.36 亿枚，与 2018 年相比略有下降。2018 年和 2019 年法国鸡蛋产量可参见表 2 - 22。

表 2 - 22　2018 年和 2019 年法国鸡蛋产量

蛋类	蛋鸡数（万只）		平均年产蛋量（枚）		产蛋总量（亿枚）	
	2018 年	2019 年	2018 年	2019 年	2018 年	2019 年
食用蛋	4 877.8	4 706.5	290	290	141.35	136.32
孵化蛋	1 021.4	997.7	195	194	19.94	19.36

资料来源：法国农业和食品部数据统计司 2020 年年度报告，agreste. agriculture. gouv. fr.。

（三）蜂蜜

法国养蜂业不占用农业用地，是一个生态产业，2019 年在产蜂箱数为 102.2 万个，产量 1 643.46 万千克。2018 年和 2019 年法国养蜂业生产情况可参见表 2 - 23。

表 2 - 23　2018 年和 2019 年法国养蜂业生产情况

养蜂业	在产蜂箱数（万个）		蜂箱平均产量（千克/箱）		蜂蜜产量（万千克）	
	2018 年	2019 年	2018 年	2019 年	2018 年	2019 年
生产情况	92.7	102.2	21.0	16.0	1 946.98	1 643.46

资料来源：法国农业和食品部数据统计司 2020 年年度报告，agreste. agriculture. gouv. fr.。

第四节　林　　业

如前所述，法国林区面积 1 600 万公顷，占领土面积的 30%，伐木业为法国提供稳定的就业岗位。本节从木材采伐量、锯材产量以及木材产值 3 个方面介绍法国林业状况。

一、木材采伐量

经过连续四年的增长，2019 年，法国商业化木材采伐量下降至 3 820 万立方米（减少 1.9%）。但是，木材产量以 51% 的份额仍然占行业主导地位，工业木材的份额增加到 27.5%，能源木材的份额下降到 21%。2019 年偶发的卫生木材采伐量是 2018 年的 3.6 倍，接近 210 万立方米，占总采伐量的 5.5%（2018 年为 1.5%）。木材采伐受到小蠹虫影响较大，小蠹虫是一种食木昆虫，主要食木对象为云杉。为了清除受病虫害树木，云杉砍伐量上升至 90 万立方米，占全国云杉总收获量的 1/4 以上。卫生木材砍伐主要涉及树种包括：8% 的冷杉、7% 的珍稀阔叶树（包括白蜡树）和 6% 的山毛榉。总的来说，木材采伐量在下降，但某些树种有所增加，如栗子树（+15.8%）、珍稀阔叶树（+9.1%）和道格拉斯杉（+1.6%）。山毛榉下降了 10.0%，回到 1955 年的水平。

2019 年，法国新阿基坦地区木材总采伐量达到全国总量的 26.4%（1 010 万立方米）。大东部地区的木材采代量占全国木材总采伐量的 19.6%（750 万立方米），其中近 1/4 是法国产的阔叶树原木。从地区层面看，木材采伐量增长最多的是勃艮第-弗朗什-孔泰地区（+2.5%），主要树种是冷杉和云杉（+17%）。布列塔尼和卢瓦尔河地区的木材产量也在增加，奥弗涅-罗讷-阿尔卑斯地区的木材产量下降了 30 万立方米。

2019 年数据显示，年采伐量超过 2 万立方米的企业完成了全国 83% 的采伐量，雇用员工数达全国总数的 12%。相比之下，年采伐量低于 1 000 立方米的单位只完成了法国本土 1% 的木材销售量，雇用员工数却占全国总数的 48%。2017 年、2018 年和 2019 年三年法国全境木材采伐量可参见表 2-24。

表 2-24　2017—2019 年法国全境木材采伐量

单位：万立方米

木材种类	2017 年	2018 年	2019 年
木材总采伐量	3 830	3 890	3 820
偶发卫生木材采伐量	32	58	209
木材	1 940	2 000	1 960
阔叶树原木	530	540	530
橡树和山毛榉	330	340	330
杨树	140	150	140
其他阔叶树	60	50	60
针叶树原木	1 410	1 460	1 420
冷杉和云杉	650	670	680
海松	360	360	320

（续）

木材种类	2017 年	2018 年	2019 年
道格拉斯杉	270	290	300
其他针叶树	130	140	120
工业木材	1 050	1 030	1 050
阔叶树	460	460	440
针叶树	600	570	610

资料来源：法国农业和食品部数据统计司 2020 年年度报告，agreste. agriculture. gouv. fr。

二、锯材产量

2018 年，欧盟 28 国木材采伐量达 5.01 亿立方米，比上年增长了 7%，瑞典产量居于首位（15%），德国和芬兰紧随其后（14%），法国排名第四。欧盟 28 国锯材采伐总量达 1.12 亿立方米，针叶树在锯材采伐总量中占比最高，达 91%，而阔叶树采伐量法国占比较高（15%），紧随其后的是克罗地亚（12%）和德国（11%）。

2019 年，法国锯材产量再次低于 800 万立方米，与 2018 年相比下降了 4.5%，接近 2015 年的历史最低水平。针叶树锯材虽然产量下降了 4.1%，但仍以 645.5 万立方米的产量占据法国全境总产量 81.4% 的份额。它们主要由冷杉和云杉组成（55.0%）。道格拉斯杉的产量（19.8%）首次超过海松（17.2%），只有道格拉斯杉产量增加了 8.3%。温带阔叶树的产量下降 9.5 万立方米，橡树产量连续两年下降（减少 8.6%），但仍占温带阔叶树锯材的近一半比例（46.0%）；其次是山毛榉（27.5%）和杨树（18.3%）。用于制造木桶的橡木板产量稳定在 8.1 万立方米。2016—2019 年法国锯材产量可参见表 2-25。锯材生产集中在森林覆盖率高的四个大区：奥弗涅-罗讷-阿尔卑斯地区（24%，第一次领先）、新阿基坦地区（23%）、勃艮第-弗朗什-孔泰地区（19%）和大东部地区（17%）。

锯木业产业发展态势良好。2011—2019 年，年产量超过 2 万立方米的企业雇用员工数占行业员工总数的 6%，市场份额从 48% 增加到 57%。相反，2019 年，每年锯木量低于 2 000 立方米的单位雇用员工数占总数的 57%，产值却只占法国本土锯材产值的 5%。

表 2 - 25　2016—2019 年法国锯材产量

单位：万立方米

树种	2016 年	2017 年	2018 年	2019 年
锯材总量	797.1	825.2	830	793.1
温带阔叶树	131.2	133.3	134.8	125.3
橡树	60.8	63.5	63.1	57.7
山毛榉	36.4	36.2	35.7	34.5
杨树	24.8	24.9	24.6	22.9
其他	9.2	8.7	11.3	10.2
针叶树	639.8	665.3	672.8	645.5
冷杉和云杉	355.4	362.9	369.9	355.3
海松	125.4	125.7	124.6	111.2
赤松	40.1	39.6	36.9	31.5
道格拉斯杉	94.9	111.7	118.1	127.9
其他	24	25.3	23.3	19.6
热带阔叶林	3.1	2	1.8	1.9
枕木	15.2	13.8	12.6	12.6
橡木桶板材	7.7	—	8.1	8.1

资料来源：法国农业和食品部数据统计司 2020 年年度报告，agreste. agriculture. gouv. fr。

三、木材产值

2019 年，法国的原木价格波动较大。经过六年的稳步上涨，2019 年橡木原木价格大幅下跌，2019 年第二季度橡木原木价格与 2018 年同期相比下降了 8%，主要是因为中国对原木的需求逐步转向其他阔叶树种，且法国国内的需求一直在下降；山毛榉原木价格也在下降，但幅度较小（减少 2%）；杨树原木价格再次上涨（3%）。2019 年，在针叶树原木类别中，只有海松和道格拉斯杉的价格在上涨；云杉的价格继续下跌（一年内下降 9%），这与 2018 年秋季以来北部和东北部地区小蠹虫袭击造成的保护性砍伐有关。

与 2018 年第四季度相比，2019 年第四季度用于粉碎的木材价格上涨了 0.8%。这一增长是由于红松（海松、苏格兰松）和硬木价格分别上涨 1.6% 和 2.6% 造成的，而白松（云杉）价格下跌 5.4%。2019 年，所有产品类别的能源木材价格都在下降（2018 年底至 2019 年底下降了 3.4%），季度间变化很大，尤其是木片价格波动较大。2016—2019 年法国原木出口产值可参见表 2 - 26。

表 2-26 2016—2019 年法国原木出口产值

单位：亿欧元

原木出口产值	2016 年	2017 年	2018 年	2019 年
总产值	**2.87**	**3.22**	**3.47**	**3.23**
温带阔叶树	1.59	1.97	2.2	12.1
针叶树	1.01	0.89	0.87	0.74
热带阔叶树	0.001	0.001	0.001	0.001

资料来源：法国农业和食品部数据统计司 2020 年年度报告，agreste. agriculture. gouv. fr。

    2016—2019 年，法国锯材贸易一直处于逆差状态，2016 年逆差额为 4.32 亿欧元，2017 年逆差额为 4.45 亿欧元，2018 年逆差额为 4.94 亿欧元，2019 年增长至 5.03 亿欧元。2019 年，法国锯材出口额只有 3.41 亿欧元，进口额则高达 8.44 亿欧元。主要进出口树种包括温带阔叶树、针叶树和热带阔叶树。2016—2019 年法国锯材出口额可参见表 2-27，进口额可参见表 2-28。

表 2-27 2016—2019 年法国锯材出口额

单位：亿欧元

锯材出口额	2016 年	2017 年	2018 年	2019 年
出口总额	**3.25**	**3.47**	**3.51**	**3.41**
温带阔叶树	1.87	2.09	2.04	1.88
针叶树	1.34	1.33	1.44	1.49
热带阔叶树	0.004	0.005	0.003	0.004

资料来源：法国农业和食品部数据统计司 2020 年年度报告，agreste. agriculture. gouv. fr。

表 2-28 2016—2019 年法国锯材进口额

单位：亿欧元

锯材进口额	2016 年	2017 年	2018 年	2019 年
进口总额	**7.57**	**7.92**	**8.45**	**8.44**
温带阔叶树	0.89	0.96	0.66	1.03
针叶树	5.75	6.2	6.64	6.49
热带阔叶树	0.94	0.76	0.82	0.92

资料来源：法国农业和食品部数据统计司 2020 年年度报告，agreste. agriculture. gouv. fr。

    法国林业的发展除了提供传统木材砍伐外，最近几年，法国还注重在现有农业基础上大力发展农林复合系统。农林复合系统[①]是指在同一块土地经营单

---

    ① 法国农林复合系统，https：// chambres - agriculture. fr/recherche - innovation/agroecologie/agroforesterie/。

元上，在不同的时间顺序和空间位置上将多年生乔木和农作物、家畜结合在一起而形成的所有土地利用的系统集合。2012 年，农林复合系统占地 96 万公顷，每年的土壤侵蚀率约为 0.7%。然而，这种侵蚀掩盖了不同类型农林系统之间的不同发展状态：种植系统（2 500 公顷）的面积显著增加，而树篱（81万公顷）和多年生道旁乔木（15 万公顷）的面积正在减少。值得注意的是，全法境内各区域的动态变化指数并不均衡。

第五节　渔　业

法国渔业包含海洋捕捞和水产养殖两大领域渔业生产状况。

一、海洋捕捞

2018 年，法国海洋捕鱼量达 5.61 亿千克，占欧盟捕捞量的 11%，在欧盟排名第四。法国海洋捕鱼量在世界捕捞总量中占比为 0.7%，远远落后于中国（15%）。2010 年、2017 年和 2018 年世界主要国家和地区海洋捕捞量可参见表 2-29。

表 2-29　2010—2018 年世界主要国家和地区海洋捕捞量

单位：亿千克

海洋捕捞量	2010 年	2017 年	2018 年
世界总量	773.53	823.34	853.62
中国	130.99	133.90	128.67
印度尼西亚	50.46	63.53	67.52
美国	42.93	50.24	47.35
印度	32.72	39.61	36.43
越南	20.67	31.54	31.91
挪威	28.38	25.43	26.58
智利	30.48	23.34	23.69
冰岛	10.81	11.98	12.78
欧盟 28 国	49.99	53.16	52.65
丹麦	8.28	9.04	7.89

（续）

海洋捕捞量	2010 年	2017 年	2018 年
西班牙	7.42	9.02	8.80
英国	6.05	7.23	6.97
法国	4.40	5.28	5.61
荷兰	3.76	3.62	4.12

资料来源：法国农业和食品部数据统计司 2020 年年度报告，agreste. agriculture. gouv. fr。

（一）法国海洋捕鱼规模

2019 年，法国渔船捕捞量为 5.27 亿千克，上岸量（除去头、内脏和刺等重量）达 4.94 亿千克。2018 年是法国过去几年中捕捞量最大的年份，主要得益于北海海域（鲱鱼和鳕鱼）以及印度洋海域（金枪鱼）捕捞量的提升。法国渔船海洋捕鱼主要集中在以下海域：大西洋东北部（73%），印度洋东部（14%），大西洋中部和东南部（9%），地中海（3%）。这些海域捕捞的海产品有 60% 运回法国，18% 运到欧盟其他国家，12% 运到塞舌尔，8% 运到非洲等其他地区。法国海洋捕鱼比较集中的九大区域按捕鱼量多少排序分别为：爱尔兰海和爱尔兰西部（2.3 亿千克）、加斯加涅湾（0.8 亿千克）、印度洋（0.7 亿千克）、大西洋中东部（0.45 亿千克）、北海（0.4 亿千克）、苏格兰西部（0.25 亿千克）、地中海（0.2 亿千克）、大西洋东北部（0.15 亿千克）、大西洋中西部及其他区域（0.1 亿千克）。

法国海洋捕捞大概涵盖 420 种不同的海产品，其中的 10 种占总捕捞量的 60%，它们是金枪鱼、黄鳍金枪鱼、海带（褐藻）、欧洲鳕鱼、扇贝、沙丁鱼、大西洋鲱鱼、鲍鱼、鲭鱼和蓝鳕鱼。2019 年，捕捞量在 5 000 万千克以上的鱼类按由多到少顺序分别为：①金枪鱼、箭鱼、马鲛鱼（约 1.3 亿千克），②鳕鱼、青鳕鱼、燕鳕鱼（约 9 000 万千克），③鲱鱼、沙丁鱼、鳀鱼（约 5 000 万千克）。

（二）法国海洋捕鱼船只及海员数

欧盟为了实现渔业资源的可持续性管理目标，早在 1983 年便实施了共同渔业政策。法国也在这之后不断缩减渔船数量，从 2000 年以来渔船数量一直在减少，2019 年渔船数量为 6 251 艘，减少了 24%。法国渔船占欧盟（除英国外）渔船总数的 8%，占欧盟渔船总动力的 18%。法国以 96.5 万千瓦的渔船总动力位列欧盟首位。12 米以下渔船数量达 5 348 艘，占渔船总数的 86%。2000—2019 年法国渔船数量可参见表 2-30。2000 年，法国渔船总动力为 111.5 亿马力，2005 年减少到 107.7 亿马力，2010 年再减到 99.1 亿马力，到 2019 年已减少到 96.5 亿马力。

表 2-30   2000—2019 年法国渔船数量

单位：艘

渔船数量	2000 年	2005 年	2010 年	2019 年
渔船总数	**8 231**	**7 906**	**7 219**	**6 251**
12 米以下渔船	6 613	6 470	6 166	5 348
12～24 米渔船	1 341	1 160	840	705
24～40 米渔船	214	223	167	157
40 米或以上渔船	63	53	46	41

资料来源：法国农业和食品部数据统计司 2020 年年度报告，agreste. agriculture. gouv. fr。

法国渔业主要雇用全职船员实施捕捞作业，2018 年雇用的船员数达 13 267 人，比 2010 年下降了 9%，海外省雇用的船员数下降了 19%。其中法国本土雇用的船员数占法国行业船员总数的 73%，一半船员在大西洋东北部捕捞作业，另外 15% 的船员在地中海海域实施捕捞作业。法国海外省瓜德鲁普、马提尼克以及留尼汪-马约特地区的船员占法国渔船船员总数的比例在 8%～9%。2010 年和 2018 年法国实施海洋捕捞的海域内雇用船员人数可参见表 2-31。

表 2-31   2010 年和 2018 年法国实施海洋捕捞雇用船员数

单位：人

海域	2010 年船员	2018 年船员
加斯科涅湾、伊比利亚海	3 250	3 016
凯尔特海、苏格兰西部、冰岛	2 807	2 739
北海、芒什海东部	2 044	1 915
地中海	2 068	1 974
法国本土总数	**10 169**	**9 644**
瓜德鲁普	1 559	1 036
马提尼克	1 748	1 060
圭亚那	358	371
留尼汪-马约特	805	1 156
海外省总数	**4 470**	**3 623**
法国总数	**14 640**	**13 267**

资料来源：法国农业和食品部数据统计司 2020 年年度报告，agreste. agriculture. gouv. fr。

二、水产养殖

法国水产养殖业主要集中在大西洋沿岸和地中海北岸。其中牡蛎养殖面积和产量最大的地区在滨海夏朗德地区，然后依次是北诺曼底地区、布列塔尼南部地区、布列塔尼北部地区、卢瓦尔河地区、阿卡松-阿基坦地区以及地中海地区。贻贝养殖面积和产量按由多到少的顺序依次为：布列塔尼北部、诺曼底北部、滨海夏朗德地区、布列塔尼北部地区、卢瓦尔河地区以及地中海地区。2018 年，法国牡蛎养殖产量为 9 300 万千克，贻贝养殖产量为 4 900 万千克，共创造产值 4.98 亿欧元。2018 年，法国贝类养殖企业达 2 540 家，雇用员工16 900 人，其中 9 000 人为长聘员工。法国牡蛎养殖第一大产区是滨海夏朗德地区，雇用员工 5 380 人，其中长聘员工达 2 580 人。其余超过 2 000 名雇员的水产养殖地区还有诺曼底、布列塔尼北部和卢瓦尔河地区。

2018 年，法国鱼类养殖产量达 4 300 万千克，主要是鲑鱼（3 500 万千克），也包括虹鳟、鲟鱼、海鱼和河鱼，总营业额达 1.84 亿欧元。2018 年，用于消费的鱼卵产量达 15.7 万千克，其中 4 万千克用于生产鲟鱼籽酱，仅鲟鱼籽酱就达到 2 350 万欧元的营业额。法国鱼类养殖产量在欧盟位居第五，占欧盟总产量的 6.4％，营业额在欧盟排名第六。法国的鲑鱼和鲟鱼养殖产量在欧盟排名第二，海洋鱼类养殖产量在欧盟排名第八。2018 年，法国鱼类养殖企业达 587 家，其中 212 家是鱼塘养殖企业，雇用员工达 3 200 人，其中长聘员工达 2 200 人。法国鱼类养殖第一大地区在法国本土西南部的新阿基坦地区，雇用员工 820 人，其中 680 人为非鱼塘养殖工人。其他雇用员工超过 200人的地区由多到少分布在以下地区：新阿基坦地区，上法兰西地区，奥弗涅-罗讷-阿尔卑斯地区，奥克地区，卢瓦尔河地区，大东部地区。

2018 年法国藻类养殖产量达 37.7 万千克，营业额达 890 万欧元，其中螺旋藻的产量占藻类总产量的 2/3，并以每千克 120 欧元的单价创造了 760 万欧元的营业额。藻类养殖主要集中在普罗旺斯-阿尔卑斯-蓝色海岸地区、奥克地区以及奥弗涅-罗讷-阿尔卑斯地区，占全法藻类总营业额的 54％，主要得益于生产螺旋藻的小微型企业创收。布列塔尼和卢瓦尔河地区主要养殖大型藻类植物和螺旋藻，2/3 的大型藻类植物供人或动物直接食用，微型藻类主要用于生产化妆品和药品，螺旋藻主要供人类食用。2018 年，藻类养殖业共有 160

家企业（其中 147 家养殖螺旋藻），雇用员工 400 人，其中长聘员工达 285 人。

近年，法国农业面临很大的困境和挑战：其一，农业耕地面积日渐减少。其二，农业劳动力数量锐减。其三，一些地区的农村贫困程度加重，农民收入不足以支撑其生活和发展，兼职现象随之出现。其四，随着德国和荷兰等国农业现代化的发展，法国农业现代化水平已逐渐落后。

第三章 CHAPTER 3
法国农产品贸易与政策 ▶▶▶

第一节　农业贸易发展历程

法国农业贸易政策的发展可以分为三个阶段：农业贸易初始阶段、农业贸易发展阶段、农业贸易提升阶段。

一、农业贸易初始阶段

农业贸易初始阶段是法国农业走向商品化的基础，标志着法国农业开始向商品化道路发展，农民的生产活动不再是单纯的自给自足的小农经济形态，而是开始迈向规模化生产发展道路。

16—18 世纪，西欧资本主义蓬勃发展，法国国内商品经济不断发展，农村自然经济逐渐瓦解，农业生产出现商品化倾向。农民生产不再仅仅是为了满足自身需求，更多的是为了满足市场的需求。经济作物作为谷物以外的重要补充，其种植规模不断扩大，成为国内外市场重要的商品。畜牧业也有所发展，为不断增长的城市人口提供食物补充。乡村手工业蓬勃发展，为此后法国手工工业的发展奠定了基础。[①]

法国自 17 世纪晚期，重商主义失败造成农业衰落和农民生活贫困，便开始出现重农思想。从 18 世纪 50 年代起，弗朗索瓦·魁奈（Quesnay François）等人发展了重农思想，并建立了重农学派。他们主张实行土地单一税，免除租地农场主和工商业主的一切租税负担，同时主张自由竞争，自由输出谷物。这

---

① 贺丽娟．论 16—18 世纪法国农业经济的发展［J］. 衡阳师范学院学报，2019，40（5）：120-125。

些主张曾为当政者所采纳，促使了资本主义农业的开始发展。[①]

二、农业贸易发展阶段

法国农业贸易发展阶段主要体现为政府开始主动实施农产品贸易的保护政策。自19世纪中期始，法国开始奉行自由主义贸易政策。1860年，法英两国签订《英法商业条约》[②]，标志着法国开始实行自由主义贸易政策。条约规定：英国废除对法国白酒的歧视；法国为英国商品进口提供更广阔的市场。法国取消了对所有商品的征税，并且在1865年后，对所有进入法国市场的英国商品不能征收30%或25%以上的从量关税。[③]根据这些规定，法国实际上几乎取消了对农业的保护，而在1861年，又废除了对谷物税收按物价折算的方法。[④]19世纪中期至90年代，随着技术的进步，进口运费大大降低，粮食进口运费下降了近3倍，小麦价格下降了近2倍。[⑤] 在外来廉价粮食的冲击下，法国农业经历了沉重打击。对此，法国政府迅速作出反应，开始改变自由主义贸易政策，转而采取措施保护本国农业。经济史学家说："科布登式的国际自由贸易与和平前景在1870—1880年这10年中快速消退，其间，一个又一个国家回归到高度保护的政策下。"[⑥]

1881年，法国政府实行了新的关税标准，规定提高家禽及其产品的税额，而小麦税额仍然保持正常水平。[⑦] 到1885年，将小麦关税提高到每千克3法郎[⑧]，饲料类谷物每千克15法郎，家禽关税等亦有增长。[⑨]1892年政府采用梅林税则，加大了对农业的保护。梅林关税规定：政府对海外谷物征收高关税，谷物包括：大麦、家禽、肉类、奶酪、白酒、啤酒和啤酒花。同时，对此前免征关税的特定物品亦开征新的关税，包括：玉米、大米、蔬菜和土豆。对谷物

---

① 陈锡文. 法国、欧盟的农业政策及其对我国的借鉴作用 [J]. 中南林学院学报，2003 (6)：11-14。

② 又称《科布登—谢瓦利埃条约》。

③ 滕淑娜，顾銮斋. 法国农业经济政策的历史考察 [J]. 史学集刊，2011 (4)：80-88。

④ MICHAEL T. Government and Agriculture in Western Europe 1880—1988 [M]. 3rd ed. New York：New York University，1989：6。

⑤ 同④：17-18。

⑥ 梅俊杰. 从马克思的论断看自由贸易的历史真相 [J]. 马克思主义研究，2009 (6)：60。

⑦ 同④：66。

⑧ 法郎与欧元的换算公式为：1欧元=6.559 57法郎。欧元自2002年1月1日在法国正式流通，此前法国的流通货币为法郎。

⑨ 同④：67。

的关税征收率保持在 10％～25％，其中，小麦为每 100 千克 5 法郎。1894 年又将进口粮食关税进一步提高到每千克 7 法郎。而此时，法国国内谷物平均价格约为每千克 22 法郎。[①] 1897 年，政府又通过法令，规定政府可以不经国会同意而提高主要农产品的关税，其目的是防止外来谷物进入本国。这一年，政府将小麦税从 5 法郎提高到 7 法郎，遂使小麦进口大大减少。1886—1892 年，进口小麦为本国产量的 1/7，而 1896—1902 年降为 1/10，1906—1912 年更降至 1/13。[②]

20 世纪 30 年代经济大萧条时期，保护主义浪潮继起，法国政府除采取增加关税、限制进口、干预农业市场和制定固定价格外，还控制部分农产品的购买，成立小麦进出口垄断组织。这一过程，一是引起了法国等西欧国家对发展农业的政治性重视，二是促进了农民组织的发展，三是使政府和农民对农业基础、农业共同保护政策和农业市场计划达成了共识。

三、农业贸易提升阶段

法国农业贸易提升阶段，主要表现为法国政府自上而下地为农民生产提供各种扶持和助农政策，以期提高农业生产规模和产量，鼓励收入低的农民继续留在农业领域从事生产活动。

1945 年之后，法国农产品从短缺逐渐发展到过剩，食品消费增长低于其他商品增长，这使农民收入增长缓慢，农产品价格增长速度低于国民收入增长速度，农业在国民收入中的份额减少。因此，法国政府更多地介入农业，其政策目标有两个：一是增强价格支持，保障农民收入，并通过信贷资助增加农业投资及改进生产方式，提高农业资本回报率；二是改善农产品市场声誉，提升农产品出口竞争力。与农业人口下降相反，这一时期农业联盟数量不断增多。重要的农业联盟组织有农业经营者工会国家联盟（Fédération Nationale des Syndicats d'Exploitants Agricoles，FNSEA），它与一些生产者协会联系密切；农业公会主席常设大会（L'Assemblée permanente des présidents de chambres

①　MICHAEL T. Government and Agriculture in Western Europe 1880—1988 ［M］. 3rd ed. New York：New York University，1989：68。

②　CLAPHAM J H. The Economic Development of France and Germany，1815—1914 ［M］. 4th ed. Cambridge：Cambridge University Press，1945：211。

d'agriculture，APPCA），它在政治上保持中立；青年农民国家中心（Centre National des Jeunes Agriculteurs，CNJA），它代表新一代农民。以上组织的目标主要集中在如何保持农产品较高的价格和良好的市场运营条件。青年农民国家中心（CNJA）尤其关注法国的农业结构及未来前景。

基于共同利益驱动，1957 年 5 月，法国、德国等 6 国在罗马签订了以发展农业为目标的无限期有效的《欧洲经济共同体条约》（即《罗马条约》）。自此，欧洲经济共同体与欧洲原子能共同体及欧洲煤钢共同体的主要机构合并，统称为"欧共体"。履行《罗马条约》主要条款后，欧盟国家首先建立了六国关税联盟，在成员国之间取消了关税壁垒和贸易限制，同时实现了对外统一税率；其次实施共同农业政策；最后筹备货币联盟。法国作为《罗马条约》谈判的主导者，当时其农业生产总值约占国民生产总值的 12％，农业就业人口约占总就业人口的 1/4，如其建立共同市场，制定相应的农业政策，则其农业将会得到大力发展。事实证明，当时制定和不断加强的农业政策已使各成员国获得不同程度的农业收益。而法国一直是其中最大的农产品生产国和出口国，其农产品产量占欧盟农产品总产量的 20％以上，法国农业收入的 1/3 以上来自欧盟的补贴。具体地说，《罗马条约》第 39 条中规定的共同农业政策的基本目标为："通过加速技术进步和保证农业生产的合理发展，通过各种生产要素特别是劳动力的最优利用，提高劳动生产率。它要求增加农民的个人收入；保证农业部门的公平生活水平；稳定共同市场；提供稳定的供给；并以合理的价格为消费者提供产品。"它要求政策的制定与实施必须围绕以下三个方面：①农产品统一市场。农产品统一市场是指农产品可以在成员国之间自由流通。它要求必须统一管理机构，逐步消除贸易关税、贸易壁垒和妨碍自由竞争的补贴，同时要求做到统一价格、协调市场、规范竞争、健康保护、依法检疫和稳定汇率。然后在统一市场的基础上，再实施统一的对外贸易。②农产品市场的稳定。农产品市场的不稳定性表现在农产品的产量、价格和农民收入的不稳定。要保持农产品市场的稳定，则应采取积极干预的策略：一方面要针对欧共体农产品价格一般高于国际市场相应产品价格的情况，抵制低价进口和免受外部市场价格波动的影响；另一方面要确保农民收入，这有赖于价格保护政策和财政支持政策的双管并用。③财政支持。得力的财政支持是农业政策得以实施的保证。因此，欧共体于 1962 年开始建立了共同基金，即欧洲农业指导与保证基金（European Agricultural Guidance and

Guarantee Fund，EAGGF）。[①]

　　法国是欧盟的创始成员国，共同农业政策集中体现了国家对农业的支持和保护，法国是最大的受益者之一。在 20 世纪 90 年代以前，欧盟及其成员国对农产品支持措施及保护水平处于较高水平，其主要贸易伙伴国指责其对农产品领域实施的高关税保护、出口补贴、价格支持、国内支持政策以及非关税措施，造成欧盟与其贸易伙伴国之间的贸易扭曲及摩擦，特别是欧盟与美国之间关于出口补贴的摩擦，并要求欧盟实施改革。欧盟部长理事会自 1992 年 5 月开始，通过调整谷物、牛肉的结构和对其的支持水平，逐步降低关税，改变直接补贴方式由原来的与当年生产面积挂钩为不与当年生产面积挂钩等方式改革其共同农业政策。这些改革使法国的农牧业面临严峻挑战。面对挑战，除了在欧盟范围内努力维护本国农民利益以外，近年来法国政府在国内采取了积极的兴农扶农政策。[②]

第二节　各类农产品贸易情况

　　法国农产品主要包括农产品和农业食品、林业产品以及渔业产品。

一、农产品和农业食品贸易发展情况

　　2000 年以来，世界农产品和农业食品的贸易额以每年 8% 的速度递增。但是，继 2009 年首次出现负增长（－11%）以来，2015 年再次出现负增长（－9%）。2018 年，美国成为农产品第一出口大国，出口金额为 1 390 亿美元，紧随其后的是荷兰（1 093 亿美元）、德国（814 亿美元）、巴西（807 亿美元）、中国（739 亿美元）、法国（691 亿美元）。同时，法国还是农产品的第七大进口国（622 亿美元）。

　　2000 年，法国是欧盟最大的农产品生产国，也是欧洲最大的农产品出口国，出口额达 324 亿美元。农产品国际贸易一直是法国的强项，其出口量占全法出口总量的 16% 左右，主要出口产品为粮食、糖、葡萄酒、牛肉、禽肉、

[①]　陈锡文. 法国、欧盟的农业政策及其对我国的借鉴作用［J］. 中南林学院学报，2003（6）：11-14。
[②]　湖北省人大农委赴法考察团. 法国农业经济发展及相关法制建设的考察报告［J］. 楚天主人，2007（1）：34-35。

牛奶和奶酪等。2000 年以前，法国一直保持着农产品进出口贸易顺差，其贸易顺差额占贸易总额的 35%。在法国贸易总额呈逆差的情况下，农产品的贸易顺差起到了弥补和平衡贸易逆差的重要作用。[①] 自 2000 年以来，法国农产品的贸易逆差增加了 5 倍多，而农业食品的贸易顺差仍保持在 80 亿欧元左右。但是，2010 年之后，农产品贸易顺差波动剧烈，2011—2013 年超过 110 亿欧元，2014 年和 2015 年保持在 90 亿欧元左右，其后的两年继续减少，2017 年达到 8 年来的最低水平。农产品贸易顺差在 2019 年增至 78 亿欧元，位居法国贸易顺差产品的第三位，仅次于运输设备（153 亿欧元），化学品、香水和化妆品（150 亿欧元）。2019 年农产品中的谷物贸易顺差达到 12 亿欧元，比 2018 年增加了 3 亿欧元，实现连续两年增长，主要得益于粮食出口的不断增加以及马铃薯出口单价的上浮。2000—2018 年法国进出口额情况可参见表 3-1。

表 3-1　2000—2018 年法国农产品进出口额

单位：亿欧元

进出口额	2000 年	2010 年	2017 年	2018 年
进口额	239	511	594	622
出口额	324	612	647	691

2019 年，在欧盟范围内，德国是法国农产品的主要进口国，其次是比利时、意大利。饮料、乳品和谷物是法国出口到欧盟国家的主要农产品。在欧洲范围内，法国农产品的主要欧洲供应商来自西班牙、比利时和荷兰。在世界范围内，法国农产品主要出口到美国、中国和瑞士。法国向美国和中国的农产品出口呈增长态势，主要表现为美国对葡萄酒和烈性酒的稳定需求以及中国对奶粉、猪肉和谷物的需求不断增加。此外，第三国也为法国的农业食品出口做出了越来越多的贡献。2019 年法国对第三国的贸易顺差为 80 亿欧元，与 2018 年相比增长了 21%。

2019 年，法国农业食品贸易顺差达到 78 亿欧元，比 2018 年增加 11 亿欧元。得益于谷物出口产品的创新和马铃薯价格的上涨，2018—2019 年法国农产品贸易连续两年保持顺差，达 12 亿欧元。2019 年的再加工农产品贸易顺差达 66 亿欧元，与 2018 年相比增加了 7 亿欧元，主要得益于葡萄酒、烈性酒、

---

① 洛纯. 法国农业概况［J］. 全球科技经济瞭望，1998（6）：3-5。

奶粉和猪肉等农产品较高的出口占比。一直以来，法国与欧盟国家的农产品和农业食品贸易额占欧盟总贸易额的 2/3。但是，法国与欧盟之间的农业食品贸易额自 2012 年以来持续下降，至 2019 年首次出现负增长（－4 亿欧元），而 2018 年法国对欧盟的农业食品贸易顺差为 3 800 万欧元。

二、林业产品贸易情况

法国林业产品主要指木材产品和锯材产品。2019 年，法国木业行业的贸易逆差为 74 亿欧元，与 2018 年相比增长强劲（8％），进口增长 1％（169 亿欧元），出口增长 3％（95 亿欧元）。纸浆、纸张和纸板行业的贸易逆差达 28 亿欧元，尤其是纸张和纸板逆差增长幅度更高（22％）。木制家具和座椅逆差增长 7％，达到 29 亿欧元，板材、单板和胶合板贸易逆差增加到 3 亿欧元。2016—2019 年法国原木进出口贸易额可参见表 3－2。

表 3－2　2016—2019 年法国原木进出口贸易额

单位：亿欧元

类别	2016 年	2017 年	2018 年	2019 年
进口总额	**1. 33**	**1. 33**	**1. 38**	**1. 36**
温带阔叶树	0. 21	0. 20	0. 22	0. 21
针叶树	0. 65	0. 73	0. 73	0. 71
热带阔叶树	0. 25	0. 18	0. 19	18
出口总额	**2. 87**	**3. 22**	**3. 47**	**3. 23**
温带阔叶树	1. 59	1. 97	2. 21	2. 10
针叶树	1. 01	0. 89	0. 87	0. 74
热带阔叶树	0. 01	0. 01	0. 01	—
贸易顺差额	**1. 54**	**1. 89**	**2. 09**	**1. 87**

资料来源：法国海关，Douanes，Agreste，agreste. agriculture. gouv. fr。

自 2016 年以来，法国锯材贸易逆差大幅增加，2019 年达 5 亿欧元。法国进口的锯材主要是针叶树锯材。2018 年，阔叶树锯材（硬木锯材）贸易额虽然下降了 20％，但贸易顺差额达 8 500 万欧元。2016—2019 年法国锯材进出口贸易额可参见表 3－3。

表 3 - 3 2016—2019 年法国锯材进出口贸易额

单位：亿欧元

类别	2016 年	2017 年	2018 年	2019 年
进口总额	7.58	7.92	8.45	8.44
温带阔叶树	0.89	0.96	0.99	1.03
针叶树	5.75	6.20	6.64	6.49
热带阔叶树	0.94	0.76	0.82	0.92
出口总额	3.25	3.47	3.51	3.41
温带阔叶树	1.87	2.09	2.04	1.88
针叶树	1.34	1.33	1.44	1.49
热带阔叶树	0.04	0.05	0.03	0.04
贸易顺差额	−4.33	−4.45	−4.94	−5.03

资料来源：法国海关，Douanes，Agreste，agreste. agriculture. gouv. fr。

三、渔业产品贸易情况

法国的渔业产品仅能满足部分民众消费。2019 年，法国渔业产品的贸易逆差略有增长，但仍接近过去三年的平均水平（44 亿欧元）。渔业产品的进口总值在一年内保持稳定，其中，新鲜或冷冻鱼的进口量增加了 1%，再加工和腌制鱼的进口量减少了 2%。2019 年，法国主要进口产品有鱼片（14 亿欧元）、产卵鱼（14 亿欧元）和新鲜或冷冻的贝类（近 10 亿欧元）。2019 年法国所有的海产品出口额都在下降，新鲜或冷冻鱼的出口额也在下降，烟熏鱼的出口额大幅下降（分别为 8% 和 20%）。鲑鱼、虾、鳕鱼和金枪鱼较高的进口量给贸易差额带来了巨大的压力。贸易顺差的海产品中养殖牡蛎占比最高，达 0.75 亿欧元。法国进口的海产品主要来自挪威、英国和西班牙，出口的海产品主要销往西班牙、意大利和比利时。2000—2019 年法国渔业进出口额可参见表 3 - 4。

表 3 - 4 2000—2019 年法国渔业进出口额

单位：亿欧元

渔产品	2000 年	2010 年	2019 年
进口额			
鲑鱼	6.88	8.65	13.25
虾	6.42	6.32	7.67
鳕鱼	2.79	2.99	4.97
金枪鱼	4.04	4.07	4.34
扇贝	1.64	2.64	1.98

（续）

渔产品	2000 年	2010 年	2019 年
	出口额		
鲑鱼	0.49	1.16	1.95
金枪鱼	3.68	1.10	1.85
虾	1.39	1.05	1.32
	贸易顺差额		
牡蛎	0.12	0.23	0.75
鳗鱼、幼鳗	0.30	0.02	0.14

资料来源：法国海关，Douanes，Agreste，agreste. agriculture. gouv. fr。

第三节 农产品出口贸易

一、农业食品出口贸易

2019 年，法国农业食品出口总额达 637.96 亿欧元。其中，饮料、葡萄酒和烈性酒是法国出口最多的农业食品，出口额达 172.64 亿欧元，其次是谷物 66.14 亿欧元，奶和奶制品 63.20 亿欧元，粮食再加工产品 44.65 亿欧元，肉类和内脏 32.16 亿欧元，动物饲料 28.11 亿欧元，多种再加工食品 29.96 亿欧元，糖和糖制品 16.97 亿欧元。2000—2019 年法国农业食品出口额可参见表3-5。

表 3-5　2000—2019 年法国农业食品出口额

单位：亿欧元

产品类别	2000 年	2010 年	2018 年	2019 年
出口总额	**373.28**	**491.86**	**617.84**	**637.96**
饮料、葡萄酒、烈性酒	89.05	114.04	164.55	172.64
谷物	42.55	58.01	61.70	66.14
奶和奶制品	39.92	54.17	61.46	63.20
粮食再加工产品	14.50	26.70	42.62	44.65
肉类和内脏	31.42	31.30	30.08	32.16
动物饲料	12.17	20.79	27.48	28.11
多种再加工食品	13.42	21.50	29.07	29.96
糖和糖制品	18.49	18.57	20.26	16.97

资料来源：法国海关，Agreste，agreste. agriculture. gouv. fr。

2000—2014 年，法国奶制品的出口额保持长期稳定增长，主要得益于世界范围内奶粉需求量的不断提升。2000—2019 年法国七类出口额较大的农业食品按顺差额多少排序可参见表 3-6。

表 3-6　2000—2019 年法国七类出口农业食品贸易顺差额

单位：亿欧元

农产品	2000 年	2010 年	2018 年	2019 年
饮料、葡萄酒、烈性酒	72.16	87.17	123.60	131.24
谷物	38.24	51.08	53.52	57.18
牛奶和奶制品	18.36	27.41	20.86	23.13
活牲畜	11.60	15.04	18.31	18.93
糖和糖制品	12.83	10.89	11.78	8.46
粮食再加工产品	−0.77	3.47	8.27	8.82
面粉制品	5.85	6.48	5.05	4.39

资料来源：法国海关，Agreste，agreste. agriculture. gouv. fr。

法国农业食品出口目的地主要分布在欧盟、北美、亚洲和北非，按农产品出口额排序由多到少的国家分别是：德国、比利时、意大利、英国、美国、西班牙、荷兰、中国、瑞士、阿尔及利亚、日本和新加坡。法国 2019 年农业产品主要出口目的国按出口额排序可参见图 3-1。

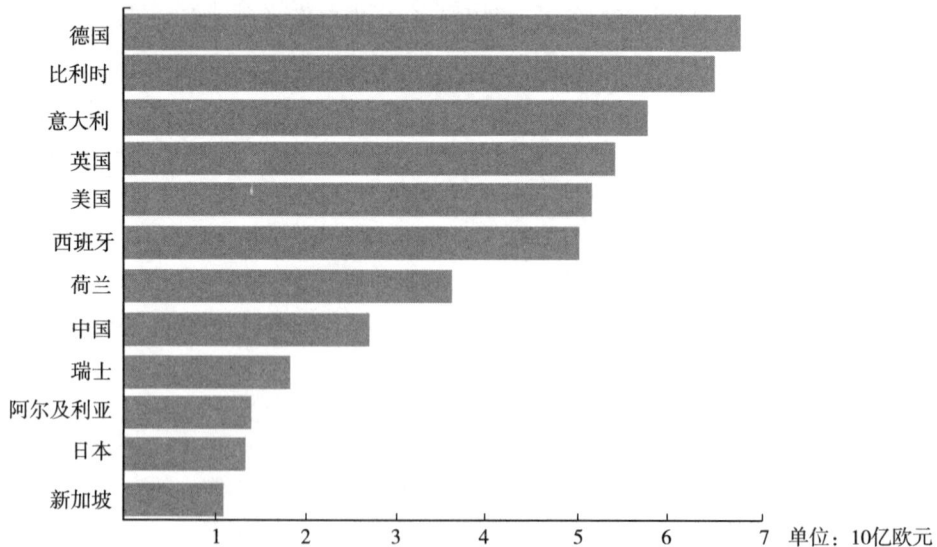

图 3-1　法国农业食品出口主要目的国排序

资料来源：法国海关，Agreste，agreste. agriculture. gouv. fr。

二、林业产品出口贸易

法国林业产品出口主要是木材产品和锯材产品。近些年，法国原木产品贸易一直呈现顺差，2019 年，原木贸易顺差达 2 亿欧元。阔叶树原木价格经过六年的连续上涨，在 2018 年第二季度开始下降，其中橡树价格下降了 8%，山毛榉下降了 2%，但是杨树价格上涨了 3%。主要原因是中国对原木进口品种的需求发生了变化，加上法国国内需求量下降，导致法国原木出口价格整体下降明显。

2019 年针叶树原木价格整体也在下滑，只有海松和道格拉斯杉的价格上涨明显。冷杉价格一年内下降了 9%，主要原因是 2018 年秋季以后法国北部和东北部林区小蠹虫严重影响林木品质，当地被迫实施保护性砍伐，减少了冷杉的采伐量，冷杉原木价格也因此受到影响。2016—2019 年法国原木出口额可参见表 3-2。一直以来，法国锯材出口贸易逆差严重。2019 年法国锯材出口额达 3.41 亿欧元，贸易逆差达 5.03 亿欧元。2016—2019 年法国锯材出口额可参见表 3-3。

三、渔业产品出口贸易

2019 年，法国渔业产品出口总额 16.53 亿欧元，其中鱼类、贝类和软体动物的出口占比为 73.5%，达 12.15 亿欧元，再加工水产品中鱼罐头、鱼子酱的出口也是亮点，达 2.1 亿欧元。2010 年和 2019 年法国渔业产品出口额可参见表 3-7。

表 3-7 2010 年和 2019 年法国渔业产品出口额

单位：亿欧元

类别	2010 年	2019 年
出口总额	**12.74**	**16.53**
鱼类、贝类、软体动物总额	9.81	12.15
活鱼	0.65	0.82
鲜鱼	2.71	2.64
冻鱼	1.59	1.57

（续）

类别	2010 年	2019 年
鱼片和鱼肉	1.08	1.95
鱼干、熏鱼、咸鱼	0.63	0.61
贝类	1.29	1.66
软体动物	1.86	2.86
其他无脊椎水产品	0	0.03
再加工水产品总额	1.89	2.92
鱼罐头、鱼子酱	1.31	2.1
贝类、软体动物罐头	0.58	0.82
非可食用鱼粉制品	0.38	0.6
鱼油	0.25	0.45
藻类制品	0.42	0.41

资料来源：法国海关，Douanes，Agreste，agreste. agriculture. gouv. fr。

第四节　农产品进口贸易

一、农业食品进口贸易

2019 年，法国农业食品进口额 561.74 亿欧元，与 2018 年相比增加了 10.34 亿欧元，主要涉及肉类和内脏，水果，鱼类、贝类、奶和奶制品，蔬菜和水果饮料，葡萄酒和烈性酒，粮食再加工产品，动物饲料的进口。2019 年，法国进口额较高的农产品包括水果（51.50 亿欧元），鱼类、贝类（47.58 亿欧元），肉类和内脏（44.04 亿欧元）。由于椰枣、无花果、菠萝、牛油果、番石榴、芒果的平均进口价格上涨，2019 年法国水果进口额增加了 4 400 万欧元。但是，增长最多的是油料种子，主要原因是 2019 年法国本土油料种子供应不足。2000—2019 年法国主要农业食品进口额可参见表 3-8。

表 3-8　2000—2019 年法国主要农业食品进口额

单位：亿欧元

产品类别	2000 年	2017 年	2018 年	2019 年
进口总额	**280.33**	**410.56**	**551.40**	**561.74**
肉类和内脏	28.75	39.37	43.49	44.04

（续）

产品类别	2000 年	2017 年	2018 年	2019 年
水果	23.31	33.46	51.06	51.50
鱼类、贝类	25.92	35.78	47.29	47.58
奶和奶制品	21.56	26.76	40.61	40.07
蔬菜和水果饮料	18.44	27.96	39.02	37.85
葡萄酒和烈性酒	16.89	26.88	40.95	41.40
粮食再加工产品	14.25	23.24	34.35	35.83
动物饲料	15.54	21.58	26.04	28.07

资料来源：法国海关，Agreste，agreste. agriculture. gouv. fr。

2012 年以来，法国农业食品主要从西班牙、比利时、荷兰、德国进口，西班牙一直是法国的头号农业食品供应国。法国进口的农业食品包括咖啡、茶、烟草和法国本土产量低的大宗消费品，这些农业食品是法国农业食品结构性贸易逆差涉及的主要品类。鱼类及其再加工产品、水果和相关制成品也是法国贸易逆差的主要组成部分。2000—2019 年法国进口农业食品贸易逆差额可参见表 3-9。

表 3-9　2000—2019 年法国进口农业食品贸易逆差额

单位：亿欧元

品类	2000 年	2010 年	2018 年	2019 年
鱼类、贝类	17.02	25.97	34.67	35.43
水果和蔬菜制品	8.65	13.89	21.52	19.66
咖啡、茶、香料	7.04	11.78	17.39	16.17
肉类和内脏	−2.71	8.07	13.41	11.89
烟草	11.55	11.09	12.27	12.86
肉制品和鱼制品	0.72	6.71	10.35	10.52
烟草	7.65	9.99	9.43	9.76
花艺	9.86	18.74	35.93	37.27

资料来源：法国海关，Agreste，agreste. agriculture. gouv. fr。

二、林业产品进口贸易

法国林业产品进出口贸易情况在本章第一节已有阐述。木业行业贸易逆差严重，2019 年，法国木业总进口额达 170 亿欧元，木业贸易逆差达 74 亿欧元。其中原木贸易逆差达 1.36 亿欧元，板材贸易逆差达 3 亿欧元，锯材贸易逆差达 8.44 亿欧元，各类纸浆、纸和纸箱类产品的贸易逆差占比也较高，达 28 亿欧元。此外，家具在贸易逆差中也占有很高比例，达 29 亿欧元。法国 2016—2019 年原木和锯材的进口额可分别参见表 3-2 和表 3-3。

三、渔业产品进口贸易

2019 年，法国渔业产品进口总额达 60.25 亿欧元，其中鱼类、贝类和软体动物的进口占 79%，达 47.58 亿欧元，再加工产品中鱼罐头和鱼子酱的进口额也较高，达 8.65 亿欧元。2010 年和 2019 年法国渔业产品进口额可参见表 3-10。

表 3-10 2010 年和 2019 年法国渔业产品进口额

单位：亿欧元

类别	2010 年	2019 年
鱼类、贝类、软体动物总额	35.78	47.58
活鱼	0.25	0.37
鲜鱼	9.5	14.05
冻鱼	1.79	2.0
鱼片和鱼肉	10.20	14.14
鱼干、熏鱼、咸鱼	1.41	2.73
贝类	8.12	9.59
软体动物	4.51	4.65
其他无脊椎水产品	0	0.04
再加工水产品、罐头总额	8.82	11.18
鱼罐头、鱼子酱	6.51	8.65
贝类、软体动物罐头	2.32	2.53
非可食用鱼粉制品	0.38	0.43
鱼油	0.38	0.59
藻类制品	0.37	0.48
进口总额	**45.73**	**60.25**

资料来源：法国海关，Douanes，Agreste，agreste. agriculture. gouv. fr。

第四章 CHAPTER 4
法国农产品市场与价格变化 ▶▶▶

第一节　农产品市场的构成及变化

一、农产品市场构成

法国大宗农业食品、饮料和烟草在欧盟农产品市场上占有重要地位。饮料生产在欧盟位居第一，天然农产品和鲜活动物产品位居欧盟第三，仅次于德国和荷兰，农业食品、饮料和烟草批发贸易在欧盟位列第五，排在德国、西班牙、英国、意大利之后。2018 年，欧盟农业食品和饮料实现产值 8 700 亿欧元，法国贡献率达 14%，相当于 1 218 亿欧元，这其中有四类农产品占比较高。

第一，饮料在欧盟范围内实现销售额 1 374 亿欧元，法国饮料在欧盟销售量中贡献率为 20%，相当于 274.8 亿欧元，包括葡萄酒、蒸馏酒、啤酒、非酒精饮料和矿泉水；第二，肉类食品在欧盟范围内实现销售额 1 930 亿欧元，其中法国的贡献率达 13%，相当于 250.9 亿欧元，法国的肉类产品主要包括屠宰牛羊猪肉，禽肉，各类熟肉制品、鹅肝、肉类罐装食品；第三，奶制品在欧盟范围内实现销售额 1 101 亿欧元，法国贡献率为 19%，相当于 209.19 亿欧元，奶制品包括黄油、奶酪、冰淇淋和雪糕；第四，其他农业食品在欧盟范围内实现销售额 1 280 亿欧元，法国贡献率为 13%，相当于 166.4 亿欧元，其他食品包括糖、可可、巧克力和糖果制品、速食便餐、营养食品等。

法国本土农业食品贸易涉及的产品类别也很丰富。2018 年，法国农业食品批发贸易额达 158 亿欧元，其中各类农业食品和饮料占 79%，初级农产品占 21%。2018 年，法国农业食品实现产值 396 亿欧元，主要分为十大类别：

饮料；肉类；奶和奶制品；面包糕点制品；果蔬加工品；谷物和淀粉；动物食品；油和动植物油脂类产品；鱼类、贝类；其他农业食品。

这十类农业食品中，饮料占比 22％，肉类占比 17％，奶和奶制品占比 17％，面包糕点制品占比 9％，果蔬加工品占比 5％，种子和淀粉产品占比 4％，动物食品占比 4％，油和动植物油脂类产品占比 2％，鱼类、贝类占比 2％，其他农业食品占比 18％。

法国外贸农业食品的主要类别包括：饮料、葡萄酒和酒精，粮食，奶和奶制品，鲜活动物，粮食再加工产品，烟草，咖啡、茶和香料，果蔬加工品，鱼类、贝类，新鲜水果。法国外贸农业食品中，出口农业食品的类别主要包括饮料、葡萄酒和酒精，粮食，奶和奶制品，粮食再加工产品，肉类和内脏，动物食品和饲料，各类再加工食品，糖和糖类制品。法国长期处于贸易顺差的农业食品主要包括：饮料、葡萄酒和酒精，粮食，奶和奶制品，鲜活动物，糖和糖类制品，粮食再加工制品，面粉等。法国进口农业食品主要包括：肉类和内脏，水果，鱼类、贝类，奶和奶制品，果蔬加工品，饮料、葡萄酒和酒精，粮食再加工产品，动物食品和饲料。法国长期处于贸易逆差的农业食品包括：鱼类、贝类，水果，果蔬再加工产品，咖啡、茶和香料，肉类和内脏，烟草，肉类和鱼类再加工产品，花卉等。

二、农产品市场的变化

法国农业食品行业以初级农产品为原料，近些年已形成比较完备的农业食品生产体系，农产品加工制成品在外贸中占有重要地位。2019 年，法国农业食品行业实现总销售额 1 267 亿欧元，其中肉类和饮料的销售额占比达 41％，奶制品占 17％，其他农业食品等占 14％。2005—2019 年，法国这十类农业食品的生产价格指数变化可参见表 4 - 1。

表 4 - 1　2005—2019 年法国十类农业食品生产价格指数

参考单位：2015 年价格基数为 100

类别	2005 年	2017 年	2018 年	2019 年
饮料	78.4	102.1	102.5	103.8
肉类	93.9	101.9	101.1	105.1
鱼类、贝类	—	110.7	108.5	107.4

（续）

类别	2005 年	2017 年	2018 年	2019 年
果蔬加工品	90.0	97.5	99.0	97.3
油和动植物油脂类产品	76.0	100.8	98.6	101.4
奶和奶制品	89.4	99.7	100.7	102.7
谷物和淀粉	80.9	99.0	99.3	101.1
面包糕点制品	89.5	100.5	102.5	101.3
其他食品	95.9	98.7	96.3	94.6
动物食品	70.0	96.3	97.6	101.2

资料来源：法国农业和食品部数据统计司 2020 年年度报告，agreste. agriculture. gouv. fr.。

（一）主要农业食品市场变化

与 2018 年相比，2019 年法国农业食品的产量下降了 0.6%。食品产量以类似的方式下降（−0.5%）。以前充满希望的饮料产品产量下降了 1.1%。其他食品（糖、可可、巧克力和糖果制品、速食便餐、营养食品等）的生产正在恢复（增长 1.9%），主要表现为可可产量增加 6.7%，营养食品产量增加 6.2%，但是糖的产量却下降了 8.8%。在宠物食品的推动下，动物饲料的产量继续增长（＋0.8%）。面包、糕点和面食，奶和奶制品的生产略有增长（分别增长 0.5% 和 0.2%）。相比之下，植物油脂的生产下降了 11.7%。经过 2018 年的调整，鱼类、贝类以及肉类生产有小幅减少（分别为 −2.2% 和 −1.4%）。谷物和淀粉产量再次下降（−2.1%）。果蔬加工品的产量下降了 1.2%，主要原因是不利的气候条件促使夏季作物产量减少。2017—2019 年法国 20 类主要农业食品产量变化指数可参见表 4-2。

表 4-2　2017—2019 年法国 20 类农业食品产量变化指数

单位：%

类别	2018 年/2017 年	2019 年/2018 年
肉类	1.5	−1.4
猪肉	1	−1.1
家禽肉	4.4	−1.7
肉制品	0.4	−1.6
鱼类、贝类	1.4	−2.2
果蔬加工品	−3.8	−1.2

（续）

类别	2018 年/2017 年	2019 年/2018 年
土豆制品	5.6	−0.2
水果蔬菜汁	−5.3	−3.1
其他水果蔬菜制品	−4.4	−1.1
油类和动植物油脂类产品	−0.9	−11.7
奶和奶制品	−2	0.2
谷物和淀粉	−2	−2.1
面包、糕点和面食	−0.8	0.5
其他农业食物	−2.9	1.9
糖	0	−8.8
可可、巧克力和糖果产品	−10.6	6.7
速食便餐	0	0.5
营养食品	−0.1	6.2
动物食品	0.6	0.8
农场自产	1.6	−0.1
公司生产	−2.5	3.5
饮料（不包括葡萄酒）	0.5	−1.1
蒸馏酒	3.6	2.7
啤酒	2.1	−5.5
非酒精饮料和矿泉水	−0.3	−2.4
总值（不包括烟草）	**−0.7**	**−0.6**

资料来源：法国农业和食品部数据统计司 2020 年年度报告，agreste. agriculture. gouv. fr。

2020 年，法国农业食品行业（不包括饮料）的产量经历连续三年下降，其他农产品产量的下降趋势各不相同。动物饲料的产量在 2020 年前 9 个月比 2019 年同期增长 0.9%，实现连续四年增长。鱼类、贝类的产量也在增长（+2.4%）。果蔬加工品的产量也有增加（+0.4%）。奶和奶制品的生产保持稳定（+0.1%）。但谷物和淀粉类产品的产量下降幅度大（−6.3%），面包、糕点和面食的产量也下降明显（−3.6%）。2020 年的前 9 个月中，农业食品的产量整体下降了 2.7%。法国从 2020 年 3 月 17 日起实施防止新冠肺炎疫情扩散的相关措施，极大地限制了农业食品行业的生产经营活动。但是，新冠肺炎疫情对农产品（食品）行业的影响要远小于制造业（一年内下降 13.4%）。

（二）葡萄酒市场变化

20 世纪 80 年代以来，法国原产地命名保护（AOP）葡萄酒的产量稳中有升，每年产量均能保持在 10 亿~18 亿升，其他类别的葡萄酒〔包括地理标识保护（IGP）葡萄酒、无地理标识保护（IGP）葡萄酒〕产量则不同程度地下降，平均每年产量从 1980 年的 50 亿升下降到 2020 年的 23 亿升。1980—2020 年法国两类葡萄酒生产和消费对比可参见图 4-1。

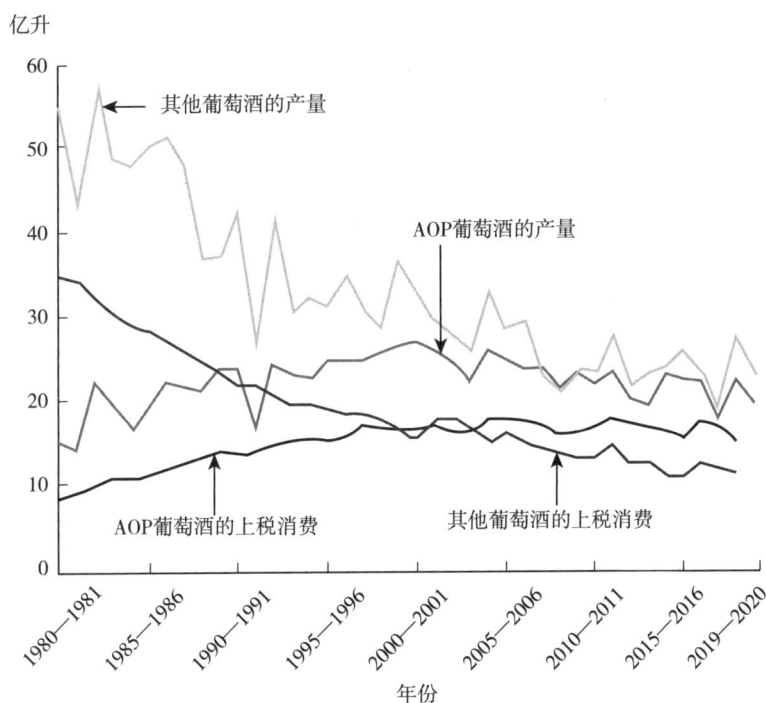

图 4-1 1980—2020 年法国葡萄酒生产和消费

资料来源：法国农业和食品部数据统计司 2020 年年度报告，agreste. agriculture. gouv. fr。

2000 年之后，法国葡萄酒总产量趋于稳定，每年均能达到 45 亿升左右，其中 AOP 葡萄酒和 IGP 葡萄酒产量始终能保持在 15 亿~25 亿升的年产量。2000—2020 年法国各类葡萄酒产量可参见表 4-3。

表 4-3 2000—2020 年法国葡萄酒生产

单位：亿升

产量	2000—2001 年	2010—2011 年	2018—2019 年	2019—2020 年
AOP 葡萄酒（蒸馏酒除外）	26.7	22.0	23.9	20.1

（续）

产量	2000—2001 年	2010—2011 年	2018—2019 年	2019—2020 年
IGP 葡萄酒	16.2	12.5	13.0	12.7
无 IGP 的葡萄酒	8.9	3.1	2.7	1.7
蒸馏酒	7.9	7.8	9.9	7.9
葡萄酒总量	**59.7**	**45.4**	**49.5**	**42.4**

资料来源：法国农业和食品部数据统计司 2020 年年度报告，agreste. agriculture. gouv. fr。

2019 年，世界葡萄酒产量（不包括葡萄汁）约为 260 亿升，在 2018 年达到异常高水平之后急剧下降，目前已恢复到正常水平。2019 年欧盟的葡萄酒产量占世界葡萄酒总产量的 60%，与 2018 年相比下降 14%，主要原因是葡萄酒主要生产国出现了霜冻、热浪和干旱等不利的气候条件。2019 年，法国的葡萄酒产量（包括果汁和葡萄汁）约为 4 230 万升，与 2018 年相比下降了 14%，与最近五年的平均水平相比下降了 7%，这是由于春季霜冻使葡萄藤开花后遭遇积水，夏季又遇高温干旱，导致葡萄产量降低。西班牙和意大利的葡萄酒产量也分别下降了 25% 和 13%。2019 年，世界葡萄酒消费量保持稳定，法国的葡萄酒消费量略有下降（-0.6%）。2018—2019 年，所有葡萄酒领域的生产价格均有所下降：法国地区餐酒或有 IGP 的葡萄酒生产价格下降 6%，无 IGP 的葡萄酒生产价格下降 1%，AOP 葡萄酒（不包括香槟）生产价格下降 9%。

2000 年以来，法国葡萄酒出口量每年都能保持在 14 亿～15 亿升，其中出口到中国的葡萄酒从 2010 年（0.8 亿升）开始逐年递增，2018 年出口到中国的葡萄酒达 1.4 亿升。2019 年，法国葡萄酒出口目的地国家分别是：德国（2.3 亿升）、美国（1.8 亿升）、英国（1.7 亿升）、中国（1.3 亿升）、比利时（1.2 亿升）、日本（0.6 亿升），出口总值达 97.81 亿欧元。2019 年，法国出口的葡萄酒中，AOP 葡萄酒占 5.4 亿升（包括白葡萄酒 1.3 亿升，红葡萄酒 4.1 亿升），香槟酒 1.1 亿升，IGP 葡萄酒 3.7 亿升。2019 年，法国本土葡萄酒销售总额达 124 亿欧元，在外贸中表现很出色，出口额达 97.81 亿欧元，进口额只有 8.51 亿欧元，实现贸易顺差 89.9 亿欧元。

此外，法国蒸馏葡萄酒市场也有不俗表现，香槟酒、阿马尼亚克蒸馏酒以及科尼亚克蒸馏酒是法国蒸馏葡萄酒市场上的三朵金花。

（1）香槟酒（Champagne），是法国高级葡萄酒的象征。2019 年，法国香槟酒销售量达 2.231 亿升，其中本土销售量达 1.061 亿升，出口量达 1.17 亿升。法国香槟酒在 2019 年售出 2.97 亿瓶,在已发货的 1.42 亿瓶香槟酒中,有 0.76 亿瓶销往欧盟国家,0.79 亿瓶销往第三国,分别比上一年上涨 0.9%和 0.7%。其他已订购香槟酒的发货因英国"脱欧"和美国关税威胁受到不同程度的影响。

(2)阿马尼亚克(Armagnac)蒸馏酒,该酒的产量不高。2018 年该酒产量达 16.1 万升,其中法国本土销售量为 3.9 万升,出口量为 4.3 万升,其余 7.9 万升用于制作利口酒和白兰地酒。

(3)科尼亚克(Cognac)蒸馏酒,连续五年销售量递增,并在 2019 年打破纪录,达到 6 500 万升,同比增加 5.7%。法国出产的科尼亚克蒸馏酒几乎全部用于出口,在北美市场口碑极佳,中国最近几年对该酒的需求量也在不断提升,相反,欧洲国家对该酒的需求量却在下降。

(三)烟草市场变化

近些年,法国香烟销售量整体呈下降趋势:2000 年销售量达 832 亿支,2010 年下降为 549 亿支,2018 年下降为 402 亿支,2019 年降至 378 亿支。相比之下,卷烟的销售却保持比较稳定的态势:2000 年销售量为 728 万千克,2010 年为 759.8 万千克,2018 年为 762 万千克,2019 年为 714.4 万千克。法国 2019 年香烟售出 378 亿支,进口香烟 482 亿支,进口额达 16 316 亿欧元,出口 2 亿支,出口额 3.459 亿欧元。香烟贸易差额 2000 年以来长期处于逆差状态,逆差额每年达 11 亿~13 亿欧元。

2019 年,法国香烟销售经历 2015 年的轻微反弹之后再次下降,延续了从 20 世纪 90 年代初开始的下降趋势,比 2018 年下降了 5.9%。2019 年卷烟销售量的下降发生在 3 月和 11 月卷烟价格上涨期,2019 年总的卷烟销量下降到 714.4 万千克,比 2018 年下降 6.2%。连续三年的销量下降导致烟草的市场份额不断下降:2017 年为 15.5%,2018 年为 15.3%,2019 年为 15.2%。

自 20 世纪 70 年代以来,法国烟草种植下降很快,从 1977 年的 22 000 公顷下降到 2019 年的 2 200 公顷。自 20 世纪 80 年代以来,法国人从喜欢褐色烟草转变为更喜欢金色烟草,因此法国的烟草生产主要集中在金色烟草上,但尚不足以满足国内需求。2019 年法国香烟进口量增加了 2.3%,而本国烟草产量继续下降,达 13.4%。2000—2019 年法国烟草产量可参见表 4-4。

表 4 - 4　2000—2019 年法国烟草产量

类别	2000 年	2010 年	2018 年	2019 年
面积（公顷）	9 300	7 100	2 600	2 200
收成率（50 千克/公顷）	54.4	51.8	51.5	52.7
烟草总产量（万千克）	2 530	1 840	670	580
褐色烟草产量（万千克）	680	30	0	0
金色烟草产量（万千克）	1 850	1 810	670	580

资料来源：法国农业和食品部数据统计司 2020 年年度报告，agreste. agriculture. gouv. fr.。

第二节　农产品价格

2019 年，法国农业食品行业实现销售总额 1 267 亿欧元，仅肉类和饮料就占法国农产品市场销售额的 41%，奶和奶制品占 17%，其他农业食品（糖、可可、巧克力和糖果制品、速食便餐、营养食品等）占 14%。在欧盟市场中，法国农业食品对农产品销售总额贡献率较高的五大类农产品（食品）分别为粮食、饮料、肉类、奶和奶制品以及其他农业食品。

一、粮食价格

自 1993 年实施农业合作社改革以来，法国农产品价格紧随国际市场大宗商品价格波动。粮食价格受粮食减产影响，在 2007—2008 年和 2010—2011 年经历两次大的涨幅。2019 年 9 月至 2020 年 1 月，受世界粮食需求量大幅增长影响，粮食交易价格再次上涨。之后，粮食价格明显回落，主要是因为 2020 年粮食产量增加，再加上新冠肺炎疫情增加了世界粮食需求的不确定性，全球粮食价格再次进入不稳定状态。

2019 年，世界粮食产量为 27 110 亿千克，其中法国的粮食产量为 710 亿千克。法国粮食中，玉米产量为 131 亿千克，小麦产量为 396 亿千克，大麦产量为 137 亿千克；用于磨面的粮食达 76.05 亿千克，其中用于面粉生产的粮食达 50.13 亿千克，用于淀粉生产的粮食达 25.92 亿千克；面粉产量为 39.55 亿千克，其中淀粉产量为 2 900 万千克；法国国内市场消费面粉量达 39.19 亿千克，出口面粉量仅 16 700 万千克，这与 2004 年相比大幅减少。2004—2019 年法国面粉行业产量可参见表 4-5。

表 4-5　2004—2019 年法国面粉行业产量

单位：亿千克

类别	2004 年	2010 年	2018 年	2019 年
磨面粮食	—	86.61	77.3	76.05
面粉生产	55.98	55.75	49.95	50.13
淀粉生产	—	30.86	27.35	25.92
面粉产量	43.46	43.70	39.28	39.55
淀粉产量	0.03	0.004	0.035	0.029
面粉进口	1.51	1.83	2.47	2.50
销售面粉总量	46.63	48.31	41.99	40.86
国内销售面粉	40.11	42.25	39.85	39.19
出口面粉	6.53	6.06	2.14	1.67

资料来源：法国国家统计和经济研究所，INSEE，Agreste，agreste. agriculture. gouv. fr.

2017—2020 年，法国小麦鲁昂港离岸价格每吨在 150～200 欧元。2020 年 5 月，法国小麦离岸价格在每吨 180 欧元左右。

二、饮料价格

法国饮料食品的销售在农业食品销售中的占比一直很高。法国的饮料除了有传统酒精类饮料——葡萄酒、烈性酒等外，还包括啤酒和非酒精类饮料。

2019 年，法国啤酒销量达 20.6 亿升，矿泉水销量达 124 亿升，气泡型饮料（柠檬水、可乐、苏打水）销量达 26.7 亿升，非气泡型水果饮料达 2.7 亿升，油桃果汁 2.2 亿升，果汁糖浆 1.8 亿升，果蔬汁饮料 10 亿升（其中橙汁 4.7 亿升，混合果汁 1.7 亿升，苹果汁 1.9 亿升，葡萄柚汁 0.2 亿升）。2018 年，法国啤酒占欧盟销售总额（374 亿欧元）的 7%，即 26.18 亿欧元，非酒精类饮料实现欧盟销售总额（476 亿欧元）的 15%，即 71.4 亿欧元。

法国饮料价格指数在 2005—2019 年持续攀升。以 2015 年价格指数 100 为基数，1995 年法国饮料价格指数为 61，2000 年价格指数降到 58，2005 年价格指数升至 78.4。2005—2019 年法国饮料价格指数可参考表 4-6。

表 4 - 6　2005—2019 年法国饮料价格指数

参考指数：2015 年价格指数为 100

类别	2005 年	2017 年	2018 年	2019 年
饮料	78.4	102.1	102.5	103.8

资料来源：法国国家统计和经济研究所，INSEE，Agreste，agreste. agriculture. gouv. fr.。

三、肉类价格

法国肉类价格受市场供求关系影响巨大。自 20 世纪 90 年代以来，法国牛肉价格持续上涨，这与饲料价格上涨导致生产成本上升息息相关。在经历 1996 年和 2000 年两次饲料价格和生产价格大幅下跌后，2013 年法国牛肉生产价格上升到近三十年来的峰值，2016 年再次下跌，2017 年和 2018 年又有小幅上涨，这些变化都从未影响牛肉消费价格的持续攀升。2019 年法国牛肉价格仍上涨 1.4%。

2019 年，法国本土 8 日龄的小牛价格为每头 72.46 欧元，肉店小牛牛肉价格为每千克 5.36 欧元。活牛存栏数 1 820 万头，其中奶牛 350 万头，哺乳母牛 400 万头。牛肉产量为 16.71 亿千克，其中大牛牛肉产量为 14.53 亿千克，小牛牛肉产量为 2.18 亿千克，法国本土消费量达 15.39 亿千克，人均消费牛肉 23 千克，牛肉自给自足率达 108.6%。2005—2019 年法国肉类价格指数可参见表 4 - 7。

表 4 - 7　2005—2019 年法国肉类价格指数

参考指数：2015 年价格指数为 100

类别	2005 年	2017 年	2018 年	2019 年
肉类	93.9	101.9	101.1	105.1

资料来源：法国国家统计和经济研究所，INSEE，Agreste，agreste. agriculture. gouv. fr.。

四、奶和奶制品价格

法国牛奶产量已经连续三年保持稳定增长。2019 年，法国牛奶产量达 238 亿升，牛奶价格保持在每升 0.351 欧元，比 2018 年的价格提升了 3.8%，生态有机奶产量有了明显提升，比 2018 年增加 4.1%。牛奶中的 16.3% 为原产地命名保护（AOP）产品或地理标识保护（IGP）产品。法国牛奶主要产自西部和西北部地区的布列塔尼（54.44亿升）、卢瓦尔河（37.71亿升）和诺曼底地区（38.30亿升）。2019年，法国有51 600家农户提供牛奶给奶制品加工企业用于奶制品再加工。2010—2019年法国牛奶产量地区分布可参见表4-8。

表4-8　2010—2019年法国牛奶产量地区分布

单位：亿升

地区	2010年	2014年	2018年	2019年
布列塔尼地区	49.09	54.27	53.93	54.44
卢瓦尔河地区	34.18	38.52	37.48	37.71
诺曼底地区	34.53	37.41	37.56	38.30
奥弗涅-罗讷-阿尔卑斯地区	24.74	25.77	24.62	24.16
上法兰西地区	21.46	23.30	23.37	23.53
大东部地区	21.37	23.24	22.73	22.38
勃艮第-弗朗什-孔泰地区	14.81	15.92	15.92	15.83
新阿基坦地区	14.42	13.19	10.86	10.38
奥克地区	9.03	8.55	7.17	6.82
中部-卢瓦尔地区	4.40	4.59	4.32	4.19
其他地区	0.68	0.83	0.77	0.74

资料来源：法国国家统计和经济研究所，INSEE，Agreste，agreste. agriculture. gouv. fr.

除了牛奶外，法国奶制品还包括奶粉、酸奶、黄油、奶酪、乳清粉等。2005—2019年法国奶制品价格指数可参考表4-9。

表4-9　2005—2019年法国奶制品价格指数

参考指数：2015年价格指数为100

类别	2005年	2017年	2018年	2019年
奶制品	89.4	99.7	100.7	102.7

资料来源：法国国家统计和经济研究所，INSEE，Agreste，agreste. agriculture. gouv. fr.

五、其他农业食品价格

法国其他农业食品主要包括糖、可可、巧克力和糖果制品、速食便餐、营养食品等在内的工业化生产食品。2019年，法国糖类制品出口总额达16.97亿欧元，各类速食便餐、营养食品达29.96亿欧元。2005—2019年法国其他农业食品价格指数可参见表 4 - 10。

表 4 - 10 2005—2019 年法国其他农业食品价格指数

参考指数：2015 年价格指数为 100

类别	2005 年	2017 年	2018 年	2019 年
其他农业食品	95.9	98.7	96.3	94.6

资料来源：法国国家统计和经济研究所，INSEE，Agreste，agreste. agriculture. gouv. fr。

总体来看，由于原材料农产品价格上涨，经历 2019 年的下降之后，法国粮食价格在 2020 年涨幅很小（前 9 个月增长 0.3%，一年内增长 0.7%），而饮料价格在下降（-1.2%），肉类价格在上升（增长 4.0%），奶和奶制品价格也有上涨（+0.8%），其他农业食品价格上涨 0.8%。除此之外，果蔬加工品，面包、糕点和面食，油类和动植物油脂类产品，动植物产品，谷物和淀粉，动物饲料的价格都在下降。

第五章 CHAPTER 5
法国农业经济及管理 ▶▶▶

　　法国是欧盟最大的农业生产国，也是世界主要农副产品出口国。法国农业生产总值占欧盟农业生产总值的 1/5 以上，这说明法国农业已经在世界农业方面占有重要地位。在法国，农业产值约占国内生产总值的 4%，农业用工人数约占劳动力总数的 3.4%。法国耕地面积 5 491.9 万公顷，其中 61% 为农业用地，27% 为林业用地，12% 为非农业用地。农业用地的 96% 为农户家庭所有。法国已实现了农业机械化，这是法国提高农业生产率的重要手段。农业食品加工业是法国实现外贸顺差的支柱产业之一，农业食品加工产品的出口额仅次于美国，居世界第二，占世界市场的 11%。法国农业产值占国内生产总值的比重虽然越来越小，但是农业在整个国民经济中仍然处于非常重要的地位，在世界农业中也有着举足轻重的地位。法国甜菜产量居世界第一位，葡萄酒产量居世界第二位，牛奶产量居世界第三位，肉类产量居世界第四位，小麦、玉米产量居世界第五位，蔬菜、水果和马铃薯的产量也位居西欧前列。

　　法国气候温和，地形基本为平原，自然条件良好，适合农业发展。20 世纪 50 年代法国便开始注重农业机械化的研究和发展，进入 70 年代法国农业已全面实现农业机械化，田间的收割、播种、除草、采摘等基本上使用机器设备。法国农业现代化发展与农业机械化程度的提高与政府实施的各种各样助农措施有很大关系。

第一节　农业经济现状及农业产业化经营

　　战后的法国政府为了发展农业，采取了一系列措施，让农业走上了现代化的道路。这些做法包括：推动土地有效流转、实现农村劳动力转移和加强农民职业培训、建立以农业合作社为主导的完整农业产业链体系和持续推进农业创新发展。

一、推动土地有效流转

20 世纪 50 年代末期，法国政府实施了土地集中政策，实现规模经营。1960 年实施《农业指导法》时便要求各省成立土地整治与农村安置公司（SAFER），该公司是"政府监督的非营利性民间机构，是农村土地流转的中介机构，也是法国对农地保留的相对限制权的执行者"[①]，政府通过这个公司直接干预地产市场，该公司的作用是购买土地，对购买的土地进行整合治理，然后以优惠价格出售给有一定经营规模的农场。土地整治与农村安置公司的存在确保了金融支持土地流转的可持续性，使得法国的农地得到了有效流转。

1962 年，法国设立调整农业结构社会行动基金，该基金用提供财政援助和补贴的办法"鼓励老农场主放弃耕作，把土地出卖或出租给青年农民"[②]，以促进土地流转。"鼓励年龄超过 55 周岁的农民放弃农业经营权，对主动交出土地的农业退休人员给予政府补助，发放终身养老金"[③]；"补助 65 岁以上退出土地经营权并领取退休金的农民，平均每人每年可得 1 500 法郎"[④]。这样，在国家层面上，促进了土地流转，提高了土地的利用效率。

为了防止土地进一步分散，政府规定农场主的合法继承人只有一个；同时推出税收优惠政策，鼓励父子农场、兄弟农场以土地入股，开展联合经营。各级地方政府建立了非盈利的"土地治理公司"，公司拥有土地优先购买权，把买进的插花地和低产田集中连片，整治成标准农场，然后再以低价保本出售[⑤]。同时，国家还采取了其他鼓励土地集中的措施，如给大农场提供低息贷款，对农民自发的土地合并减免税费，促使农场规模不断扩大。1955 年，法国 10 公顷以下的小农场有 127 万个，1975 年减少到了 53 万个，50 公顷以上

---

① 杨璐璐，吴群，周应恒，等. 农村土地"三权分置"催生的农民获得感 [J]. 改革，2017（1）：32 - 48。

② 法国政府农业支持政策 [EB/OL]. [2018 - 06 - 23]. https：//baike. so. com/doc/28323983 - 29744579. html。

③ 朱勤. 实现城乡基本养老保障均等化的改革路径：兼议农民退休制度 [J]. 人民论坛，2020（25）：80 - 84。

④ 宁萌. 土地承包经营权退出制度研究 [D]. 天津：天津商业大学，2016。

⑤ 王东京，等. 法国的农业现代化之路 [J]. 农村工作通讯，2012（18）。

的大农场增加了 4 万多个。土地集中政策对扩大农场规模，促进农业现代化起了重要作用。

二、实现农村劳动力转移和加强农民职业培训

农村劳动力转移和农民职业培训都是法国政府重视农村发展采取的具体策略。

（一）农村劳动力转移

法国的劳动力转移是在政府支持下进行的。法国政府为了帮助农村劳动力转移大致上采取了四项措施。

（1）大力发展除巴黎外的城市，增强法国城市的劳动力吸纳能力。为转移农村富余劳动力，政府鼓励农村年轻人离开农村，到国营企业务工。法国的农村劳动力转移的后果是，推动了农业的现代化，促进了法国的城市化发展。

（2）政府鼓励并资助工业向靠近农村和落后地区转移，实现分散发展。

（3）对那些愿意转变职业的农民进行补偿资助。

（4）给接近退休年龄的老农民一次性发放非退休补助金，让年轻的务农者加快进入农业生产领域。

农业劳动力不断减少，但是现代化的农业需要新农民的出现。对于留在农村的青壮年劳动力，法国政府给予高度重视。政府出资开办独立的培训机构，通过培训来提高他们的知识技能和基本素质，特别是聘用出身于高等农业院校的技术人员，对他们进行有针对性的培训，并特别注重培养农业专业毕业生和刚刚从事农业生产工作的年轻人，法国的农民及农场主大多具有大专以上的文化水平，他们具有丰富的专业知识和科学完善的经营理念，这保证了农场生产经营的顺利进行①。

（二）农民职业培训

法国农民职业培训可分为中等农业职业技术教育、高等农业教育和农民职业教育三个部分。中等农业职业技术教育的任务是培养具有独立经营能力的农

---

① 李冰 . 秦皇岛市家庭农场发展对策研究［D］. 秦皇岛：河北科技师范学院，2016。

业经营者或具有某项专门技术的农业工人；高等农业教育（即高中后教育）主要包括 2 年制的高等农业技术教育、4~5 年的工程师教育和 6~8 年的研究生教育；农民职业教育面向农民，讲求实效，不拘形式，培训目标既接近实际又具有前瞻性，分为短期培训和长期培训两种：短期培训一般在 20~120 小时，目的是丰富农业生产者的行业知识；长期培训一般在 120 小时以上，目的是使没有受过农业教育的农民取得经营农业所必需的基础知识，使有农业生产经验并受过一定农业教育的农民进一步提高专业知识和经营管理水平[①]。

三、建立以农业合作社为主导的完整农业产业链体系

民以食为天，农业是国民经济和社会发展的基础。同时，农业很容易受自然环境的影响，属于弱质产业，所以大多数国家都会对本国的农业采取保护政策。起初，法国政府靠提高关税、价格补贴来激发农民的生产积极性。随着国际市场的逐渐开放，一味地保护反而不利于本国农业的持续发展。自 20 世纪 60 年代中期以来，法国政府把扶持农业的重点放在生产、加工和销售领域，力图通过产业化把本国农业做大做强。"法国的做法有独到之处。农业宏观指导，由政府负责；产前、产中和产后服务，交给合作社去办。在法国，农业和食品部、渔业部主管农业，负责产供销全程规划，其他任何部门无权插手。这样就避免了条块分割，多头指导。为了防止这两个部门位高权重，失去监督，总理专设私人办公室，定期了解基层农业情况。另外，政府还成立了'全法最高农业发展指导委员会'，涉农各行业都有代表参加，重要的农业政策必须由这个机构提出，然后交给议会讨论，从而实现了'农民的事情农民办[②]。"

"20 世纪 60 年代末，法国建起了 3 100 个农业信贷合作社，7 200 个供应和销售合作社，14 000 个服务合作社。合作社一般按照行业划分，农民可根据经营情况，同时加入几个合作社。双方每年一签约，农民只需做好农活，其他的事都由合作社去筹办。年终结算时，扣除风险基金和发展储备金，其余的按入社资金、农产品收购量分配给社员。如发生亏损，社员也要按对应的份额承担风险。为了鼓励合作社发展，国家出台有关政策，合作社可免交 33.3% 的公司税。

---

① 洪仁彪，张忠明. 农民职业化的国际经验与启示 [J]. 农业经济问题，2013，34（5）：88-92，112。
② 王东京，等. 法国的农业现代化之路 [J]. 农村工作通讯，2012（18）。

经过几十年发展，目前法国农户基本上都是'社员'。农业合作社占据了农产品市场绝大多数份额，生产资料和饲料基本上由供销合作社销售，90％以上的农场贷款业务由信贷合作社提供。"① "法国自20世纪80年代以来，农业合作社开始不断拓展其服务功能，为社员提供产前、产中和产后等全方位服务，法国90％以上的农户加入了农业合作社，其年营业额达1 650亿欧元，农户经营效益得到大幅提升。而合作社也不断发展壮大，形成了完整的农业产业链体系，不少合作社发展成为世界知名的大型农业公司及食品企业集团②。"

四、持续推进农业创新发展

法国是欧盟最大的农业生产国，也是世界主要的农副产品出口国，粮食产量占欧洲粮食产量的1/3，农产品出口仅次于美国，居世界第二位。法国农业发展之所以取得这样的成绩，离不开创新和政府支持。政府坚持的创新原则主要表现在以下四方面。

（一）创新是法国农业最基本的原则

法国农业创新不只是技术创新，还包括组织创新和机制创新。法国农业的快速发展，除了得益于20世纪60年代以来欧盟所实施的共同农业政策外，还与法国农业经营组织形式的不断创新密切相关。法国最初的农业生产是以家庭农场的方式进行的，在此基础上，农户家庭同农业联合会、协会进行合作。这就帮助农民改变了传统的农业运作方式，实现了农民和协会之间的共同管理。此外，法国在20世纪60年代初就成立了很多农业研究中心，形成了完善的创新机制。

（二）注重技术推广和知识共享

只有创新是远远不够的，法国还建立了很多职业训练和培训网站。农业各个领域都设有专业机构，这些机构可以将科学家、技术人员通过地方协会联系在一起，为农民开展专业技术应用提供咨询。以葡萄酒行业为例，法国农业研

---

① 王东京，等. 法国的农业现代化之路［J］. 农村工作通讯，2012（18）。
② 丁建军，余海鹏. 西方发达国家农业转型的经验及对湖北的启示［J］. 荆楚学刊，2020，21（3）：40－44。

究院（INRA）有专门从事葡萄基因组研究的科研人员以及葡萄加工方面的知识储备。法国的技术转化和推广链条非常完善，可以通过机构之间的合作，把这些基础知识转化到企业和技术部门，再转化到下游的农民那里。

（三）法国农业发展的新模式

农业不仅涉及粮食安全，还涉及质检、环境和社会等问题，这种类型的农业在法国称之为生态农业或生态系统。生态农业这个词在 20 世纪 80 年代就出现在法国法律中。与传统农业相比，生态农业模式综合了最新的科学技术和管理手段，在生态和经济上均可实现良性循环，可以在环境可持续发展的同时实现经济利益最大化，是发展和振兴法国农业的一个有效途径。正如法国前农业部部长斯泰凡·勒弗勒（Stéphane Le Foll）所说，随着法国农业生产力的不断发展，希望能够找到农业可持续发展更佳的解决方案。比如降低农药的使用，将法国的农药施用量在 2025 年之前减少一半。此外，法国农业和食品部（Ministère de l'Agriculture et l'Alimentation）也反对在法国使用抗生素，包括畜牧业和养蜂业等。这些解决方案都可以在鼓励农业发展的同时不忘对环境更加友好一些，帮助法国政府实现可持续农业发展的大目标。

（四）有特色的农业产品标识

为了向消费者保证农产品的质量或农产品原产地的纯正性，农民可以申请多种标识来认证其农产品，生态农业标识便是法国政府推出的惠农举措之一。这种标签式的标识可以证明产品符合法国有关法律的规定，保证产品是有机生产的，过程完全尊重大自然的生态平衡和农民的自主权，未使用杀虫剂、化肥、转基因技术，严格限制使用各种有副作用的物质。不要小看这些标签，它们代表着高标准和信任，使得法国生态农产品不仅在消费者中拥有良好口碑，也占据了行业发展的高地。[①]

第二节　农业公共管理体系概况

法国农业公共管理体系主要由各大机构行驶农业管理职能，包括公共管理

---

① 从农业大国到农业强国［EB/OL］.［2016 - 12 - 09］. https：//www.sohu.com/a/ 121078964 _ 485176。

机构、公共研究机构和公共咨询机构。

一、公共管理机构

法国管理农业及相关事务的最高行政管理机构是农业和食品部。其主要职责是：①制定和执行政府的农业、食品、渔业和林业方面的政策；②组织农业教育和生活技能培训；③从事农业、生物技术和兽医研究，负责植物保护和健康管理；④制定粮食政策、食品工业政策、农民和农业工人的社会福利政策、海洋渔业和水产养殖政策、牲畜和宠物的福利政策及其健康保护。

（一）主要角色

1. 农业食品安全监测者

法国农业和食品部致力于为所有人提供安全的绿色食品，监测和确保农业和农业食品的质量和安全是农业和食品部的一项重要任务。该部承担风险预防和危机管理；制定条例，组织管制，管理警报，监测领土和边界；颁发出口证书。首席兽医官与其欧洲同行合作和协调执行国家农业卫生政策。

2. 欧盟共同农业政策的参与者

除了是农业食品安全监测者之外，法国农业和食品部还是欧盟共同农业政策（Common Agriculture Policy，CAP）和共同渔业政策的主要参与者，并且在欧盟机构中扮演着重要角色。欧盟共同农业政策的预算支出占欧盟预算总支出的35%以上，是欧盟最具象征意义的政策之一。它是1957年《罗马条约》规定的欧盟项目建设中的首要共同政策。欧盟共同渔业理事会每年根据科学咨询意见确定每一鱼种和每一渔业部门的配额。法国每年根据共同渔业政策会收到9 800万欧元。欧盟共同渔业政策旨在确保渔业和水产养殖在环境、经济和社会方面的可持续性，并为欧盟公民提供健康食品的溯源。

3. 农产品价格保障者

法国农业和食品部以提高农业部门的生产力为首要任务，同时保障农民收入，稳定市场，确保供应安全，并向消费者提供合理价格的农产品。法国农业和食品部下属的服务和支付机构（ASP）和FranceAgrimer负责共同实施欧盟共同农业政策。

在全球范围内，法国农业和食品部捍卫本国农业生产者、农业和农业食品部门的利益，并重视法国粮食发展模式。

（二）内部机构

法国农业和食品部的各项具体行政职能通过下属的四个行政司来执行，包括食品总司（La direction générale de l'alimentation，DGAL），教育和研究总司（La direction générale de l'enseignement et de la recherche，DGER），企业经济和环境绩效总司（La direction générale de la performance économique et environnementale des entreprises，DGPE），海洋渔业和水产养殖司（La direction des pêches maritimes et de l'aquaculture，DPMA）。这四个机构由一个总秘书处（Le Secrétariat général）协调。

1. 总秘书处

总秘书处负责人力资源管理、财政事务、服务组织、信息和通信、农业统计和预测、法律事务，并统筹该部现代化政策的实施。

2. 食品总司

该司创建于 1987 年，负责确保整个食物链的食品安全和质量以及动植物的健康。它与农业利益攸关方、协会和消费者等保持通力合作。它同时与财政经济部部长、卫生部部长合作，共同执行法国农业和粮食产品质量和安全监控政策。食品总司参与制定欧洲联盟条例，并负责将其纳入国家法律，然后，它通过其下属机构实施这一法律制度。在区域一级，这个机构就是粮食、农业和林业局（DRAAF），在省一级，DGAL 的主要联系机构是负责卫生安全的省人口保护局（DDPP）。在国际上，DGAL 的任务是促进法国的粮食安全和植物安全。

DGAL 的目标是确保动植物产品生产和销售的卫生条件，守护消费者的权益，推进行业健康发展。它还致力于通过不断监测重大传染病来保护动植物健康。对动植物传染病的任何怀疑或报告都会触发应急计划的启动。农业和食品部每年执行动植物监测和控制计划，监测动植物产品、动物源性食品和饲料的污染情况。每年采集约 6 万份样品，获得 80 多万份经批准的实验室检测结果。这些监测任务有助于发现抗生素等兽药产品的化学污染情况、禁用物质、痕量重金属（如铅）、有机污染物（如二噁英和杀虫剂）以及生物污染产品（如沙门氏菌、病毒或寄生虫）。研究还涉及放射性等物理污染的风险。

3. 教育和研究总司

教育和研究总司执行农业教育和继续培训政策，并参与制定促进农业、生物技术和兽医研究等的政策。教育和研究总司在职权范围内制定和统筹研究、创新和发展政策。它支持创新，依靠农业和农村发展信托基金的投资来支持国家农业和农村发展计划，支持农业教育机构、研究机构以及农业和农产品工业技术研究所的发展，并确保将后者纳入国家研究战略和欧洲研究领域。

4. 企业经济与环境绩效总司

自 2015 年 5 月 1 日起，企业经济和环境绩效总司取代了农业、农业食品和领土政策总局。该司的战略目标是通过改善企业经济和环境绩效来刺激经济活动和就业。DGPE 确定通过创新多样的措施提高农业和农业食品、马、森林和木材以及生物经济部门的企业竞争力，同时也致力于保护国家环境和领土发展。

5. 海洋渔业和水产养殖司

海洋渔业和水产养殖司制定和执行海洋渔业、海产品以及海洋和大陆水产养殖政策。该司致力于相关政策的国际谈判和社区谈判。根据 2017 年 5 月 24 日法令，农业和食品部部长拥有对海洋渔业和水产养殖司的直接管辖权。

二、公共科研机构

法国农业公共科研机构主要包括两个机构：法国国家农业食品与环境研究院和国家地理与林业信息研究院。

（一）法国国家农业食品与环境研究院[①]

法国国家农业食品与环境研究院（National Research Institute for Agriculture，Food and Environment，INRAE），是法国国家级科研机构。2020 年 1 月 1 日，由法国农业研究院（National Institute for Agricultural Research，INRA）和法国国家环境与农业科技研究院（National Research Institute of Science and Technology for the Environment and Agriculture，IRSTEA）合并组建而成，隶属于法国高等教育、研究与创新部（Ministère de l'enseignement

---

① 法国国家农业食品与环境研究院官网，https：//www.inrae.fr。

supérieur，de la recherche et de l'innovation，MESRI）以及农业和食品部（Ministère de l'Agriculture et de l'Alimentation，MAA），是农业、食品和环境领域世界顶尖的研究机构。

根据世界知名学术水平计量分析数据库 ESI 的 2019 年世界大学农业科学专业排名学术统计数据，法国国家农业食品与环境研究院（原法国农业研究院，INRA）位列榜单第三，仅次于美国农业部（USDA）和西班牙商等科学调查理事会（CSIC），是法国最大的国家农业科研机构，成立于 1946 年，总部设于巴黎。该研究院已经于 2014 年 12 月 29 日与巴黎第十一大学、巴黎高等师范学院等合并成为巴黎萨克雷大学。法国国家农业食品与环境研究院以应用基础理论研究为主，科研体制分为三级：第一级按学科设 24 个研究部，包括生物气候学、农艺学、土壤科学、植物遗传改良、动物遗传改良、森林研究、消费科学、农村社会经济学等；第二级按自然经济区和地理位置在全国设 21 个研究中心，如凡尔赛、图卢兹、波尔多等中心；第三级根据需要设若干个专业委员会，如动物生产咨询委员会、农业气象专业委员会、生物技术专业委员会等。另外还有科技情报和成果审定办公室、新闻处、信息办公室、培训办公室等。全院有 300 多个实验室、研究站和试验场[1]。

（二）国家地理与林业信息研究院[2]

国家地理与林业信息研究院（Institute National de l'Information Géographique et Forestière，IGN）成立于 1940 年，接受法国农业、食品及林业部（Ministère de l'Agriculture，de l'Agroalimentaire et de la Forêt）和生态、可持续发展与能源部（Ministre de l'écologie，du Développement Durable et de l'énergie）的共同管理，其主要职责是从几何学与物理学的角度描绘法国国土的地表特征与土地利用情况，对法国森林资源的长期存量情况进行测算和更新。该研究院的具体工作是设计并构建国家地理信息基地，管理国家地理信息参考系统，实施生态系统观察与监测项目，为国家政策实施，生态、能源与森林评估，发展规划，气候变化应对等提供相关地理信息，推动地理信息数据在不同领域的广泛应用，在地理信息领域内开展广泛的研究与开发，负责管理

---

① 法国农业研究院介绍，https：//baike. so. com/doc/8441935 - 8761839. html。
② 该部分内容根据法国国家地理与林业信息研究院官网介绍编译，段落顺序有调整。https：//ign. fr/institut。

欧盟空间地理信息基础设施（Infrastructure d'Information Géographique dans la Communauté Européenne，INSPIRE）等。

该研究院还致力于推动法国地理信息和林业政策在本国以及世界范围内的运用与标准化，为法国的发展规划、可持续发展、环境保护、国防、国土安全与风险防范等做出重要贡献。国家地理与林业信息研究院有 5 个研究实验室、1 所培训学校、4 架科研观测飞机，约 1 600 名工作人员，其中研究人员 60 名。

三、公共咨询机构

（一）国家食品理事会①

国家食品理事会（Conseil National de l'Alimentation，CAN）成立于 1985 年。其主要职责是协助政府部门和私人部门制定关于食品产业的政策，促进食品产业的平稳有序发展。该理事会的具体工作是发布关于食品质量、消费者信息、营养、食品安全、食品获得、粮食危机应对等议题的研究报告，并且还就这些议题提出相应的政策建议，为政府部门以及食品加工产业链的行业主体提供决策参考，向政府部门和私人企业提供关于国家食品政策方面的咨询等。国家食品理事会有 7 个分会，这些分会由 49 名来自食品产业链各环节的代表组成，包括农民、加工与流通环节主体、食品服务业、餐饮业、消费者及其他使用者、农产品加工工人、专家等。

（二）国家动植物卫生政策与卫生管理理事会②

国家动植物卫生政策与卫生管理理事会（Conseil National d'Orientation de la Politique Sanitaire Animale et Végétale Gouvernance Sanitaire，CNOP-SAV）的主要职责是对动植物检疫进行分类，提出预防和应对动植物疫病的具体监控与处置措施，提出关于国家动植物卫生政策、国家动植物卫生监管措

---

① 该部分内容根据法国国家食品理事会官网资料编译而成，内容顺序有所调整，https：//cna - ali-mentation. fr。
② 该部分内容根据法国农业和食品部官网提供的信息编译而成，具体内容有所调整，https：//agri-culture. gouv. fr/le - conseil - national - dorientation - de - la - politique - sanitaire - animale - et - vegetale - et - la - gouvernance。

施和动植物卫生其他相关事务的咨询与指导意见等。国家动植物卫生政策与卫生管理理事会下设 1 个专家委员会、1 个全国咨询机构，在全国各省均设有地区咨询机构。

（三）农业与农村工业可持续发展战略理事会[①]

农业与农村工业可持续发展战略理事会（Conseil Stratégique de l'Agriculture et de l'Agro‐Industrie Durables，CSAAD）成立于 2008 年，其主要职责是分析法国、欧洲与世界的社会变化和经济发展、欧盟共同农业政策改革等对法国农业与农村工业的影响，参与农业与农村工业可持续发展战略的制定，提供关于农业与农村工业可持续发展战略咨询等。

农业与农村工业可持续发展战略理事会主要由法国国内与农业及农村工业相关的政府部门和行业协会负责人、研究机构和高等院校专家、金融机构和企业负责人等组成。

---

① 该部分内容由农业和食品部官网上的信息编译而成，具体内容有所调整，https：//agriculture. gouv. fr/de‐la‐hausse‐la‐baisse‐des‐prix‐impacts‐de‐la‐crise‐economique‐sur‐lagriculture‐et‐les‐industries。

第六章 CHAPTER 6
法国农业政策 ▶▶▶

════════════ 第一节　农业政策体系 ════════════

政府的农业政策对法国农业的发展有着直接作用，从 1947—1953 年的第一个经济发展计划开始，法国就确定了农业政策的目标：发展农业生产，满足国内需求，增加农产品出口，降低农业生产成本和产品销售价格，提高人民生活水平。另外，欧盟共同农业政策（CAP）对法国农业发展也有着重要的作用。法国是欧盟的创始成员国，共同农业政策集中体现了国家对农业的支持和保护，法国则是最大的受益者之一。法国的农业政策主要包括以下八个方面。

一、实行以补贴为中心的政策，增加农业投入

法国能成为世界主要农产品出口国，政府的农业政策起了决定性的作用。一是政府通过国家预算对农业进行财政支援。1962—1986 年，政府的农业预算拨款增加了 14 倍，由 76 亿法郎增加到 1 137 亿法郎，在国家民用预算总支出中，农业支出占 13%。二是政府通过农业金融制度促进农业发展。长期以来，政府向新的农业经营单位和年轻农民提供贴息贷款，实行优惠的税收政策，并建立了农民社会保障体制，鼓励农民安心务农。优惠贷款主要用于防止各种自然灾害、进行农场结构调整、实现农场现代化、进行土地整治等。既保障了农民的利益，又能有效引导农民按照政府的意图行事。三是政府通过农业补贴政策支持农业生产、农村发展和林业持续管理。

从 20 世纪 60 年代后期开始，农业补贴政策成为法国农业政策的核心。法国对农业的补贴政策经过了按产品价格补贴，按生产规模直接补贴和按环境、

农村发展、农产品质量以及动物生存条件直接补贴的演变过程。目前,法国的农业补贴可分为公共财政补贴、税收和社会分摊金减免、农业贴息贷款三类。法国还是欧盟农业补贴的最大受益国,农业收入 1/3 以上来自欧盟的补贴。

（一）补贴的来源

2003 年,法国农业的公共财政支持总额为 288.3 亿欧元,其中来自欧盟的补贴为 102.90 亿欧元,约占 36%。

（二）补贴的种类

法国农业补贴归纳起来主要有三类。

1. 农业生产补贴

包括农牧产品生产直接补贴和稳定农牧产品市场补贴。农牧业产品生产直接补贴是对降低支持价格的补偿,属于对生产和贸易具有直接扭曲影响的政策（"蓝箱"政策）。牧产品生产补贴包括养牛及牛肉类补贴、养羊及羊肉类补贴、家禽及鸡蛋补贴等。稳定农牧产品市场补贴主要用来控制农牧产品供给水平的支出或补贴,如停止生产奶产品补贴、休耕补贴、出口补贴和通过价格机制维护市场平衡的补贴。

2. 农村发展补贴

包括农业社会保障福利补贴（含农业社会保障、从事农业停业后的保障和食品援助三项补贴）、青年农民安家和农场现代化补贴、农村环境维护补贴、农产品标准培训补贴、农村发展计划补贴、农民转移土地经营权补贴、自然条件恶劣地区补贴。

从 2005 年开始,法国根据欧盟的政策,用于促进农村发展的资金大幅度增加,补贴范围也在扩大,促进农村发展主要有四个方面的内容:一是鼓励农民生产高质量的更好的满足消费者需求的产品。最高补贴额为每个农场每年 3 000 欧元,最多补 5 年。二是支持农民按照欧盟标准进行生产。每年每个农场最高补贴额不超过 1 万欧元,时间最长不超过 5 年。三是对实行高标准动物福利的农民实行补贴。如果农民采取的畜禽饲养方式比一般饲养方式标准高,并且至少连续 5 年实行同样的措施,则可视情况给予补贴。补贴金额依据采取这种高标准所增加的成本或者减少的收益情况确定,每年每个牲畜单位（成牛）最多可补贴 500 欧元。四是增加对青年人从事农业所进行的投资补贴,目的是鼓励青年人进入农业行业和从事农业生产。

3. 林业持续管理补贴

包括对林业生产行业的补贴和对林地整治与保护的补贴。前者包括林木清理，开发和运输补贴；林木初次加工企业补贴；林木砍伐企业投资补贴；林业优惠贷款补贴等。后者主要包括对防火、固沙和抗病虫害等措施的补贴。2001年林业持续管理补贴资金达 4.6 亿欧元。其中 90% 的资金来自于法国国内。

第二次世界大战以后，法国政府一直致力于不断增加农业补贴，至 1975年，用于农业的财政支出达 339.79 亿法郎，用于农业投资的新增贷款达 150亿法郎，农业财政投资占当年农业投资总额的 51.3%。进入 20 世纪 80 年代以后，法国政府对农业的投入逐年增加，每年都保持在 1 000 亿法郎以上，占财政预算的 13% 左右。以 2004 年为例，法国政府对农业补贴的金额是 25 亿欧元，并且从欧盟获得农业补贴 100 亿欧元，合计农业补贴 125 亿欧元，且当年法国农户农业生产收入的 65% 来自各种农业补贴。法国的农业补贴政策，加速了法国从传统农业向现代农业转型，使法国从一个粮食净进口国、一个长期受吃饭问题困扰的国家，一跃成为世界第二大农产品出口国。

二、对山区等不发达地区采取特殊政策，促进农村平衡发展

法国的山区条件艰苦，农民的收入水平低。第二次世界大战后，法国国民经济迅速发展，工业对劳动力的需求猛增，山区青壮年劳动力走出山区到城里务工。山区人口数量减少，人口老化，导致田地少人耕种，景观遭到破坏，山区经济面临危机，成为贫穷落后的象征。"20 世纪 50 年代末，法国政府开始着手领土整治工作，其宗旨是：'尽力消除经济落后地区（尤其是山区）与发达地区之间的不平衡。'法国的领土整治从一开始就将山区作为最主要的对象之一。从 20 世纪 50 年代初期分散巴黎的工业开始，到 60 年代的农村改革；从 70 年代的各大山区整治指导纲领和山地整治保护法令的制定与实施，至 80年代《山地法》的问世，法国政府始终致力于发展山区、利用山区和保护山区，把山区整治作为领土整治的一个重要组成部分。"[①]

截至 20 世纪末，法国山区已实施了 60 余项农村整治计划和 45 项土地利

---

① 姚懿德．法国山区发展及其整治 [J]．山区开发，1993 (5)：393 - 396。

用计划，签订了 91 份地方合同。山区整治计划分为以下两大类。

（一）按领土整治方针及在山区实施的一系列整治计划

法国山区共同的发展方向为：①维持和发展山区的一切经济活动，发展农业，安置青年，建立中小型手工企业；②维持山区公用事业，发展山区教育、通信、交通事业和商业，打破孤立的、偏僻的局面；③发展旅游业，保留未遭破坏的自然环境。

（二）按海拔高度的特定条件发展山区

法国山区发展的方向亦可分为三种类型：①高山区是充满活力的受保护山区。这里冬季是开展滑雪及各种体育运动的场所，夏季则是登山、远足和闲暇消遣的好去处。发展方向主要是旅游业资源的开发利用，同时也发展畜牧业。②中山区是生产性山区。这里的农业劳动力占整个山区劳动力的 30%，主要发展农业，以谷物-畜牧业为主，实行多种经营，发展农产品就地加工业。在条件适宜地区，发展手工业、商业和中小型工业。③谷地则向城市化发展，是接纳人口的山区。这里发展工业，尤其是发展为高山旅游业服务的工业和商业，如滑雪用机械、装备和器具的制造等。农业以集约化经营为方向，以发展"耕地＋割草场"和饲养型畜牧业为主。

法国山区农场的主要发展模型：农场经济大方向为畜牧业，其中"牛＋奶"型占 33%，其他草食畜占 23%，"牛＋肉"型占 12%，"牛＋混"饲养型占 4%，食谷物类动物多种饲养型占 5%，种植型占 16%，种植饲养型占 1%。[①]

山区发展途径因各地山区经济、文化、自然、历史的不同而有所区别，但主要表现在三方面：首先，植树造林，保护景观。从 19 世纪末起，法国就制订有《山地绿化法》和《山地复兴法》，其条文规定至今仍然有效。同时，国家从技术上和财政上提供援助，向各大山区提供优惠贷款和补助金鼓励造林。经过几十年的努力，法国山区无一不呈现山清水秀的面貌。其次，加强基础设施建设。山区得益于基础设施的发展，改变了与外界隔离的状态，防止了山区的荒漠化。第三，扶持山区农业发展，实行多种经营方式，例如保护好农业用

---

① 姚懿德. 法国山区发展及其整治 [J]. 山区开发，1993（5）：393-396。

地，扩大农场面积；发展山区农牧业，依靠科学研究改良牧草；发展农产品加工业，提高产品知名度，向全国推销；保护好青山绿水，发展旅游业等。法国山区的发展兼顾了社会、环境和生态三方面的协调发展，使山区充满生机。

可以说，法国政府十分重视山区等不发达地区的农村发展，成立了山区发展委员会和海外省农业经济发展促进署，采取多种措施给予扶持。在农业补贴政策中专门制定了对不发达地区的优惠条件。一是补贴前提条件更为宽松；二是补贴金额更大；三是补贴比例更高；四是补贴范围更广。考虑到山区自然条件差，农作物产量仅为平原的68%，法国政府提高了对山区农业的补贴比例。据统计，山区农场年经营收入的73%来自农业补贴，平原农场则为50%。

三、实施土地集中政策，扩大农业生产经营规模

土地分散和农场经营规模小，不利于现代农业技术的推广应用，阻碍农业生产率和商品率的提高，给农业机械化和现代化以及农田建设和土地资源开发带来很大困难。法国的法律规定了土地"不可分割"的原则，即农场主的土地不得由一个以上的子女继承。近20多年来，法国采取了一系列加速土地集中、扩大农场经营规模的措施。国家建立了"土地整治与农村安置公司"，通过贷款从私人手中购买土地，经过整治，以较低的价格卖给农民，特别是卖给中等规模的农民。法国政府支持中农政策的目的，是促使生产力低下的小农离开农业，提高农业生产率，同时防止两极分化。通过国家对地产市场的直接干预，控制了土地的收购和转卖，改善了农场结构，优先安置达到中等规模的青年农民。法国政府还通过调整土地政策来控制农用土地价格，发放脱离农业的终身补贴，以鼓励老年农场主放弃耕作。法国现有农场101.7万个，其中大于50公顷的农场数量为17.2万个，占农场总量的17%；50公顷以下的中小型农场有84.5万个，占农场总量的83%，中小农场占很大比重，但是国家支持中等规模农场的发展。法国农业以家庭劳动力为主，农场主及其家属占农业劳动力总数的92%左右。法国的土地经营方式有三种：租赁经营、土地所有者直接经营和分成制经营。近十多年来，前一种经营方式逐渐增多，后两种经营方式呈下降趋势。

四、以欧盟共同农业政策为参照，实施现代化环保型农业发展政策

1992 年，法国在欧盟的统一安排下对农业政策进行改革：下调壁垒价格和干预价格；补贴方式逐步转向直接补贴，而且享受补贴也是以限制产量、实行部分休耕为条件。2003 年欧盟适应 WTO 规则的要求，在不削弱对农业支持的前提下，再次对原农产品价格支持补贴政策适时调整，抛弃过去价格支持体系，把环境保护作为农业补贴政策的核心内容，从而实现了从价格补贴转向环保补贴。法国积极响应欧盟制定的新政策，对本国农业补贴政策做出相应调整。根据实际情况，因时制宜制定新政策，法国最终达到了稳定农民收入，稳定农产品供求关系，稳定国家补贴额和减少国际贸易摩擦等效果。与此同时，法国注重完善相关法律法规，尤其重视合作社法制建设，不断为合作社规范化管理提供法律依据。

（一）实施以政府为主导的农业合作社规范化管理政策

早在 1880 年，法国农会组织已有相当基础，这些农会后来逐渐变成合作社。20 世纪 40 年代以前，法国农民专业合作社是参照农业信贷的有关法律执行的，1943 年 9 月 4 日通过了专门的农民专业合作社法律。随着经济发展和外在条件的改变，这一法律不断修改完善。1945 年，法国政府推动成立了全国农民专业合作社联盟。后来，法国颁布了许多农业法规，如 1960 年的《农业指导法》，1962 年的《农业生产经济组织法》，1972 年的《农业合作章程法》。1972 年的法律将合作社的原则灵活变通处理，允许合作社与非合作社成员发生商业往来，制定出台的法规有利于合作社在新形势下发展、维持并深化合作社运动。每个合作社都是按照合作社法，根据经济需要形成的，都有自己的章程，成员进出自由，领导人由选举产生，内部实行民主管理、独立经营、自负盈亏。经过长期发展，形成了基层合作社、地区合作社、中央合作联社三级体系结构，它们都是独立的法人治理结构，相互之间没有隶属关系，产权关系明晰，成员的合法权益不受损害。

法国的农业合作社在欧洲是比较发达和普遍的，农民可以自由选择参加合作社。合作社是法国农业社会化服务的主体。集体与合作社组织主要包括：农

业供销合作社和服务合作社及其联社、农业公会、专业产品联合会、企业跨行业协会等。从经营活动来看，合作社主要分两类：一是生产性的合作社，主要包括提供技术服务和共同使用生产设备，如兽医和人工授精、农机修理等。二是流通领域的合作社，主要从事农产品的收购、加工、储藏和销售，并且供应生产资料。流通领域的合作社的地位比生产性的合作社更重要，这类合作社的专业化程度较高，如有专门从事牛奶收购、加工和销售的，有专门从事葡萄收购和酿酒的，有的合作社还为农民提供金融和企业管理服务。

（二）发展农用工业，推进农业机械化

从 1950 年开始，法国积极推进农业机械化，到 1970 年就完全实现了机械化。21 年间，法国农民拥有的拖拉机增加了近 9 倍，收割机增加了 32 倍。农业的机械化和自动化大大提高了农民劳动生产率，减轻了劳动强度，使农民有能力开展多种经营。为了不断改进农机性能，法国专门成立了农机科学研究中心。与其他许多市场经济国家不同，法国政府直接插手农业生产资料的生产，在法国市场上销售的农业机械必须持有农业与农村发展部颁发的许可证。

（三）政府重视农业技术的推广和普及，不断提高科技含量

第二次世界大战以后，法国积极采用先进的农业科学技术，在良种、农机、施肥等农业技术方面都达到了较高水平。政府高度重视农业教育、职业培训、开发、研究和技术援助在内的农业智力投资。1982—1986 年，农业智力投资总金额由 35.3 亿法郎增加到 50.9 亿法郎，在农业和食品部预算中的比重由 34.5％上升为 36.8％。法国的中央和地方政府、农业行业组织和工业企业都从各自不同的角度共同参与农业技术的推广和普及，形成了一个集农机、农药、化肥、良种和先进农艺于一体的立体推广网络。1949—1968 年，法国农民自发组织了 1 300 多个"农业技术研究中心"，学习新的农业技术。此外，法国还设立了"全国农业进步基金"，成立了"全国农业推广和进步理事会"及各省委员会，1959 年还颁布了《农业推广宪章》。

（四）重视农村人力资源开发，提高农民素质

目前，法国农民一般都具有农业技术高中和农业专科大学毕业的文化程度。农民不但懂耕作，而且有文化，懂科学，会经营。根据规定，相当于高中

一年或二年的"农业职业能力证书"和"农业职业文凭"持有者只能在农场或农业企业中当雇工;具有高中二年以上学历的"农业技师证书"持有者,或通过农业职业和技术会考的学生,才有资格独立经营农场。为了提高农民的文化素质,法国各地普遍设有相当于高中的农业技术学校。

（五）重视农业环境保护，实行人与自然和谐发展

在法国,无论是政府还是国民都有极强的环境保护意识。近几年,环境保护政策与农业政策结合程度不断加强,政府还提出农业的发展首先必须遵循环境保护政策,对政府禁止农民所做的一切而带来的损失,政府给予相应补贴,确实把农业补贴与环境保护挂起钩来。目前,法国执行的是 ISO14001 环境质量标准,各种生产水果、酒类的农场都在努力达到这个标准。[①]

第二节　农业投入和补贴政策

1945 年以后,法国仅用了 20 年的时间就实现了农业的现代化,这主要归因于政府采取了积极干预农业的支持政策。首先表现在增加农业投资:"仅 1952—1972年,法国在两个发展计划期间对农业投入高达 2 770 多亿法郎[②],投资增长幅度超过了其他所有行业。"[③]

20 世纪 60 年代以来,欧盟农业支持政策重点经历了由维护粮食安全,到对农民进行直接补贴,再到建立与生态挂钩的农业补贴政策三个阶段。到 2004 年,欧盟新的共同农业政策已从单纯关注农业发展转移到农业和农村发展并重,形成了支持农业发展和农村发展两大政策支柱。法国作为欧盟重要的成员国之一,其中央政府对农业的财政投资也主要集中于农业发展与农村发展两个方面。法国中央政府通过明确的政策导向,引导资金对农业发展进行合理配置,提高了中央财政投资的效果,促进了农业经济的发展。目前法国已经成为欧洲最大的农产品出口国。法国农产品的出口量仅次于美国,其土地和劳动力资源比欧洲其他国家丰富,"在农业现代化过程中机械技术与生物技术并进,

---

① 法国的农业政策［EB/OL］.［2018－01－15］. http：//www.foods1.com/news/370371.
② 法国与欧元的汇率为:1 欧元＝6.559 57 法郎.
③ 田瑞霞，王烽.中外农业现代化与城镇化的比较研究［J］.世界农业,2016（9）：99－104.

同时采用'以人为本'的城镇化过程，实现两个过程的协同推进"[1]。

法国农业投入和补贴政策主要通过三个方面来实施：农业基础设施与先进装备的投入与补贴、政府惠农补贴政策和政府加大农民教育投入。

一、农业基础设施与先进农业装备的投入和补贴

在法国，对于关系到跨大区的农田基本建设、水利枢纽工程建设均由中央政府直接投资兴建，其他的农业基础设施按照其规模大小，由中央政府补助资金兴建。一般而言，如农民合作社兴建水库、灌溉设施，中央政府的投资补助金额占 30%～40%；对于较大的项目中央财政补贴占到 70%～80%；对于农民自主实行的农村道路、水土保持、土地整治等基本建设项目，中央财政的支持力度也比较大，根据不同的项目，从 15%～80% 不等；对于农民购买先进农业装备，中央政府也会发放 15%～30% 的直接资金支持[2]。

（一）土地兼并及扩大生产规模

为了鼓励农民进行规模经营，提高生产效率，由中央政府或中央银行高价直接购买零碎土地，将零碎土地连成大农场，农场主可以根据自己的实力申请购买，购买的价格要低于政府当初收购价的 20%～30%，实际上就是政府对于大农场给予等额的资金支持。此外，对于城市人口转行经营农业或是青年农民扩大再生产，中央政府会给予 40%～50% 的资金扶持，同时还会给予免税登记、无息贷款等优惠措施支持。

（二）对农业科技、 教育及技术推广的投资

法国对农业科技、教育的投资占到了中央财政农业总预算的 10%。全国各农业院校、综合大学的农学院、农业科研机构、大农场主均可以根据自身发展需要以科研项目的形式来申请资助。

法国的农业科技投入堪称世界典范，政府建立了完善的农业科技研发、推广和教育体系。在农业科研方面，法国从 1960 年就开始建立了以高等、中等

---

① 田瑞霞，王烽．中外农业现代化与城镇化的比较研究［J］．世界农业，2016（9）：99‐104。

② 赵静．美国、日本和法国三国中央政府农业投资的主要做法和经验［J］．世界农业，2015（4）：91‐95。

农业教育和农民业余农业技术教育为主体的农业教育体系,目前拥有近 800 家农业科研机构。而农业科技的普及推广则由农业和食品部和各地 116 个由政府提供资金的农业协会负责。法国农业教育培训体系不拘泥于培训的时间、地点和形式,农业培训人员可以深入家庭农场生产一线,不断提高务农人员理论知识和实践技能。此外,政府还设立了农民职业技能培训补贴,为农业教育培训体系的建立与完善提供资金支持。政府规定,只有通过农业职业教育并取得绿色证书的农民,才能从事农业经营并享受政府的补贴和优惠贷款。在农村,60% 以上的青年达到中等农业技术学校的毕业水平。

(三)农业机械投资

为了推动农业现代化,法国政府加大了对购买农业机械的支持力度。在法国,"农民购买农业机械可得到 50% 以上的贷款以及 20%～30% 的补贴。法国政府还对农民自发组织的农业机械合作社(居马)长期提供资金扶持,仅在 1996 年资助额就高达 15 亿法郎,占农业投资总额的 6%。通过一系列极为优惠的扶持补贴政策,法国逐步实现了农业装备的现代化和规模化,于 1970 年基本实现了农业机械化。"[①]

(四)农产品流通设施

法国每年通过财政拨款对农产品流通设施建设项目进行补贴。法国非常重视中小企业的发展,以便保障就业并满足居民日常生活消费,为此采取了很多保护和扶持措施。同时也重视发挥大型流通企业集团在带动生产、稳定物价等方面的作用,促进其合理有序发展。

自 20 世纪 60 年代以来,在政府的推动下,以大型超市为主营业务的大型流通企业集团发展迅猛。大型超市以规模大、商品种类齐全、价格低廉等优势得到消费者的青睐。但大型超市的发展,也导致许多中小商店倒闭,影响社会稳定。为了引导大中小流通企业协调发展,70 年代以来,政府出台了一系列的法律法规,依法加强对大型商业设施的审批,严格控制大型商店的过度发展,保护扶持中小流通服务型企业的生存和发展。目前,《鲁瓦耶法》《拉法兰法》等对商业网点的设立规定了详细的审批要求。在法国,凡新建、改建和扩

---

① 田瑞霞,王烽. 中外农业现代化与城镇化的比较研究 [J]. 世界农业,2016(9):99-104。

建营业面积达 300 平方米以上的食品商店及 1 000 平方米以上的非食品商店均须由政府进行审批，超过 6 000 平方米的商店还需要进行民意调查。法国各省都要制订商业网点现状图，这种网点现状图可作为重要决策的依据。国家商业设施规划委员会及省级商业设施规划委员会负责具体审批管理工作。各级商业规划委员会不是政府机构，委员具有较强的代表性。全国商业设施规划委员会由法国经济财政工业部负责组建，由 4 名政府成员及 4 位经济界人士组成。省级商业设施规划委员会由工商会会长、手工业协会会长、消费者协会会长、所在市镇的市长或镇长、省议会会长、省内人口最多的城市市长共 6 名成员构成。除通过法律法规来保护中小企业发展外，法国政府还通过一系列的财政税收政策实现抑大扶小的目标[①]。

目前，农产品流通的欧洲模式以法国和荷兰为代表。欧洲采用中央批发市场的模式，单体规模巨大，像法国巴黎的汉吉斯市场（Rungis）面积达 232 公顷，堪称世界第一。"欧洲的农产品批发市场布局合理，设施先进，功能完善，交通便捷，普遍采用协议交易和拍卖交易并存的方式。欧洲政府非常注重鲜活农产品流通的效率，欧盟大部分国家在农产品流通领域给予有效的行政支持和金融支持。在行政支持方面，欧盟大部分国家设立专职机构，其职能以管理农产品流通为中心，通过各种有效服务和出台各种措施使政府的农产品流通政策得以有效落实。首先，欧洲国家的政府通过政策加强农产品流通的有序性和协调性，通过规划合理的网点和组建便利的交通设施，保障农产品的快速有效流通。其次，欧洲国家重视农产品批发市场基础设施的建设。欧盟每年从财政中拨款，用于支持改善农产品运输、储存、加工和销售的项目。荷兰和法国是欧洲农产品流通设施建设水平的代表，其农产品批发市场的基础设施和技术运用，代表了世界的最高水平。最后，欧洲国家认为物流运输效率和交通物流设施水平是影响农产品流通效率和降低损耗的关键因素，因此，欧洲国家特别重视批发市场的路网规划和冷链系统的建设。"[②]

二、政府惠农补贴政策

第一，法国政府设置农者立业补贴、提供优惠信贷、减免所得税等一系列

---

① 刘德成. 中法流通业比较［J］. 商业时代，2004（29）：33-34。
② 陈静俊. 国际农批市场模式比较的借鉴和启示［J］. 科技信息，2013（1）：325，328。

优惠措施，鼓励青年创办家庭农场，并通过直接和间接两种形式的补贴加大对家庭农场的政策支持力度，对于家庭农场主因农产品价格降低而遭受的损失直接补贴到个人。

第二，法国政府十分重视保护生态环境和发展"绿色农业"，为保护耕地的可持续发展，实施了强制性休耕制度以及对家庭农场的休耕损失进行补贴，鼓励农场主创办多功能农业，如与政府签订《国土经营契约》，可获得高达 10 万法郎的一次性启动补贴和分年度提供总额为 24 万法郎的环保补贴。

第三，政府财政对薄弱地区大力支持。法国 1996 年建立了 1.2 万个乡村复兴区，然后为这些复兴区提供扶持政策，比如豁免雇主的社保金和税收、进行财政补贴、放宽一些政策限制和鼓励跨社区跨市镇发展等。这让法国的乡村走上了快速发展道路。

三、政府加大农民教育投入

在法国，农民的教育问题受到超乎寻常的重视。2017 年法国农业和食品部的财政预算有 1/3 用在了农民教育上。经过持续数十年的全力经营，法国已建立起多层次、多元化的农民教育和再教育体系。农业高等教育学生人数 40 年间翻了 3 倍，并且生源越来越多样化。这让法国乡村发展"不缺人、不少智"。

20 世纪 60 年代，农业教育服务于农业现代化。在政府的推动下，法国出台了《农业教育和农业职业培训法》，加快了农业教育改革，大力培养具有现代农业科学知识和技能的各级人才，以适应快速发展的农业现代化需要。

进入 20 世纪以来，法国农业教育发展主要经历了以下重要改革：农业教育完全由农业部管理；对农民及农业从业人员进行培训，帮助其适应农业现代化的需要；农业教育政策制定须结合地方需求，适应地方发展需要；农业相关行业专业技术人员共同参与农业教学。20 世纪 80 年代，农业教育进一步适应地方发展需要，推动实施了《国家与私立农业教育学校关系改革法》（又称《洛卡法》），促进各地方私立农业教育与公立农业教育协同发展，推动农业教育适应地方政策，参与地方经济建设。20 世纪 90 年代至 2000 年，政府赋予农民教育更强的社会功能。1999 年，法国政府通过了《农业指导法》和《法国 2000—2006 年农村发展计划》，为农业发展提供法律保障，进一步扩大了农业教育职能，并将农业教育与地方发展深入结合起来。为促进农业、经济和生态环境和谐可持续发展，法国政府于 2014 年 10 月颁布《农业、食品和森林未来法》，进一步将"农业生态"的概念引入农业教育。

近年来，随着农业教育不断发展，最终修订的《法国农村和海洋渔业法典》第八章规定，法国农业技术教育承担以下职能：提供普通、技术或职业的初始和继续教育；促进青年人和成年人的入学和就业；参与地方经济发展；致力于农业和农产品的发展、探索尝试和创新；参与国际合作，特别是促进学生、学徒、实习生以及教师的流动。农业高等教育承担以下职能：重点通过传播科学和技术知识，开展农业教育，并致力于保护环境教育，促进多样化招生，促进学生就业和融入社会；参与农业发展政策制定，开展农业研究、创新和工程师教育，参与农业科学和技术知识的启蒙和推广；开展农业科学、技术和教学方面的国际合作，致力于构建欧洲农业高等教育和研究共同体，提升本国吸引力；确保对农业技术教育提供支持，特别是支持开展农业初始教育和农业从业人员继续教育。

为全面适应农业生产和经济发展需要，法国建立了涵盖基础教育和高等教育、初始教育和继续教育、普通教育和职业教育的农业教育体系，总体分为两部分：农业基础教育，即自初中三年级起至高中毕业、高等精英学院预科班阶段及攻读高级技术员文凭阶段的学习；农业高等教育，包括工程师、兽医、风景师教育，职业本科、硕士和博士教育。

目前，法国农业教育学校的情况为：806 所农业中学和农业教育中心，包括 216 所公立农业中学、214 所私立农业中学、365 个农业之家，以及 11 个农业医学教育中心；18 所高等院校，包括农业、兽医和风景师相关专业院校，其中 12 所公立院校，6 所私立院校；2 所远程农业教育院校。农业教育学生的情况为：根据法国农业和食品部统计，2016 年全法在农业教育体系就读的学生为 21 万人（60% 在私立学校，40% 在公立学校），其中 1.6 万人在农业类高等院校就读，其余 19.4 万人在基础教育阶段学校就读。近 40 多年来，随着法国农业及相关产业快速发展，农业教育规模不断扩大。1975 年，全法农业教育共招收学生 12 万人，当年高等教育阶段的学生人数仅为 2016 年的 1/3。1995 年，学徒制被引入农业教育并开始广泛实施，2016 年农业教育学徒人数相比 1995 年翻了近一番，达到 3.4 万人。

经过数十年持续不断的完善，法国农民教育呈现四大特点。

首先，想当农民需"持证上岗"。在法国，想要从事农业、经营农场，必须先获得农业专业证书，否则当农民的资格都没有。这一证书的获得，可以通过多种方式：正在上学的学生或者已经毕业的人员可以通过集中学习或者一边工作一边学习的方式，参加农业职业中专和技术高中学习获得；已在农场工作超过 3 年的，可索取政府专门机构提供的相关材料并在通过考试后获得相关农业文凭认证。

其次，农业学校和农业培训点众多。法国农业和食品部网站资料显示，2017 年法国有 806 个农业教育机构、371 个学徒培训点和 495 个成人教育培训点。

再次，"农学生"补贴高、生源广、数量多。法国政府为每个学农的学生提供大量补助。法国农业和食品部在 2017 年投入农业教育的资金约 17 亿欧元，占农业和食品部预算的 1/3，其中 11 亿欧元用于发放补贴、奖学金等。在公立学校，农业和食品部对每个农业专业的中学生投入近 9 500 欧元，对攻读工程师、园林设计师或兽医专业文凭的学生则人均投入 1.44 万欧元。这使得农业教育在法国越来越受欢迎。法国农业和食品部提供的数据显示，1975—2015 年，学习农业的学生增长了近 70%，农学、兽医、园林等农业高等教育专业的学生几乎翻了三倍。来自农民家庭或者涉农机构员工家庭的学生的比例，也从 1985 年的 40% 降至如今的 10%。截至 2017 年，包括中学生、大学生、学徒、实习生和接受成人教育的实习生这五类学生在内，法国学农的学生超过 46 万人。

最后，重视满足不同层次的学习需求，以及从业后的继续教育。法国农业教育体系分成两大部分，一部分负责提供基础教育和专业技术培训，另一部分则专门从事农业高等教育。在法国，无论是年轻学生还是成年人，只要对农业学习感兴趣或想从事农业行业，都完全不用为找不到接受农业教育或培训的机会而发愁。据统计，法国 2017 年的 46 万"农学生"中，继续教育的学生达 25.04 万人，占比超过一半[①]。

第三节　农业保险政策[②]

农业必须面对气候、健康和环境这些可能对农场的生存产生影响的风险。

---

① 吴涛，韩冰，徐甜. 法国何以成为欧盟第一大农业国？［EB/OL］.［2018 - 04 - 20］. http://memo. cfisnet. com/2018/0420/1312141. html。

② 法国农业和食品部官网：https://agriculture. gouv. fr/la - gestion - des - risques - en - agriculture。

支持农民开展更好的风险管理不仅可以提高农场的应变能力，更能降低这些风险产生的影响，尤其是经济影响。制定好农业保险政策是政府提高农业抗风险能力必须考虑的要素，有助于提高政府在农场整体管理和运营中发挥政策引领和资源保障作用。

一、农业保险的历史和现状

法国农业保险早在 19 世纪中叶便出现了，经过 100 多年的发展，虽然外部环境几经变幻，时顺时艰，但如今已然具备了完善的法律体系和明晰的保险组织体系。农业互助保险是法国农业保险最早的基本形式。面对自然灾害时个体农民自发组织成立互助保险社。然而，过于分散和力量单薄的互助保险社不能适应现代农业保险的需要。特别是随着大规模、集约化农业经营模式的普及，互助保险社已难以支付高额的自然灾害损失险。因此，法国政府于 1984 年设立了农业灾害基金，该基金对互助保险社难以承担的风险损失给予补贴。两年后，又成立了全国性的农业互助保险机构——法国安盟保险集团，该集团专门经营农业保险业务。1990 年，法国通过了《农业互助保险法》，该法对互助保险社应保险的范围作出了规定，从而为农业互助保险奠定了法律基础。该法实施之后，农业互助保险在 20 世纪得到了蓬勃发展。

进入 21 世纪以来，随着农业生产和农业保险市场的变化，法国农业市场逐渐表现出以下几个特征：一是农业生产经营更加专业化、集约化；二是农民从业范围从生产领域逐渐延伸至商业流通领域；三是农民逐步老龄化；四是农民受教育程度普遍提高，观念发生了根本变化。为此，法国政府采取了一系列新措施，进一步促进和完善农村互助保险的发展。

（一）对农业保险实行"低费率、高补贴"政策

农民只需缴纳保费的 20%～50%，其余 50%～80% 全部由政府负担。这种做法使农民有效规避了生产风险，充分调动了农民的生产积极性。

（二）在农业保险机构中植入政策性扶持

农业保险不同于纯粹意义上的商业保险，是不以赢利为目的的。因此，法国政府建立了政策性农业保险机构，其行政经费、农险基金赤字等都由政府实

行直接的财政补贴。国家每年要做一次保险预算，总额在保费的 20%～50%，用于满足国营保险公司入不敷出时的急需，从而有力地保障了农业保险机构的业务开展。

（三）政府和社会联办农业保险集团

法国农业互助保险集团是以政府控股为主体、社会参股的形式建立起来的股份有限公司。公司按三级（出资者、董事会、经理制）控制群体结构运行。法国农业互助保险集团下设 4 个保险子公司，即农业互助保险公司、非农业财产保险公司、农民寿险公司和农业再保险公司。农业互助保险公司承保全国农民的所有财产、疾病和因意外伤害中断生产期间的损失；非农业财产保险公司主要承保农村的加工商、面包商、手工业者和小商业者的财产、疾病和因意外伤害中断生产期间的损失；农民寿险公司负责农民和非农民的人寿保险和死亡保险业务；农业再保险公司负责对内对外的分保业务。

（四）建立农业合作保险组织

法国的农业合作保险组织是以农民互助共济为原则，在自愿的基础上将防险与保险相结合而组织起来的民间性农业保险合作基金组织。该组织具有保险、融资和福利三种功能。同时，合作基金组织还可以向实行中央政府农业再保险特别会计和非官方国家保险协会进行农业再保险，以分散风险，获得补贴。

（五）国家立法保护农业保险

政府对所有农业保险部门的资本、存款、收入和财产都实行免税政策，通过法律的形式给予保障，并制定了《农业保险法》，规定农业保险的项目由国家法律规定，保险责任、再保险、保险费率、理赔计算等事项也用法律或法规确定。对一些关系到国计民生的大宗产品如水稻、小麦、大麦等实行强制性保险，对主要饲养的牲畜如牛、羊、马、猪以及蚕等也实行强制性保险。

二、农业保险的类型

为了帮助农民应对各种风险，法国建立了一套承担风险的机制，包括农业巨灾保险（Assurance des calamités agricoles）、作物保险（也称"收成险"）和国家农业健康和环境互助基金（Le fonds de mutualisation sanitaire et envir-onnementale，FMSE）。[①]

（一）农业巨灾保险

法国的农业巨灾保险主要包括以下内容：首先，推行"低保费、高补贴"的政策，政府加大对农业巨灾保险的保费补贴，这显著增强了农户的投保意识。其次，法国政府在《农业保险法》中规定，生产一些关系到国计民生的农产品的农户必须投保农业巨灾保险。法国农业巨灾保险和国家其他形式的商业保险不同，政府成立了专门的政策性农业保险机构，保证农业巨灾保险的正常运行。政府补偿保险公司因承保农业巨灾保险所产生的赤字，这一举措增强了农业保险公司承保农业巨灾保险的信心，有力地保障了农业巨灾保险市场的稳定发展。法国农业巨灾保险的做法如下：一是提供法律保障。政府制定《农业保险法》，明确规定农业巨灾保险的承保范围和当事各方的责权利，保证保险市场的有效运行，并对从事农业保险的相关机构给予税收减免。二是成立农业互助保险集团。法国的农业互助保险集团是国家控股、私有制企业参与的股份制公司，该集团负责法国所有农业保险的相关业务[②]。

1982 年 7 月，国会通过了《自然灾害保险赔偿制度》。巨灾保险的投保方式具有半强制性，地震保险附加于各个保险公司销售的财产险保单之上，居民若购买，保险公司必须承保，但居民是否购买是自愿性质的。法国的巨灾保险属于多风险体系，一般包括地震、洪水、雪崩、干旱等。法国巨灾保险承保对象覆盖面广，不仅涵盖私人住宅、机动车，企业的办公及生产用房、经营收入也是其保险标的。政府以政令的形式来确认和更新免赔额，起到了一定的鼓励预防和减少风险的作用。

法国的保险理赔程序尤其特别，事故发生后，地方政府必须首先提出自然灾害确实存在的申请，等到部长会议确认后，保险公司才可着手进行索赔。法国中央再保险公司（CCR）是制度的主要运营机构，它在政府的授权之下为自

---

① 法国国家农业健康和环境互助基金官网，https：//opera - connaissances. chambres - agriculture. fr/doc _ num. php? explnum _ id＝103582。

② 周佰成，白雪，李佐智. 农业巨灾保险比较思索［EB/OL］.［2012 - 10 - 31］. https：//www. baywatch. cn/a/lunwenziliao/zirankexue/nongyeshengchanbaoxianlu/2012/1031/16506. html。

然灾害风险提供再保险，国家对 CCR 持股达 100%，商业保险公司将保险责任分保给 CCR，CCR 如果无法承担巨额赔偿，则由法国政府承担最终的赔偿保证。同时，商业保险公司也可以通过国际途径进行再保险分保。自 1982 年法国巨灾保险体系建立至今，所有的巨灾保险赔款从未让政府承担过最终赔付责任，足以证明了法国保险制度运作的成功[①]。

国家风险管理基金（FNGRA）[②] 为农业重大灾害提供资金支持。资金来源为强制性保险税，最高为保险费的 5.5%。每年收缴的强制性保险税不得超过 6 000 万欧元。

（二）作物保险

近年来，农业用地特别容易受到气候事件的影响，例如 2015 年、2018 年和 2019 年的干旱，2016 年的洪水，2017 年的霜冻和冰雹等。作物保险有助于农户防范气候事件产生的后果。2020 年法国推出作物保险合同，这是在尽可能接近实际损失的情况下获得赔偿的最佳途径，以确保全国范围内作物种植的可持续性。作物保险旨在鼓励农民对其农场采取气候风险管理，使农户能够加大作物的气候保险覆盖面，并能够从适合各自需求的风险覆盖范围中受益。

2018 年，法国全国范围内共签订作物保险合同 70 122 份，被保险的作物种植面积占农业用地（不包括草地）的 30.5%。为了鼓励农户签订作物损失保险合同，政府从欧洲农业农村发展基金（FEADER[③]）筹集信贷。农民可按国家规定的条件，从公共资金中获取部分保险登记费用。例如，农作物收成的损失若超过触发阈值，作物保险则对每种被保险农作物进行（如冬季油菜籽）补偿。覆盖范围包括大田作物（小麦、大麦、玉米、水稻），经济作物（棉花、大豆、花生、芝麻、高粱、马铃薯），蔬菜和园艺等。作物保险确保至少 70% 的大田作物面积属于被保险类别，同时，确保其他作物类别（葡萄、其他果树、绿肥作物）的所有作物属于被保险类别。如果灾害损失发生后被投保的收获物（如硬粒春小麦）的总损失超过触发阈值，则作物保险要支付赔偿。在农

---

① 马忠浩. 国外巨灾保险模式及对我国的启示 [J]. 时代金融，2018（35）：395-396。

② 法国国家风险管理基金官网，https://agriculture.gouv.fr/la-mobilisation-du-fonds-national-de-gestion-des-risques-agricoles。

③ 欧洲农业农村发展基金网站，https://www.europe-en-france.gouv.fr/fr/fonds-europeens/fonds-europeen-agricole-pour-le-developpement-rural-FEADER。

场内，投保的不同类型收获物之间存在着共享关系，即一种农作物的收益可以抵消另一种农作物的损失。

（三）国家农业健康和环境互助基金

国家农业健康和环境互助基金（FMSE）是所有农民都参加的一项集体计划，旨在弥补动物或植物疾病或环境事件造成的经济损失。它的资金来自农民的缴款和公共信贷。FMSE 覆盖农业的各个领域，并设有专门行业处，包括种薯、土豆、猪、反刍动物、水果、加工蔬菜、甜菜、新鲜蔬菜、家禽、苗圃和园艺、葡萄种植等行业。专门行业处的任务是对其成员因健康事件造成的损失进行赔偿。每个部门都有自己的预算，其资金只能用于补偿其成员。

FMSE 可赔偿因下列原因造成的经济损失：动物疾病或有害生物造成的一级和二级环境卫生危机。FMSE 可参与收集和管理通过流行病监测网络筹集到的资金。只有遵守环境卫生规则的农民才有资格获得 FMSE 的补偿，包括强制执行控制有害生物和动物疾病的措施和预防。农户种植的作物或饲养的动物遇到健康问题或发生环境事故，造成符合 FMSE 条件损失的，FMSE 应制定赔偿方案。具体程序是：农业灾害首先经有关部门确认，然后经行政委员会确认，并转交农业和食品部，赔偿方案只能涉及在转交之日前 12 个月内确定的经济损失。农业风险管理国家委员会（Comité national de gestion des risques en agriculture，CNGRA）批准该方案，公布部际法令，确定符合条件的费用和损失以及相关地理区域和公共捐款的数额，FMSE 在最多 3 个月内补偿农民。

第四节　农产品价格支持政策

法国农产品价格支持政策表现为二战后的农产品价格保护政策以及欧盟共同农业政策框架下推行的农产品价格支持政策[①]。

一、二战后初期的农产品价格支持政策

第二次世界大战严重打击了欧洲农业。1945 年，欧洲的农业生产水平只

---

① 共同农业政策监测和培训官网，https：//capeye.fr/pac‐application/。

相当于战前的 2/3。农产品短缺，价格飞涨，进口增加，农产品贸易逆差扩大，迫使法国政府对大部分农产品价格实行严格管理，下面是法国政府采取的五种主要手段。

（一）建立农产品市场管理组织

按照农产品的种类设立由政府官员、生产者、中间商和消费者代表组成的农产品市场管理委员会。

（二）制定农产品价格

每个农业年度开始之际，农产品市场管理委员会根据市场供需情况制定一组价格，主要有三种价格。

1. 目标价格（指导价格）

这是农业生产者在国内或欧盟内农产品短缺地区渴望得到的最高价格，一般是在农产品上市之前规定的。根据具体情况，各年度间的目标价格可以有变化，也可以维持数年不变。在一个农业年度内，目标价格一般高于市场价格，是农产品价格变动的上限，市场价格应低于它，而不能高于它。如果市场价格高于目标价格，政府就要抛售农产品平抑价格，阻止价格的盲目上升，维护消费者利益。

2. 干预价格（收购价格）

这是农业生产者保证可以看到的最低价格，干预价格一般比目标价格低10%～15%，是一种保证价格，是要维持市场价格不至于跌至这个限度以下，以保护生产者的最低利益。当农产品市场价格低于最低价格时，农民可在市场上销售农产品，并向欧盟设在各成员国的市场管理中心申请、领取市场价格和干预价格之间的差额补贴（类似于目标价格补贴制度），或者直接以干预价格将农产品销售到干预中心。

3. 门槛价格（闸门价格）

这是外来农产品到达口岸的最低进口价格，大约相当于目标价格减去外来农产品从口岸到国内或欧盟内农产品最短缺地区的运输费用的差额，一般在目标价格与干预价格之间。当农产品进口价格低于该价格时，通过对进口农产品征收关税等来维持农产品高价，避免农产品进口对欧共体农业的冲击。

（三）政府价格干预

当农产品市场价格低于干预价格时，政府按干预价格收购全部过剩农产品，或对生产者主动储存、撤离市场等给予补贴，或通过变动进出口关税及补贴调节进出口，使市场价格维持在干预价格之上。当农产品市场价格高于目标价格时，政府按目标价格大量抛售其他储存的农产品，或通过变动进出口关税及补贴调节进出口，使市场价格维持在目标价格之下。

（四）建立农产品干预基金

农产品干预基金主要有两种：一是欧盟的欧洲农业指导和保证基金。二是法国国内的农产品市场干预和调节基金。法国约有95％的农产品价格受到国内或欧盟某种形式或某种程度的基金干预。

二、欧盟农产品价格支持政策

欧盟农产品价格支持政策主要来源于1957年签订的《罗马条约》，经过数次变革，形成了欧盟目前完善的农产品价格支持政策体系。《罗马条约》将欧盟农产品市场走向划分为三个具体阶段：第一阶段，利用3年左右的时间来制定详细的农产品价格支持政策；第二阶段，制定、完善欧盟农业规章制度，完成农产品价格协调工作；第三阶段，全面实现欧盟农产品价格支持政策的一体化运作。截至1968年，以上三个阶段的主要目标已基本实现，欧盟成员国共同的农产品价格支持政策体系建设也初步完成。与此同时，按照《罗马条约》的基本思想，欧盟设立了欧洲农业部长理事会制度，理事会每年召开一次成员国会议，来对欧盟成员国之间共同农产品价格支持政策进行协调。在欧盟农产品价格支持政策全面保护下，欧盟成员国农业生产迅速恢复，农业效益逐年提高。

欧盟农产品价格支持政策内容主要有三大块：

1. 制定农产品价格

农业是关系着一个国家生死存亡的根本问题，为了保护欧盟成员农业生产、刺激农民生产积极性，维持农业产品市场价格稳定，欧盟制定了以目标价格、干预价格和出口补贴等为主要内容的价格支持政策。

2. 干预农产品市场

当农产品市场价格低于农产品干预价格（最低保证价格）时，欧盟就会按照农产品干预价格大量购进过剩产品，或者对于那些农产品生产经营者所开展的主动存储、撤离市场等行为给予一定资金补贴，或通过调整欧盟进出口关税税率及进出口补贴比例，使农产品市场价格基本维持在干预价格之上。与此同时，当农产品市场销售价格高于农产品目标价格时，欧盟就会按照农产品目标价格大量抛售事前储存的农产品，或者通过调整进出口关税税率及进出口补贴比例调节进出口关系，使农产品市场价格基本维持在目标价格之下。

3. 建立欧洲联盟"农业指导和保护基金"

为保证各成员国农产品价格支持政策得以较好的实施，欧盟专门设立了一项"农业指导和保护基金"，该基金由农业保证基金、农业指导基金两部分构成。其中，农业保证基金直接用于对欧洲联盟成员国农产品的价格提供资金支持，即向欧盟内部的农产品提供干预价格最低保证价格，为干预价格和出口的农产品提供一定出口比例的补贴。农业指导基金主要向那些对农产品价格给予间接支持的手段提供资金帮助，间接对欧盟内部的农产品价格提供支持，如改变农业生产结构，提升农业劳动生产效率，对农业生产者培训提供资金帮助等。[①]

2015年，在欧盟共同农业政策框架指导下，法国收到欧盟农业首期补贴74.4亿欧元，其中30%用于绿化，5%用于新开发农业用地保险费支付，1%用于青年农民资助，15%用于直接补贴，其余49%用于基本农业补贴支付。[②]

第五节　农村与农业金融政策

法国非常重视农村和农业发展，专门设有一整套农村与农业金融机制，较好地解决了农产品进入市场的问题。法国农村金融体系属于国家控制式合作金融模型，其金融机构都是在政府主导下建立并运行的，金融机构的运行还要受到政府的管理和控制，拥有发达的农村合作金融，互助银行在组织结构上是多层次的，在法律上相互独立、业务经营灵活。在民间，信用合作组织逐步建立

[①] 李靖. 欧盟农产品价格支持政策经验与启示 [J]. 河南农业，2016 (15)：52-54。
[②] 法国农业和食品部，https://agriculture.gouv.fr/cap-sur-la-pac-2015-2020-0。

起由地方农业信贷互助银行、地区（省）农业信贷互助银行和中央农业信贷银行（法国国家农业信贷银行总行）三个层次组成的农村金融体系。法国农业信贷银行享受政府从农业预算中拨给的大量贴息资金，因而可以发放大量通过贴息的长期低息贷款。法国农业信贷银行贷款首先保证重点，并实行差别利率，讲求经济效益，按期收回。同时，还建立了一整套严格的贷款审批制度。贷款利率一般只及非优惠贷款利率的一半左右，利息差额由国家财政负责补贴。这种体制既有利于支持农业生产，又并未妨碍法国农业信贷银行发展成为国际性的大商业银行。[①]

一、农村和农业金融政策的基本特点

法国农村和农业金融本质上仍属于政策性金融的范畴。但"农业"一词界定了金融扶持的范围。农业政策性金融是指政府为了实现特定农业政策目标，对农业生产和农产品贸易等实施的金融支持。所以，农业政策性金融，就是在国家和政府支持下，以国家信用为基础，运用各种特殊的融资手段和优惠的存贷利率，严格按照国家政策的界定，以支持农业和农村经济发展为主要职责，直接或间接地体现国家对农业和农村经济支持和扶持政策的一种特殊的资金融通行为。混合制金融和国家管控开展的农村金融银行业务是法国农村和农业金融政策的基本特点。

（一）混合制金融

法国农业政策性金融包括纯政府所有的政策性金融、政府官办和民间协作相结合的政策性金融、民间合作性质的政策性金融和商业金融中的政策性金融。

（1）纯政府所有的政策性金融。这类金融机构被政府严格控制，政策性浓厚，一般不吸收存款，从政府获得较多资金，主要发放其他金融机构无法提供的贷款。

（2）政府官办和民间协作相结合的政策性金融。法国农业信贷银行即是一个典型例子。法国农业信贷银行的上级机构是国家农业信贷银行，资金由法兰

---

① 杨娇. 法国农村金融体系对我国的启发 [J]. 中国市场，2011（22）：55，57。

西银行和国家预算拨款获得。而省级农业互助信贷银行和地方农业互助信贷合作社均为合作性质，实行自治，有自己的管理、审理机构，不是国家农业信贷银行在各级的执行机构。

（3）民间合作性质的政策性金融。这类金融具有群众性、非盈利性、贴近农区、了解农民需要和经营情况，适应农业生产和农业资金运作的特点。起初该类机构资金基本上是靠农民自身筹措，因难以满足农民对资金的需求，后来各国政府都给予资助。因此，合作金融机构实际上已成为政府贯彻实施农业政策的工具和提供低息贷款的窗口，具有政策性金融的性质。

（4）商业金融中的政策性金融。该类政策性金融业务通过商业金融机构经营，政府通过贴息、税收优惠等措施给予实施政策性金融业务的金融机构支持。

（二）国家管控开展的农村金融银行业务

法国农村金融体制是自下而上逐步形成的，长期较为稳定。1880年法国农民为了抵制高利贷的盘剥，开始建立农业信贷合作社，1894年和1899年议会颁布法令成立地方农业互助银行和地方农业信贷银行。1920年法国政府为统一管理各地区农业互助信贷银行的业务，成立了国家农业信贷管理局。1926年国家农业信贷管理局改名为农业信贷银行，由农业部和财政部领导，形成一个全国性农业互助信贷体系，一直保留到现在。

目前，法国开展农村金融业务的银行主要有法国农业信贷银行[①]、法国互助信贷联合银行[②]、法国大众银行[③]和法国土地信贷银行[④]等。这些银行或者是国有银行，或者是政府控制的银行。其中，法国农业信贷银行是法国的农村金融组织体系的核心。也是法国最大的农村金融机构，其组织模式是典型的半官半民体制。法国的农村金融组织体系根据互助和分权原则，由地方农业信贷互助银行、地区（省）农业信贷互助银行和中央农业信贷银行（法国农业信贷银行总行）三级组成。

---

① 法国农业信贷银行官网，https：//www. credit‐agricole. fr。
② 法国互助信贷联合银行官网，https：//www. creditmutuel. fr/fr/groupe/banque‐solide/organisation. html。
③ 法国大众银行官网，https：//www. banquepopulaire. fr/portailinternet/Pages/Default. aspx。
④ 法国土地信贷银行官网，http：//www. banque. creditfoncier. fr/page _ identification. aspx。

（1）地方农业信贷互助银行是基层组织。由个人和集体入股组成，下设网络服务营业所，保留了一定程度的金融合作特征，是合作性质体现最集中的组织，有充分的自主权，主要负责吸收和管理活期存款及储备资金，推销国家信贷银行发行的库券，审核会员贷款。

（2）地区（省）农业信贷互助银行属于半官办性质的机构，是各省农业信贷互助银行的法人代表，由若干地方农业信贷互助银行组成，在业务经营、人员选配、机构设置、利率调整等方面可以自主决定。

（3）中央农业信贷银行是法国农业信贷银行的法人总代表，是独立核算的官方金融机构，同时还是全国信贷互助银行的最高总理机关。中央农业信贷银行实行的是中央集权与地方分权相结合的管理方式，采取两级核算的办法，总行为一级，地方银行和地区银行共同为一级，总行受农业部和财政部的双重领导，其职责是参与制定、贯彻国家农业信贷政策，控制和协调各地区的农业互助银行的业务。它的机构设置分三个层次：一是法国农业信贷银行总行是国家银行，是一个拥有财政自治权的国家机关，具有行政管理机构的基本特征，它的任务是协助、协调与监督农业互助信贷银行开展业务等。二是在各省设立的94个地区银行，地区银行与地方银行为股份制的信贷合作社，它具有民事性、非赢利性和信贷上的农业专业性。负责组织资金和对农民与中小企业发放贷款，它在各地设有10 700多个营业网点，负责办理具体业务。三是在全国各村镇有3 000多个地方性银行（即小型的互助性质的合作社），它不办理具体银行业务，只负责推荐、审查贷款的发放。

二、农业贷款的财政贴息

法国对符合国家政策要求和国家发展规划的贷款项目实行贴息优惠政策。法国政府通过向农业经营者直接发放贴息贷款，鼓励农业经营者积极向农业投资，并补贴优惠贷款利息与金融市场利率差额部分。地方（省）农业信贷互助银行是法国唯一享受政府贴息的银行。贴息资金由农业和食品部从政府拨给的农业年度预算中统一支付给地方农业信贷银行，贴息贷款一般仅限于中长期贷款，在放款用途上主要用于农业生产开支、投资生产设备和农民住房贷款，贴息贷款的期限、用途和数量都由农业和食品部按照信贷原则确定，具体的放款办法由银行根据农业和食品部制定的基本原则和该行的放款章程确定，每年的放款指标由总行逐层分配给省行和地方银行，至于具体关于放款对象、贷款期限、贴息期限、贴息幅度都由经办银行决定。对购买土地的贷款，年轻农民的贷款期限最长是 25 年，享受贴息 10 年，而一般的农户贷款年限为 20 年，贴息 7 年，但扩大经营的农场主享受贴息只有 5 年，需要指出的是，贴息贷款只在一定贷款期限内享受贴息，而不是整个贷款期限。

法国农业信贷银行体系具有半官半民、上官下民、官办为主的特征。一方面，这种组织模式的优点是便于管理合作金融机构的业务与国家政策和国家发展规划相符的项目，这些都可以优先得到支持和贴息；另一方面，该体系的缺点也很明显，就是各级信贷互助银行独立性较小，受政府干预大，经营效益较差，国家财政补贴较大。

总的来说，法国健全的农村和农业金融政策的亮点体现在两个方面。

（一）健全的金融法律体系

完善的农村金融法律制度是农村金融生存、发展的正式制度环境，稳定的制度环境是投资者形成良好预期的一个必备条件。法国农村金融的法律体系有专门的法律，但更多的是融合到其他的相关法律体系中。农业保险的法规均对农业保险的组织机构协调、保险原则、政府补贴、再保险办法、保险责任以及理赔办法做了较详细的规定，从而使农村金融运作有章可循、有法可依，避免了行政干预和领导人更换等造成的不规范、不合理现象，保证决策的科学性，使之更能有效地实施。

（二）创新型农村金融服务机构

法国拥有世界一流的农产品加工业，这和法国农业信贷银行的业务促进有很大关系，虽然法国的人口不多且面积不大，但法国农业常常都能够处于世界农业领域的前五名位置。法国农村金融机构一直以创新的方式不断提供适当的服务，如一些称之为"绿点"的服务，这些"绿点"就是农村金融机构批准就近的商业店铺设立的银行服务点，在很多情况下这些服务点也逐渐代替了传统的银行网点。

第六节　最近的主要农业改革

自 1962 年欧盟共同农业政策实施以来，法国的农业改革也紧扣欧盟共同农业政策的指导方针。要想了解法国开展的农业改革，首先要了解最近欧盟的农业计划。

一、最近的欧盟农业计划

1992 年以来，欧盟共同农业政策（CAP）一直在努力加强农业生产的市场导向性，改善农业生态环境，强化对整个欧盟农村发展的支持。这虽然取得了一定的成果，但欧盟农业也要面对经济社会发展所带来的新挑战：一是经济方面，经济全球化对欧盟农业带来新的冲击，粮食安全也受到一定的威胁，农业生产力发展速度变缓，农产品价格波动较大，农业生产成本增加，农民在食物供应链中地位下降。二是环境保护方面，资源利用效率有待提高，土地和水资源质量下降，生物多样性受到威胁。三是区域发展方面，农村人口减少，农村商业面临重新布局等问题。

为应对这些挑战，欧盟委员会着手对 CAP 再次进行改革。2010 年 4 月，欧盟委员会发起了为时两个月的关于 CAP 的未来、原则、目标以及 CAP 如何为实现"欧洲 2020 战略"做出更大贡献的公开讨论，同年 11 月 18 日公布了讨论结果。2011 年 10 月 12 日，欧盟委员会提交了关于 CAP 改革的法律提案。2013 年 6 月，欧盟委员会终于与欧洲议会、欧盟理事会达成了关于 CAP 改革的政治协议，12 月 16 日，欧盟农业部长委员会正式通过了 CAP 改革的法律文件和 2014 年财务预算过渡方案，并于 12 月 20 日公布了这些文件，这标志着本次改革正式达成协议。

《2014—2020 年计划》是最近欧盟推出的农业领域的最新计划。该计划延续了 1992 年以来市场导向的改革路径，提出了增强农业竞争力、实现自然资源可持续管理以及成员国区域平衡发展三大长期目标。为了有效实现这三大目标，欧盟对共同农业政策预算、第一支柱（1er pilier）政策体系和第二支柱（2ème pilier）政策体系进行了改革。

（一）改革共同农业政策预算，实现政策支柱间资金的灵活转移

欧盟《2014—2020 年计划》的平均年度预算较 2013 年略有增加。"2014—2020 年，两个支柱预算累计上限分别为 3 127 亿欧元和 956 亿欧元，总额 4 083 亿欧元，平均每年约 583 亿欧元"。相比 2013 年，预算增加的额度

并没有大幅提高，但本轮改革增强了两个支柱间资金转移的灵活度，从 2015 年起，欧盟的各成员国可把本国最高额度的 15% 的资金在两个支柱间相互转移。对于第一支柱直接支付水平低于欧盟平均水平 90% 的成员国，从第二支柱向第一支柱转移的资金比例可以提高至 25%。该项措施赋予了成员国较大的资金灵活度，能够更好地助力本国农业的发展。

"若不考虑两个支柱间的资金转移，欧盟每年的市场支持、直接补贴和农村发展资金的上限分别约为 27 亿、422 亿和 137 亿欧元。相比欧盟委员会此前的提案，若以 2011 年的不变价格计算，第一和第二支柱的总额分别削减了 1.8% 和 7.6%。但即便如此，CAP 支出占欧盟预算总支出的比例依然高达 37.8%。[①]"

（二）调整直接支付结构，统一直接支付标准

直接支付改革是欧盟共同农业政策第一支柱改革的重要内容。本轮改革在原有直接支付内容的基础上，增设了自愿挂钩直接支付、自然条件限制及农业环境欠佳地区直接支付、重新分配直接支付、青年农民直接支付及绿色直接支付等，并将直接支付制度结构调整为强制性直接支付和自愿性直接支付。同时对成员国之间存在较大差异的直接支付标准进行了改革，主要表现在以下五个方面。

（1）强制性直接支付。强制性直接支付包括新基础支付计划、青年农民直接支付和绿色直接支付三项支付计划。新基础支付计划将依据受益农场的土地面积发放，并且以"交叉义务"为支付条件；该计划规定各成员国新基础支付计划的资金上限为直接支付计划资金总额的 70%。

（2）自愿性直接支付。包括自愿挂钩直接支付、自然条件限制及农业环境欠佳地区直接支付、重新分配直接支付及小农场直接支付等内容。自愿挂钩直接支付规定，所有的成员国均可采取 8% 的挂钩直接支付，还可以给予用作动物饲料的蛋白质作物 2% 的额外挂钩直接支付，若某成员国当前挂钩直接支付超过 5% 的水平，在未来则可提高至 13%；自然条件限制及农业环境欠佳地区直接支付对于自然条件较为落后的地区，将会有不超过 5% 的直接支付资金补贴；重新分配直接支付将会设定不超过 30% 的直接支付金额用于支持面积小

---

① 刘武兵，李婷. 欧盟共同农业政策改革：2014—2020 [J]. 世界农业，2015 (6)：65-69。

于 30 公顷的农场主；小农场直接支付计划为参与该计划的农户提供每年 500～1 500 欧元的固定补贴，各成员国将制定自己的具体标准，但资金总额不得超过本国直接支付资金总额的 10％。

（3）绿色直接支付。绿色直接支付规定各成员国将直接支付资金总额的 30％与应对气候变化和环境保护的绿色生产措施相挂钩；为满足保持永久性牧场、维持种植作物品种多样性以及保护生态重点区域等绿色措施的农户提供奖励和补助。

（4）统一直接支付标准。为了减小现行直接支付中成员国、地区和农户之间每公顷平均支付存在的较大差异，欧盟制定了减少成员国之间差异的 1/3、到 2019 年实现国家层面实施统一支付标准的目标；低于欧盟平均支付水平 90％的国家将会得到更高水平的直接支付。此外，为了实现成员国支付标准的内部趋同，采取了多项措施降低对大农场的支付，如规定各成员国对单一农场基本支付金额超过 15 万欧元的部分，至少强制削减 5％，若成员国选择重新分配的直接支付，则无须削减，各成员国自愿执行单个农场每年的最高支付限额为 30 万欧元等。

（5）青年农民计划。欧盟希望通过推行青年农民计划，吸引更多的年轻农民从事农业，有效应对农村劳动力老龄化问题。该计划规定，自 2015 年开始各国须将不高于直接支付总额 2％的资金用于支持新从事农业的青年农民（低于 40 岁）；新青年农民在最初 5 年内享受给付标准基础上最高 25％的额外支持；此外，第二支柱农村发展政策中也提供了配套支持青年农民的政策。

（三）整合农村发展计划，设定优先发展方向

该部分改革属于共同农业政策第二支柱农村发展政策改革。新一轮的改革将协调整合现有框架下实行的农村发展方式，更加注重项目实施的效果，以进一步推动农村的可持续发展和区域间平衡发展。在不考虑两个支柱间资金转换的情况下，改革后用于农村发展的资金将占支出总额的 25％左右。

欧盟要求成员国的农村发展项目必须优先用于以下 6 个方面：促进知识转化和农村地区创新；增强各地区多种形式农场的活力和竞争能力，促进农场科技创新，促进森林可持续发展；促进农业产业链主体的发育，包括农产品加工和营销、增进动物福利和强化农业风险管理；恢复、保护和提升农业、林业生态系统；提高资源效率，支持农业、食品和林业的低碳发展；促进社会包容，

减少农村贫困和促进农村经济发展。通过明确 6 大优先发展方向，提高了第二支柱政策的瞄准性和目的性。此外，6 个优先发展方向中前 5 项同第一支柱中绿色措施以及实施的市场手段是相互促进的，可见新一轮改革增强了第一支柱和第二支柱的联系。

二、近年来的农业改革

法国曾经是欧盟首屈一指的农业出口大国，但近些年被荷兰和德国等其他成员国赶超。目前，法国农业劳动力仅占总劳动人口的 3%，但农业游说集团实力仍旧很强大。2018 年，《金融时报》曾报道：法国总统马克龙宣布了一项50 亿欧元的农业投资计划，敦促法国农民迎接一场"革命"，减少对欧盟补贴的依赖，改变密集型的生产方式。马克龙表示，他将采取措施遏制向外国"势力"出售农业用地，以回应农民对于中国投资者最近购买土地的担忧。马克龙如何应对法国强大的农业游说集团将是对他执政的重大考验。马克龙还表示，针对农业的 50 亿欧元投资将帮助农民向更环保的生产方式转型，并激发新一代"农村企业家"的诞生。该投资一部分将作为国家支持的贷款投放给农民，特别是从事动物福利、食品安全和有机农业的农民。马克龙设立的目标是，到2022 年实行有机管理的农场比例从现在的 6.5% 提升至 22%。他指出，农业用地对法国主权具有战略意义，"我们不能让外国势力购买成百上千公顷农业用地而不去问为什么"。

近年来，受美国单边关税影响的法国葡萄酒业从业者、受脱欧谈判影响的法国渔民以及受新环保政策限制农药使用的法国谷物耕种者等，都希望借法国国际农业博览会①向法国政府表达诉求，以期获得更公平的竞争环境与更优质的收入保障。综观多项诉求，各方博弈的焦点日益突出，改革的主要关注点体现在以下几方面②。

（一）价值链分配不均

法国国家食品委员会曾于 2019 年起施行《农业和食品法案》，禁止经销商

---

① 法国国际农业博览会创办于 1964 年，是整个欧洲乃至世界最大的农业博览会之一，主要展出内容包括种植业和蔬菜、畜牧及家禽养殖、农业服务业等，囊括了农业以及畜牧业在内的所有产品。
② 李鸿涛. 法国坚定捍卫农业利益［N］. 经济日报，2020 - 02 - 28。

以无任何利润方式销售产品，强制要求农产品至少含有 10% 的利润，以此促使大型经销商以更高价格收购农产品。但该法案措施尚未得到有效施行，农民在利益分配中仍处于绝对劣势地位。

（二）农业承受环保压力

近年来，法国农业持续承受着来自动物保护协会等环保领域的巨大压力，同时，法国农民抗议外国农产品在本土不公平竞争，反对政府单边禁用除草剂草甘膦，却不禁止外国草甘膦农产品进入法国市场。目前，法国农业生产者全国工会联合会要求政府暂停这一法令，并展开谈判。

（三）自贸协定冲击农业

2016 年 10 月，欧盟与加拿大签署欧加自贸协定（CETA），此举遭到法国农业从业者反对，认为该协定将严重损害法国农业利益，并质疑法国政府政策的连贯性。法国政府曾在《农业和食品法案》第 44 条规定，禁止销售不符合欧洲卫生规则的农产品。但法方却支持欧加自贸协定，预备进口加方不同标准的肉类产品。

（四）农业已成贸易摩擦牺牲品

法国农业和食品部认为，法国农业已成欧美经贸协调中最大牺牲者。法国葡萄酒和烈性酒出口商联合会主席安东尼·勒西亚指出，特朗普政府的报复性关税制裁导致 2020 年第四季度法国葡萄酒出口下降 17.5%，营业额损失超过 4 000 万欧元。他呼吁政府立即投入 3 亿欧元紧急补偿受冲击部门。

第七章 CHAPTER 7
法国农业在世界农业中的地位 ▶▶▶

░░░░░ **第一节　农业发展特征** ░░░░░

法国农业生产水平很高，总体上是一种集约型、外向型农业。这首先得益于其得天独厚的气候条件和丰富的农用地资源。法国基本上是一个平原国家，80%的地带是平原和丘陵，领土呈对称的六边形，三面靠陆地，三面环海洋，大部分地区属于海洋性气候，一年四季气候温和，冬暖夏凉，年平均温度11℃，年平均降水量为700～800毫米，且分布均匀。麦类作物几乎不需要灌溉，依靠自然降水即可获得好的收成。法国有丰富的农用地资源，这是法国农业生产的一大优势，现有农用地3 000万公顷。法国是世界第六大农产品出口国，是欧洲第一大作物种植国，产量占欧洲农业生产的18%，超过意大利和西班牙，是继中国、印度、俄罗斯和美国之后的第五大世界小麦种植国。

法国农业主要特点可以概括为农业生产区域化、农产品贸易顺差大、农业从业者年轻化、农业组织化程度高和农业生产管理信息化五个方面。

一、农业生产区域化

法国农业生产的区域化十分明显。其农业区域布局状况大致为：巴黎地区以种植小麦、玉米等谷物为主；西南部以猪、鸡生产为主；布列塔尼地区以猪和家禽生产为主；卢瓦尔河地区为奶牛主产区；中部山区为肉牛和羊主产区；南部为水果、花卉和蔬菜主产区；东部为主要林业区；波尔多地区为葡萄主产区。农业生产的区域化又决定了农产品加工业和农业研究的区域化布局。

二、农产品贸易顺差大

法国农产品总量多，除满足本国需求外，还大量出口外销，农产品贸易顺差大。法国是世界第六大农产品出口国。饮料、葡萄酒和烈性酒是法国最大的出口农产品。大量的剩余农产品用于出口，为法国赢得了巨额的贸易顺差。2019年，法国农产品的贸易顺差在所有类别的贸易产品中排名第三，达到79亿欧元。农产品贸易顺差给法国带来极大利益，弥补了能源及工业产品的贸易逆差，从而改善了整个外贸状况。

三、农业从业者年轻化

由于法国政府的积极引导，法国农业从业人员中年轻人数量在不断增加，15～24岁年轻人在总就业人口中占比2.7%，逐渐接近50岁及以上人群占比3.6%。农业从业人员中女性占比也较高，达27%。2016年，在法国农场生活和工作的人数达82.4万人，其中70%是农民。1/4的农场负责人和联合负责人是妇女，妇女占永久农业劳动力的30%。不仅如此，法国也在努力引导更多年轻人进入农业生产的各个行业。法国对于年轻农民给予很多扶持，例如新入行的年轻人可以获得政府的直接补助，以34公顷的农场规模为例，2018年，年轻农民获得的补贴额为88.15欧元/公顷，2019年，补贴额略有提升，每公顷农场可以获得90欧元的补贴额。①

四、农业组织化程度高

法国的农业合作社以专业合作社为主，其特点是专业性强，大多是根据某一类产品或某一个农业功能或任务成立的专业合作社，前者如牛奶合作社、小麦合作社，后者如收割合作社、销售合作社等。合作社一般规模比较大，本身就是经济实体。为了形成规模优势，法国农业合作社已涉及农业产、供、销、信贷、保险和社会服务等各个环节。早在19世纪80年代，法国农场主便开始

---

① 法国农业和食品部数据统计司2020年年度报告，agreste. agriculture. gouv. fr。

以各种形式组织合作社，以抵御工商资本和金融资本的冲击。早期的农业合作社是从农业行业工会发展起来的。法国政府一直十分重视农业合作经济组织的发展，不断加强引导和支持，主要采取的做法如下。

（一）政府财政和信贷支持

政府通过农业信贷银行向合作社或农户提供低息贷款，合作社依照税法少交或不交纳所得税，在购买农机具时政府给予一定补贴。

（二）国家提供法律保护

法国建立了统一的法律章程，为所有合作社的建立和经营活动提供了法律依据。

（三）政府负责监督和管理

各级农业部门中都有负责合作社事务的专门机构，合作社的建立和撤销必须经过农业部门审批。每个合作社每年的会议纪要和账目都要报农业部门备案。这些措施有力地促进了合作社的发展和经营能力的提升。目前，法国农业合作经济组织已发展成为一支庞大的经济实体，在农业生产和农村经济中发挥着日益重要的作用。

五、农业生产管理信息化

法国一直致力于对农业生产进行信息化引导，并于 1998 年创建了全国牲畜识别数据库（BDNI）[①]。这是一个国家主导开发的数据信息系统，虽然该系统已经在有规律地发展，但其技术水平还有待提高，例如牛护照的非物质化或新物种识别技术等。相关专家组成的考察团目前正着手全面考察研发肉牛的鉴定和追溯系统，然后再普及到所有养殖物种的鉴定和追溯，并逐步将采集到的各物种数据纳入数据库中。2018 年 4 月，负责数字应用程序开发的团队特别推出了数字化信息大众普及日活动，以便通过与公众互动的形式促进系统评估

---

① 该机构的法文全称为：La base de données nationale d'identification animale（BDNI），https：//agriculture. gouv. fr/evaluation - de - la - base - de - donnees - nationale - didentification - animale。

并予以改进，同时有助于团队了解该领域最新的发展趋势。开放系统数据、以用户为中心、与用户共同构建系统的方法，有助于更好地研发该系统。目前，该应用程序系统已由政府官员、农民、育种者、食品企业技术经理和项目管理专家以及信息技术专家等使用。信息技术应用到农业中，也要得益于政府对技术在农业领域的推广应用举措的不断出台，例如自 2017 年以来的每年 6 月，田间耕种博览会会期长达 6 个月，这期间还专门为学生组织"机器人奥林匹克竞赛"（Les Rob'Olympiades），这是政府积极引导农业向高新技术、向数字领域进军的产学研相结合的典型案例。[①]

第二节 农业国际竞争力

法国国土面积 55 万平方千米，人口 6 510 万，人均 GDP 44 317 美元[②]。法国是欧盟最大的农业生产国，也是欧盟农业白皮书发起国，其农业产量、产值均居欧洲之首，是欧洲农业现代化模式的代表。此外，法国是欧盟最大的粮食生产国，世界第二大农产品出口国、欧盟最大农业生产国和农副产品出口国、世界和欧盟第二大葡萄酒生产国、欧盟第二大和世界第五大牛奶生产国、世界最大甜菜生产国以及欧盟最大油料生产国。法国主要农产品食品生产企业有：达能（Danone）、兰特黎斯（Lactalis）、保乐力加（Pernod - Ricard）、艾薇儿集团（Avril）、Agrial 集团、酩悦轩尼诗集团（Moët Hennessy）等。据法国《费加罗报》（Le Figaro）报道，2018 年，法国农业产值约为 730 亿欧元，农业从业人口达 44.85 万人，可耕种土地面积 3 000 万公顷，农业产值占国内生产总值的 6.7%。

根据法国海关数据[③]，2018 年法国农产品出口总值为 149 亿欧元。法国农业的国际竞争力主要可以概括为以下三个方面。

一、农业生产的竞争力

法国国土面积 55 万平方千米，已利用农用地面积 2 943 万公顷，人均农

① 法国农业和食品部相关网站，https：//agriculture. gouv. fr/les - robolympiades - engager - les - je-unes - dans - la - robotique。

② 全球经济指标数据网，https：//fr. tradingeconomics. com/france/gdp - per - capita。

③ 法国海关，https：//www. douane. gouv. fr/dossier/notre - action - linternational。

业耕地面积 45.3 公顷。法国农业以中小农场和家庭农场为主要经营单位，呈现出区域化、专业化、产业化以及全方位的政府支持等特征。农业合作社在法国农业发展过程中起到了重要作用。法国享有得天独厚的自然条件，它处于中纬度地带，全境基本平坦，不受大山阻隔，大西洋海风可穿越全法，使纬度位置适中、临海区域辽阔、地形条件良好这三个因素和谐地结合在一起，温度与降水量珠连璧合。全年平均降水量 700~800 毫米，蒸腾量不超过 800 毫米，温度与湿度都正好适宜作物生长。这是保障法国农业常年稳定发展的必要条件。

二、农业技术的竞争力

法国农业技术一直在世界范围内享有盛誉，与日本、美国一起成为世界农业发展模式的典范。法国农业技术的竞争力主要体现在以下两个方面。

1. 机械化程度高

从 1950 年开始，法国积极推进农业机械化，到 1970 年就完全实现了机械化。21 年间，法国农民拥有的拖拉机增加了近 90%，收割机增加了 32%。农业的机械化和自动化大大提高了农民的劳动生产率，减轻了劳动强度，使农民有能力开展多种经营。为了不断改进农机性能，法国还专门成立了农机科学研究中心。与其他许多市场经济国家不同，法国政府会直接干预农业生产资料生产：在法国国内市场上销售的农用机械必须持有农业部门颁发的许可证。

在法国农业机械化生产中，政府制定了一些有利于农业发展的政策，例如鼓励专业化生产、扩大农业生产经营范围、实行工农商联合发展、使用农业生产配套机械等，这些措施提高了法国农业的机械化水平和生产效率。

不仅如此，法国还十分重视农业科学技术。第二次世界大战以后，法国积极采用先进的农业科学技术，在良种、农机、施肥等农业技术方面都达到了较高水平。1959 年，法国颁布了《农业推广宪章》，强调政府要高度重视农业教育、职业培训、开发、研究和技术援助在内的农业智力投资。此外，国家还设立了"全国农业进步基金"和"全国农业推广和进步理事会"及各省的委员会等组织，以此推动农业技术的推广和普及。

2. 信息技术的支持

法国一直不断努力推进农业信息化，政府也通过各种渠道支持农业信息技术的研发。创办于 1922 年的法国国际农业机械展览会（SIMA）每两年举办一次，它经过国际展览联盟（UFI）认证，是欧洲三大农机展之一，也是名副其实的国际化农机专业展。SIMA 近年来鼓励农用科技研发产品参加创新奖评定，以 2019 年为例，农民语音助手（Fernand the Assistant）[①] 应用程序在 SIMA 上获得了创新奖铜牌，该应用程序结合了语音识别和人工智能技术，可以语音回答农民的问题，例如天气预报、每日农产品价格和市场行情、可追溯性服务等，农民通过该程序即可获得大量农业信息。法国农民不仅拥有获取数字化信息的工具，政府还力图通过应用程序编程接口（API）实现法国农业的数字化管理。法国农业和食品部的举措不仅限于此，农业创新月、餐厅的 LAIM 数字化工具、IFM 计算机研讨会等，都是法国农业数字化道路大步向前的有力推手。

三、农业市场的竞争力

法国老牌农业食品企业众多，生产的农产品食品类别丰富，政府也一直非常重视农产品的品牌化，耳熟能详的便有达能、兰特黎斯、保乐力加、酩悦轩尼诗集团等，这些企业占据较大的海外市场份额，是法国农业食品行业国际化发展的支柱型企业。法国对欧盟国家的农产品贸易总额自 2000 年以来持续下降：2000 年，法国对欧盟的农产品贸易顺差达 83 亿欧元，2019 年却出现 9 亿欧元的贸易逆差，而对第三方如中国和美国的酒精饮料的出口额却逐年上升。2019 年，法国是世界葡萄酒第一大出口国，实现 157 亿欧元的销售额，占世界葡萄酒销售总量的 18.5%；是第三大粮食出口国，实现 77 亿欧元的销售额，占世界市场的 6.7%；是世界第四大奶和奶制品出口国，实现 72 亿欧元的销售额，占世界市场的 8.8%；是世界第七大香料出口国，实现 93 亿欧元的销售额，占世界市场的 4.5%；还是世界第十大肉类和肉类食品出口国，实现销售额 44 亿欧元，占世界市场的 2.9%。[②]

第三节 农业的新功能和发展趋势

法国作为欧洲的农业大国，在欧洲的诸国中其农业竞争力相对较强，但是

---

① 法国爱思农集团，http：//www. fernand - assistant. fr。
② 法国农业食品企业 2020 年年度报告，http：//agriculture. gouv. fr/Le - panorama - des - IAA。

从整个世界来看，其农业竞争力并没有处于压倒性的优势地位，尤其是自2020年暴发新冠肺炎疫情以来，法国农产品的出口与上年同期相比降低了很多。为了提高农业竞争力，适应市场需求，法国政府对农业进行了诸多改革和自我调整。本节主要从三个方面了解法国农业的新功能和发展趋势：农业生态转型、农业设备和生产资料升级、发展有机农业。

一、农业生态转型

高效生态农业是以绿色消费需求为导向，以提高市场竞争力和可持续发展能力为核心，将集约化经营与生态化生产有机结合的现代农业。具有高投入、高产出、高效益与可持续发展的特性。高效生态农业是新型农业现代化发展的方向，法国自然也不例外。2020年，法国政府斥资12亿欧元，惠及本国农业、农民和食品消费者，覆盖农业生态转型、食品和森林复兴等计划。其中，用于生态农业转型计划达5.46亿欧元（3.46亿欧元用于加速生态农业发展，2亿欧元用于生态食品发展）。法国政府还将采取以下几项措施[①]来加速农业生态转型，让人民享用到健康、安全、可持续、本土生产的优质农业食品。

1. 鼓励发展生态农业、加速环境高价值发展认证

农民是生态农业转型的重要执行者。2019年，法国农作物病虫害防治产品使用继续减少，生态农业面积稳步增长。为稳固法国农业发展在世界的领先地位，法国政府通过各种措施鼓励农户向有机农业转化，对购置生态农机具的农户发放生态农业补助，给予农户税收抵扣或减免。法国农业复兴计划的目的在于刺激农户购买生态农业器具，鼓励农户减少农药使用，保护碳存储资源，在大田种植区周围加大种植树篱和灌木丛等生物多样性植物，从而提高整体农业生态环境。未来两年内，法国将对4 000个农场进行环境高价值（Haute valeur environnementale，HVE）认证。树篱和灌木丛是保持生物多样性的强大资源库，它们有助于改善大田周围的水质并增强土壤的透水能力，促使碳得以存储。法国未来将重视树篱措施的实施，目标是在两年内重新种植7 000千米的树篱，同时通过项目招标的方式保护好国内现存的9万千米树篱带。

----

① 法国政府官网，https：//www.gouvernement.fr/france - relance。

2. 推动各地区消费可持续、健康的当地农产品

法国政府计划到 2022 年实现每个省至少推行一个区域食品计划（Projets Alimentaires Territoriaux，PAT）。PAT 已经连续推行 6 年，在全法取得了非常好的成绩，例如创建短途物流网、反对食品浪费、样板实践、本地消费等。法国政府计划在各区县学校食堂推行采购当地产健康可持续食品计划。到 2022 年，预计实现小学食堂食品采购本地化，从而提高本地新鲜食品的利用价值，缩短物流路径，最大限度地保证当地生产食品的新鲜度。为此，各地学校食堂不仅要加大购置食品烹饪器具的力度，还要培训大批从业人员学习如何使用果蔬存储、果蔬加工器具（削皮机、果酱机）等设备。政府要帮助偏远地区学校食堂落实开展相关措施，并可以通过该计划支持当地农户就业。法国预计在 2022 年前将帮扶 1 500 个区县（commune）的学校食堂实现该目标。

此外，法国政府还大力扶持乡村地区餐饮业发展，未来目标是将人口数在 2 万以下的区县的 1 000 家餐厅纳入乡村旅游计划中。

3. 扩建共享花园、发展都市农业①

食品安全越来越受到法国民众的重视。2020 年新冠肺炎疫情暴发以来，法国民众掀起了"回归土地"热潮。这一现象加速了法国政府几年前便推出的共享花园（或城市菜园、城市花园）计划的实施。按照规定，市民只需在官网上提出申请，声明在城市或市郊社区附近（公共场所）某一棵树或某一片空置区域周围圈出一个"迷你小园子"，并阐明种植计划即可。申请得到批准后，市民便会得到由市政府免费赠送的种子和土壤，并根据计划种植蔬菜、水果或花草、庄稼，但肥料以及种植工具等需要自理。这项活动的参与者为此还自发组织起协会，以便互相交流种植技术。如果参与者工作繁忙或者临时出差，还可以委托他人临时打理。2020 年，共享花园的认领需求很大，但很多认领者因初期的高额投资望而却步，因此当地政府会给予共享花园认领者一定额度的投资补贴，以便鼓励民众加大开发共享花园的使用面积。某些地区的社区还将共享花园计划纳入新型城市新生国家计划（Nouveau programme national de renouvellement urbain，NPNRU）中，以便帮助认领者获得更高的政府补贴，这让卫生危机时期受到严重影响的民众获益良多。法国政府计划未来两年增加 5 倍城市共享花园的使用面积。

---

① 共享花园和都市农业，https：//agriculture.gouv.fr/initiative-jardins-partages。

此外，城市共享厨房、新鲜菜篮、蔬菜餐饮外卖配送、食品垃圾再循环等也是法国政府发展都市农业、保障食品安全消费推出的各类计划，计划参与者都会不同程度地享受到政府的补贴。这些计划的目的是帮扶社会中低收入家庭提高生活品质，是政府保障全民食品安全不容忽视的重要内容。这些计划由法国卫生和团结协作部（Ministère des Solidarités et de la Santé）倡导发起，是法国抗击贫困的有力举措。

4. 帮助法国农业和林业适应气候变化

为实现 2050 年碳中和目标，法国必须加快农业生态转型。为此，2020 年法国将斥资 3 亿欧元用于农业、林业在气候变化适应性上的投入。法国林业一直保持高性能发展，对林业的持续投入不但能满足碳存储的社会目标，还能确保生产者获得更好的经济收益。法国森林再造计划的目标是在未来种植 4.5 万公顷的再造林，可以存储 15 万吨二氧化碳。

除了上述四个大的方面，法国复兴计划中还有一些计划直接惠及农业、农民和食品消费者的政策措施，包括区域工业生产再本地化、加大小微企业帮扶力度、住宅能源更新升级、工业减排计划、保持渔业水产养殖业弹性的领先发展优势、重视未来科技投资、发放 26 岁以下年轻人就业补贴等。

二、农业设备和生产资料升级

2021 年 1 月，法国重新启动农业生态转型所需的农业设备更新和生产资料升级的帮扶计划[①]。法国政府表示减少农药使用是农业生态转型的重要组成部分。为此，政府必须帮助农民实现农业设备的现代化，使农业在投入和资源利用方面更加高效，从而保持行业竞争力。考虑到立即停止在行业内使用传统农业设备和生产资料存在现实的困难，因此研发替代传统农机具和农用资料的解决方案至关重要。农业设备和生产资料升级换代涉及内容包括：①使用农药喷嘴，减少农药飘移；②使用植物性农药应用设备，以减少喷雾飘失；③使用植物性作物防病产品替代传统产品；④施肥设备；⑤精密设备。

农业设备和生产资料升级的帮扶计划主要面向以下农业活动和农林渔从业

---

① 帮扶计划，https：//idf. chambre－agriculture. fr/fileadmin/user＿upload/IIe－de－France/160＿Inst－IDF/4＿-＿Piloter＿son＿entreprise/Documents/1. 1＿Fiche＿action＿Plan＿relance＿PROTEINE＿equipements＿specifiques. pdf。

机构：①从事《农村和海洋渔业法典》L. 311‐1 条所指的农业活动；②联合农业集团（GAEC）、有限责任农场（EARL）、民间农业公司（SCEA）；③除 GAEC、EARL 和 SCEA 以外的公司，其业务属于《农村和海洋渔业法典》L. 311‐1 条所指的农业活动；④农业学校的农场；⑤农业工程公司；⑥农用设备合作社（居马）。

申请该项目可以通过远程程序递交申请，开放时间为 2021 年 1 月 4 日至 2022 年 12 月 31 日，申请人在不超过可用信用额度的情况下提交补助申请。补助申请设置门槛和封顶限制：用于农用设备或农用资料的购买不得低于 1 000 欧元，用于生产资料的购买最高消费不得高于 40 000 欧元，用于牧场或豆类种植购买的设备不得高于 5 000 欧元，居马（CUMA）的申请最高消费额度不得超过 15 万欧元。

三、发展有机农业

有机农业近年来一直是行业热门话题，法国也非常重视发展有机农业，特别注重引导农业向有机化方向发展。为了鼓励有机农业发展，法国政府推出有机食品标签（BioED)[①]计划，该计划创建于 2014 年，旨在鼓励食品生产企业生产有机农业食品，到 2020 年底，已有 37 家法国企业获得该有机食品标签的认证，涵盖包括大型商超、再加工企业等多种食品生产和销售企业。在法国，有机食品标签评估细则包含六大类（治理、工作条件、环境合规性、负责任的采购和销售环节、产品的健康性、安全性和天然性），具体内容包括 28 项标准。获得有机食品标签的企业需严格遵守 ISO 26000 标准进行生产和销售，严格程度超过欧盟一般国家对有机食品的定义。

---

① 法国有机公司官网，https：//bioed. fr。

第八章 CHAPTER 8
法国农业合作社 ▶▶▶

第一节　农业合作社发展历史

　　法国的农业合作社以专业合作社为主，其特点是专业性强，涉及农业产、供、销、信贷、保险和社会服务等各个环节。不仅大多数农户和农业企业加入了不同类型的合作社，许多城镇居民也加入了合作社，形成了比较完整的合作社体系。法国农业合作社按照职能划分，有运输销售合作社、农业生产资料服务合作社、生产合作社和农业金融合作社等。同时，由于合作社与政府的关系比较密切，还成立了一些以政府为主导的农业合作社，成为农民与市场之间重要的联系纽带。政府对农业合作社进行多方面的政策扶持，有力地推动了农业合作社的不断创新与发展。当然，农业合作社也需要在政府的指引下进行合理的发展。

　　法国农业合作社承担了农民、政府与市场之间的中介作用，但是并不发挥其组织与协调的职能。政府可以通过税收优惠等政策引导农业合作社的发展方向。不过，政府近年来逐渐加强了对合作社的行政干预，引导其向着规范化和制度化方向发展。所以，目前农业合作社变为了政府与农民利益博弈、实现政府决策的载体。

　　法国农业合作社的资金主要来源于政府援助和补贴。除了财政扶持外，政府还会给农业合作社提供税收优惠，减少社员与合作社开展商业活动的税收，要求农业信贷机构为农业合作社提供低息农业贷款，建立农村信贷机构来支持其发展。而法国农业合作社的流动资金还有一部分来自成员，成员可以从合作社获得一部分贷款，合作社会按照贷款的收入扣除成本与盈利后返还给成员。[①]

---

　　① 胡红斌，戴波．国外农业合作社运营模式的比较研究［J］．世界农业，2017（5），158-161，177。

法国农业合作社可以追溯到 19 世纪 80 年代，那时法国农场主为了抵御工商资本和金融资本的冲击开始以各种形式组织起来。法国的农业合作社主要经历了三个阶段。

一、19 世纪初至第二次世界大战

第一阶段的发展特点主要表现为对抗市场、天灾人祸和技术革新。一方面，他们需要改进生产技术，以增加收购量并维持其与国外竞争者抗衡的地位；另一方面，他们又需要维持农产品的价格以维护他们的利益，同时他们还需要改变私人工商业为获取利润向农场主以高价提供劣质生产资料，以低价收购农产品，进而垄断农业市场的现状。要实现这些目标，法国的农场主发现仅靠单独农场的力量是不够的，发展合作运动势在必行。法国的农业合作运动主要包括农业信贷合作、农业保险合作以及农业供销合作[①]。所以，这就要求农民联合起来一起对抗这些问题，第一批现代农业合作社在明确且固定的目标上建立了起来。

二、第二次世界大战结束至 20 世纪 70 年代

第二阶段的主要特征为制度化、规范化。这一阶段诞生了 1967 年制定的关于农业合作社章程的法令——《合作社调整法》。该法对合作社的有关问题做出了规定，提出要将农业合作社置于农业综合体中，以便将合作社与农村的工商活动联系在一起。

三、20 世纪 80 年代至今

第三阶段期间，法国农业合作社进一步稳固了其发展根基。2003 年，合作社在农产品市场上的占有率因产品类别有不同表现，例如，苹果汁的市场占有率最高，达到 80%，香槟酒的市场占有率也有 30%。不同类别产品的市场占有率可参见表 8-1。

---

① 蒋忱忱. 法国农业合作社 [J]. 中国合作经济评论，2011 (2)：120-140。

表 8 - 1 法国农业合作社生产的农产品市场占有率

类别	占比	类别	占比
苹果汁	80%	麦芽	40%
佐餐酒	74%	优质葡萄酒	38%
动物饲料	60%	乳制品	37%
糖类	62%	牛肉	36%
猪肉	46%	香槟	30%
玉米	40%		

资料来源：法国农业和食品部数据统计司 2005 年报告，agreste. agriculture. gouv. fr。

早期的农业合作社是从农业行业公会发展起来的。在法国殖民扩张时期，农业在国民经济中的地位较低，农业合作社发展十分缓慢，仅局限于少数几个部门。随着战后国内外政治经济局势趋稳和原殖民地独立运动的兴起，农业在国民经济中的地位日益重要，农业合作社的发展速度也随之加快，涉及的行业也日益增多，出现了可以控制各种各样非合作社性质的新型合作社联盟和合作社集团。目前，农业合作社在法国十分普及，绝大多数农场主是农业合作社的成员，农业合作社已成为法国农业成功的重要因素。不过，虽然农业合作社在法国发挥着十分重要的作用，近些年农业合作社的发展却并没有过多的变化。2007 年开始的欧洲农业农村发展基金（FEADER），以及 2020 年 1 月 1 日成立的法国生物多样性办公室（OFB）[①] 等组织在合作社的发展上发挥着十分重要的作用。

截至 2006 年，法国有农业合作社 3 500 家，90% 以上的农民（约 130 万人）加入了农业合作社。合作社收购了全国 60% 的农产品，其年营业额达 1 650 亿欧元，占食品加工业产值的 40%。25 家乳品合作社的产量占据全国乳品企业产量的 62%，生产的鲜奶达到 47% 的市场份额。867 家葡萄酒酿造合作社生产了市场上 60% 的餐用葡萄酒。

农业合作社不仅和农业生产的各个部门，还与农业生产的各个环节息息相关。农业合作社收购、生产和销售全国一半以上的主要农产品和农用生产资料。根据农产品种类的不同及其经营的特点，农业合作社所起的作用也有

---

① 法国加大环境保护力度 [EB/OL]. [2021 - 01 - 03]. http：//news. eastday. com/eastday/13news/auto/news/world/20200103/u7ai9004555. html。

所不同。但一般来说，它的份额占同类产品经营的 1/3～2/3。根据法国农业合作社的统计数据[①]，2016 年涉及农业生产的主要部门均以粮油奶业为主。从农业合作社经营的主要部门来看，排在首位的是粮油类，第二位是牛奶及奶制品，其余依次为畜牧、物资供应、饮料类、水果、蔬菜和动物饲料等。农产品加工和转化是农业合作社经营活动的最主要部分，它所产生的营业额占农业合作社营业额的 40%，主要分布在七个领域：牲畜屠宰、奶产品加工、动物饲料、罐头加工、糖业、葡萄酒酿造和葡萄酒蒸馏业。这七个领域的营业额占合作社农产品加工和转化总营业额的 94%。另外，合作社性质的企业占该类型企业总市场份额的一半。如果仅就合作社性质的企业而论，它占同类企业市场份额的 30%。但若把合作社性质的企业下管理的非合作社性质的企业以及它所建立的私营子公司考虑进去的话，这一份额能达到 50%。

第二节　合作社的组织类型

当前，农业合作组织在法国十分普及而且数目众多。截至 2019 年，法国共有 2 300 家农业食品合作社或企业，大多为小微企业，品牌覆盖全法食品品牌的 1/3，拥有全法 3/4 的农业经营者，雇佣员工数达 19 万人，营业额达 854 亿欧元，产品产量占法国食品总量的 40%。2018 年，法国有六家农业合作社集团（Agrial、Invivo、Sodiaal、Tereos、Terrena、Vivescia）进入欧洲农业合作社排名的前 20 名。

法国合作社根据其服务功能不同，可以分为农业信用合作社、农业保险合作社和农产品生产、服务、购销合作社，最近又增加了生产者联盟、欧洲农业农村发展基金和生物多样性保护办公室等几个新的特殊功能合作社。面对新冠肺炎疫情，一个全新的农业合作组织——食品银行正在积极筹建。本节分四个部分介绍这些组织：农业信用合作社，农业保险合作社，农产品生产、服务、购销合作社和政府主导的特殊功能合作社。

---

① 法国农业合作社官网，https://www.lacooperationagricole.coop/fr。

一、农业信用合作社

历史上，法国的农业信用合作社可分为两类：一是农业信贷银行，二是独立的农业信用合作组织。

（一）农业信贷银行

作为一个半官方的农业信贷机构，法国农业信贷银行独占法国合作银行部门投资的绝大部分，是法国第一大银行，资本额接近 1 000 亿美元，目前在世界 1 000 家大银行中排名第十位。

法国农业信贷体系分为三个层次，最上层是国立农业互助信贷银行（Crédit agricole mutuel，发展成今天的 Crédit Agricole），中间层是 94 个区域农业互助信贷银行（Caisse régional，发展成今天的 Crédit Mutuel），最基层是 3 000 个地方农业互助信贷银行（Caisse locale）。这三个层次之间的联系十分紧密，其中，国立农业互助信贷银行直接指导区域农业互助信贷银行的业务，地方农业互助信贷银行吸收并管理存款，交付其所属的区域农业互助信贷银行使用，审核会员的贷款申请，推销国立农业信贷银行发行的债券，同时向区域农业互助信贷银行和国立农业互助信贷银行提出贷款的需求。区域农业互助信贷银行集中利用地方农业互助信贷银行上交的存款和国立农业互助信贷银行提供的资金向会员发放贷款，多余的存款则交由国立农业互助信贷银行统一调拨使用。

（二）独立的农业信用合作组织

独立的农业信用合作组织，其规模相较于国立农业信用体系要小很多，大致可以分为两大类：一是加入中央农业信用合作协会（Caisse nationale）的信用合作社，这部分合作社占到了独立信用合作社存款总额的 75%。历史上均为互助合作银行（les banques mutualistes）的业务，今天大多发展为业务范围较广的商业银行，例如法国储蓄银行（Caisse d'épargne）。中央农业信用合作协会共管辖 14 个区域银行（Caisse régionale）和 482 个地方银行（Caisse locale），共有个体社员 11.4 万人。此外还有独立经营的地方银行。这些银行不向国立农业信贷银行借款，而是与商业性的法国农业银行来往，后者逐渐成为这些农业信用合作社的上层机构。二是加入法国农村和劳动银行联合会的合作社，即杜兰德银行（Banque Dupont‑Durand）。该联合会拥有 1 341 个农业信用合作社和 13 个区域联合社。这些合作社实行无限责任制，规定借款存款均以社员为限，不收股金，以农民为对象发放小额贷款。

（三）信用合作社到农业互助信用银行的转变

随着时代的发展，农业信用合作社逐渐兼并重组，截至 2020 年，法国农业信用合作社逐渐发展成 6 家大型农业互助信用银行，由 3 家大型银行集团控股经营：大众银行集团（BPCE），农业信贷银行集团（Crédit Agricole）和互助信贷银行集团（Crédit Mutuel）。

二、农业保险合作社

法国农业互助保险体系主要负责保护农业，防范和抵御农业生产和农村生活中可能出现的风险，以保护农民的人身财产安全。法国的农业保险合作业务已经十分完善，其作用的发挥主要通过办理火灾、家畜、冻雹、意外保险的农业互助保险合作社和保障农业劳动者权益的农业社会保险互助会来实现，它们都是针对农民设立的保险机构。

（一）农业互助保险合作社

农业互助保险合作社（Assurances Mutuelles Agricoles，AMA），目前已发展成安盟保险集团（Groupama），总部位于巴黎，业务遍及 12 个国家，2016 年共有员工 32 600 名。安盟保险集团在法国保险市场中占有重要的地位，主要承保农业生产经营过程中的各种风险，例如火灾、雹灾、意外事故、牲畜死亡等的财产保险，同时还进行建筑保险和信贷保险，在全国设有 28 000 个地方营业处，覆盖法国 80％ 的农场。

（二）农业社会保险互助会

农业社会保险互助会（La Mutualité sociale agricole，MSA），负责为农民提供社会保障，改善农村生活水平，它的功能涉及农村社会生活的很多方面，包括保障和协调农场主及其家属、农场工人的疾病保险，以及农场工人的家庭补贴和养老保险；同时它还是农民的代言人，代表农民与政府沟通谈判协商。截至 2019 年，法国农业社会保险互助会的参保人数达 550 万人，发放保险金额达 269 亿欧元，收入达 326 亿欧元，是法国第二大社会保险机构①。

三、农产品生产、服务、购销合作社

在法国，农产品生产和流通领域的合作社是法国农业合作社的主体。在生产领域有农产品生产合作组织；在农业机械技术服务领域有农业服务合作社，包括居马、畜牧人工授精合作社；在农业流通环节有农业购销合作社，包括农产品收集和销售合作社，共同经营农业合作社，粮食生产、加工和销售合作社，生产资料供应合作社，以及法国农业合作联盟、法国农业技术合作协会等。

（一）农产品生产合作组织

农产品生产合作组织在法国有很多，规模较大的有农业共同经营集团和生产者组织。

1. 农业共同经营集团

农业共同经营集团（GAEC）诞生于 1962 年，是一种农业家庭合作组织。这种组织一般由 10 个以下的家庭农场组成，其成员大多具有血缘关系。法国全国至少有 30%的青年农民参加了农业共同经营集团，有些地区达到了 60%以上。根据法国农业合作社的统计，在 68 万个农业经营单位（或农场）中，家庭农场有 57 万个，农业共同经营集团有 4.3 万个。农业共同经营集团的存在对推进法国农业规模化、机械化和专业化，提高农业竞争力起到了重要的作用，是法国农业发展的必然趋势。

2. 生产者组织

生产者组织（OP）是在若干农民的倡议下成立的，其成立的目的是集中资源，以保持他们与下游经济参与者的商业关系。生产者组织作为具有集体农业利益的农业合作社，受 1901 年 7 月 1 日颁行的法律的约束。为了获得政府

---

① 农业社会保险互助会官网，https：//statistiques. msa. fr/chiffres/prestations - cotisations - et - autres - recettes/。

的认可，生产者组织必须在其生产领域执行一定数量的任务，特别是要提高其成员的农业或林业生产水平，并对其成员加强商业组织管理。

（二）农业服务合作社

农业服务合作社是向社员提供技术和专业性资料、农业机械及其维修服务、畜牧人工授精服务，以及电气化、帮助调整土壤钙含量、实验分析、农业生产咨询等服务的组织。农业服务合作社最重要的形式是共同使用农业机械合作社（居马）以及牲畜的人工授精合作社。

1. 共同使用农业机械合作社——居马

居马（CUMA）是共同使用农业机械合作社的简称，是为了购买那些一次性投入较大的农业机械（如拖拉机、收割机、施肥和农产品加工等农用机械）而成立的合作组织，一般由 4 个以上的家庭农场共同集资购买一些大型的农业机械设备，供参加合作社的所有家庭农场共同使用。居马的出现促进了法国农业的现代化、专业化以及机械化，多个农场共同购买使用机器，提高了机械的使用效率，加快了机器的更新换代，促进了优质农业机械的推广和采用。

2. 畜牧人工授精合作社

畜牧人工授精合作社（Coopérative élevage insémination animale，CEIA）最早产生于 1945 年，发展很快。所有这类合作社都是人工授精合作社全国协会的会员，该协会成立于 1947 年，主要负责为其会员提供人工授精的机械设备、技术指导和咨询，并调配他们的工作。畜牧人工授精合作社的出现，帮助农民实现了对肉类和奶类产品的质量控制，大大减少了牲畜疫病的发生。

（三）农业购销合作社

农业购销合作社在法国农业合作社体系中居于主要地位，也十分普及。这类合作社主要负责农产品收购、加工、生产资料供应等。2011 年，在法国的120 万个农场中，有 100 万个农场加入了产前、产后的农业购销合作社，包括农产品购销合作社和法国农业合作联盟。

四、政府主导的特殊功能合作社

政府主导的特殊功能合作社，包括生物多样性保护办公室和食品银行等。

（一）生物多样性保护办公室[①]

生物多样性保护办公室（OFB）是致力于维护生物多样性的公共机构。其成立的目的是监测、保护、管理和恢复陆地、海洋和其他水生生物的多样性，并对水资源进行平衡和可持续管理。生物多样性办公室由生物多样性管理局（AFB）与狩猎和野生动物管理局（ONCFS）合并而成，于 2020 年 1 月 1 日成立，汇集了法国和海外的 2 800 名监理。2020 年，OFB 获得 4.33 亿欧元的资金支持，用于法国 11 个国家级公园的生物保护、水资源保护机构的支出、植物生态保护计划以及"景观、水和生物多样性"（paysages，eau et biodiversité）等项目的开展。

（二）食品银行[②]

食品银行（或食物银行）创建于 1986 年，是由法国发起创立的食品银行欧洲联盟（FEBA）组织。该组织成立的目的是帮助生活处于不稳定状况的人群，主要活动是招募志愿者，开展屏障行动，提供食品供应和分发服务。大多数食品银行目前都制定了业务连续性计划（BCP），即根据地区发展的不同状况，采取不同的形式运作，以继续按照通常的卫生规则收集和分发食品，同时还要注意采取屏障行动。到 2021 年，食品银行创建已达 35 年，在全法共有 79 个营业点，参与协会达 5 400 个，累计发放 2.3 亿份餐食，受益者达 200 万人。

第三节　对管理农业合作社的法律支持

从 20 世纪 60 年代起，法国先后颁布了《农业指导法》《合作社调整法》和《农业合作社条例》。2019 年，法国又颁布了共同农业政策，这些均为法国农业合作社的运行提供法律支撑。本节重点介绍《农业指导法》和共同农业政策。

[①]　生物多样性保护办公室官网，https：//ofb. gouv. fr。
[②]　食品银行官网，https：//www. banquealimentaire. org。

一、《农业指导法》

《农业指导法》是法国农业和农村发展的指导性立法，其目的是在经济社会领域内实现农业和其他产业的平等发展。法国的第一个《农业指导法》是1960 年 8 月颁布的，也称《60－808 法》。1962 年 8 月和 1980 年 7 月又先后颁布了两个《农业指导法》作为补充。法国的《农业指导法》在其农业现代化过程中起了重要作用。《农业指导法》提出的目标是促进农业发展，提高农业对国民经济和社会发展的贡献度。该法提出法国将因地制宜地发展农业生产，推广先进技术，改善农产品销售和加工条件，调整农场结构，优化乡村治理，开发山区和偏远落后地区。《农业指导法》还对调整农业结构、土地整治、买卖租赁土地、组织生产和市场调节等作出了具体规定。自《农业指导法》制定以后，政府和欧洲经济共同体的大量投资，加速了法国农业现代化进程，农村面貌和组织结构都发生了深刻变化。

随着时代的变迁和思想的变化，1999 年法国颁布了旨在提高农民生活水平、改善生产条件、完善农村生活福利和社会保障的新《农业指导法》，以此鼓励年轻人更多地从事农业生产经营。新《农业指导法》不仅在购买农田和农具方面为农民提供了许多优惠贷款，而且对农产品价格也给予了足额补贴。

为推广现代化的农业种植和管理技术，提高农业生产率，法国政府还成立了规模庞大的农业科研队伍以及类型不一的农业科研机构和农业高等院校，仅法国农业研究院就拥有数以万计的科研人员，年度经费预算达 25 亿欧元，其中 90％来源于政府拨款，其主要任务是为法国农业现代化提供基础及应用研究，且内容广泛，从国土资源调查到高科技在农业中的应用等都有涉及。此外，法国在全国形成了教育、科研和技术相结合，高、中、初等不同层次相配套的农业教育体系，中央和地方政府、农产组织和工业部门共同参与了农业技术推广，形成了全法农机、农药、化肥、新品种和先进种植技术全方位推广网络。新《农业指导法》的实施，不仅使农业和农民重新获得了强大的竞争力，而且使法国在 20 世纪 70 年代一跃成为世界农产品出口大国。[①]

---

① 刘康. 法国是如何成为世界农业强国的［N］. 中国县域经济报，2017－09－25（3）。

二、共同农业政策

法国农业合作社目前最主要的政策支撑是欧盟共同农业政策（CAP），共同农业政策是支持所有农业部门运作的基本法规，同时指导农业补贴，以促进育种、就业、新农民安置以及经济绩效、环境、社会和农村地区发展。在法国主导的欧洲谈判框架内，法国和其他相关伙伴进行了多次交流，拟定了一整套基于欧洲共同农业政策开展的补贴计划，为法国农业保留下了庞大的预算，2014—2020 年，法国每年向欧洲提供的信贷额达 91 亿欧元，与旧成员国，尤其是德国相比，法国的情况要好得多。

2015—2020 年，法国在欧盟共同农业政策改革框架指导下，整体保留第一支柱和第二支柱的改革内容，其中第一支柱涉及五大类内容，其内涵与以往有所不同。第二支柱内容也略有变化[①]。

（一）第一支柱

第一支柱内容包含五大类，具体包括：去耦直接补贴，耦合补贴，自然条件恶劣地区补贴，提升农业竞争力计划补贴，生态农业补贴。

1. 去耦直接补贴

去耦直接补贴包含四项补贴：基础直补、绿色直补、再分配直补、青年农民附加补贴。

（1）基础直补。这是整合以前针对欧盟老成员国不同农场的单独补贴计划和针对欧盟新成员国的单一面积补贴计划。整合后，补贴都将依据受益农场的土地面积发放，这主要是为了应对当前单位土地面积获得补贴差异过大的问题。

（2）绿色直补。主要包括保持永久性草地直补、作物多样化直补、生态重点区直补。通常有机农场和农业环境绿化计划下的措施可视同绿色直补。成员国必须把本国直补总额的 30% 用于绿色直补，若不遵守则要受欧盟处罚，第一年和第二年不削减资金，第三年和第四年欧盟则最多可分别削减该国直补总额的 20% 和 25%。在法国，绿色直补主要面向采用环保手段进行作物耕种和

---

① 2015—2022 年 CAP 报告，https：//agriculture. gouv. fr/la - pac - 2015 - 2020 - en - un - coup - doeil。以下有关法国共同农业政策的内容根据该报告编译，顺序略有调整。

栽培的农业生产，注重保护生物多样性，主动采取应对气候变化的措施，例如保护水资源等。法国每年绿色直补金额达 20 亿欧元。2019 年在基础直补基础上，法国绿色直补平均值为 80 欧元/公顷。

（3）再分配直补。欧盟成员国可以把不超本国直补总额的 30％重新分配于面积小于 30 公顷的农场主。2015 年法国再分配直补为 26 欧元/公顷，2016 年起为 50 欧元/公顷。法国农业共同经营集团（GAEC）具有再分配直补发放的解释权。

（4）青年农民附加补贴。青年农民附加补贴用于支持 40 岁以下的年轻农民。法国的青年农民附加补贴发放期限最长为 5 年，自 2015 年起，全法每年发放青年农民附加补贴金额达 7 000 万欧元。法国的青年农民附加补贴的申请人同时还可以申请青年农民安置补贴，即青年农民直补。

2. 耦合补贴

欧盟成员国最多可以把本国直补总额的 8％（若目前挂钩直补比例高于 5％则可提高到 13％）用于支持对经济、社会和环境非常重要的农产品的生产。特殊情况下这一比例还可提高，如可为蛋白质作物提供额外 2％的挂钩直补。基于欧盟共同农业政策的规定，法国将耦合补贴额中蛋白质作物补贴额直接定为 2％的挂钩直补。2015 年以来，第一支柱中用于耦合补贴的额度占比达 15％，8.76 亿欧元的耦合补贴主要用于：哺乳奶牛，奶牛，绵羊，山羊，小牛犊和有机犊牛，硬粒小麦，用于食品加工的李子，用于食品加工的水果，用于食品加工的番茄，用于生产淀粉的土豆，啤酒花，大麻，草籽，植物蛋白（大豆等豆类饲料种子），大米。

3. 自然条件恶劣地区补贴

欧盟成员国最多可以将本国直补总额的 5％用于补贴自然条件恶劣的地区，这并不影响这些地区同时获得农村发展资金的支持。2014 年，法国取消了牧民补贴，因此，自 2015 年起，法国用于自然条件恶劣地区的补贴整体提高了 15％，每公顷提高 70 欧元（补贴农用地封顶面积为 75 公顷）。2017 年，该项补贴的年度预算额达到 10.56 亿欧元。2019 年，该项补贴额达 11.1 亿欧元，这是自然条件恶劣地区补贴创建以来发放额度最高的一年，惠及 10 万农户，这一补贴额度的提升也要得益于第二支柱资金的转移使用。

4. 提升农业竞争力计划补贴

2014—2020 年，法国将用于提升本国农业竞争力的补贴提高到 2 亿欧元。

这一补贴在 2013—2014 年只有 3 000 万欧元。自 2016 年以来，法国农业和食品部以及各地区也不断加大提升农业竞争力的计划补贴额，再加上欧盟的补贴，这一补贴最高能达到 3.5 亿欧元，主要针对四类生产活动进行发放：畜牧业现代化，植物创新研发，农场能源使用升级换代，生态农业项目。

5. 生态农业补贴

2012 年，法国农业和食品部、欧洲农业农村发展基金和欧盟共同农业政策第一支柱共同出资用于生态农业的补贴只有 9 000 万欧元，为了达到 2015—2020 年五年规划期间生态农业面积增加两倍的目标，自 2015 年起，法国用于生态农业的补贴额上升到 1.8 亿欧元，比 2008—2013 年五年规划期间增长了一倍。

（二）第二支柱

第二支柱采取横向性和条件适用性原则，把原不适用补贴的某些非农用地但有利于保护农业生态环境的部分纳入到补贴发放范围，如道旁树、树篱、荆棘、水塘、矿脉以及岩滩等。除此之外，法国以下两项补贴也由第二支柱补贴预算承担。

1. 青年农民安置补贴

这是一项在第二支柱框架下发放的补贴，申请人可以在获得第一支柱下的青年农民附加补贴基础上叠加申请该补贴。2017 年，青年农民安置补贴直接转换成青年农民直接补贴，用于帮扶有 4 年以上经营经验的青年农民扩大农场投资和运营规模。2016—2018 年，法国青年农民直接补贴平均每年能达到31 000 欧元，2019 年增加到 32 000 欧元。2019 年，法国政府和欧洲农业农村发展基金用于青年农民直接补贴的总预算达到 1.6 亿欧元。

2. 风险管理补贴

自 2015 年起，风险管理补贴被纳入欧盟共同农业政策的第二支柱框架范围，2015—2020 年，这一项目的补贴预算达到 6.752 5 亿欧元，主要用于农业生产的风险保障。2018 年，法国农业保险共产生 70 122 份合同，覆盖农用地总面积的 30.5%（不含牧场）。

第四节　农业合作社的管理模式

法国农业合作社虽然经历过几次改革，但整体上其管理模式没有发生大的变化，依然保持着 2011 年的管理模式，如社员的加入和退出，合作社的财务制度及利润分配，合作社的股份和资金，合作社内部机构，法国政府的作用①。

一、社员的加入和退出

法国农业合作社的会员资格是开放的。符合以下四个条件中任意一条即可申请成为社员：①合作社所在地区所有具有农林业劳动和资格的自然人或法人；②合作社所在地区所有从事与农业合作社及其子公司目标相同的农业业务自然人和法人；③与合作社有共同或相关目标的所有农民协会或农业公会；④其他非本地区的农业合作社、农业合作社联盟和农业联盟公司。

但社员的退出却不是完全自由的，例如社员若出现违约行为，理事会可对其实施以下惩罚：①社员要支付由于未提供规定数量的产品而造成的损失赔偿、管理费、折旧费和保证金；②支付相当于当年合作社规定的未完成指标额 10% 的罚款；③如果出现严重违约行为，合作社可以勒令其支付赔偿金，并缴纳实行其他惩罚相关的管理费用。

二、合作社的财务制度及利润分配

法国农业合作社会将产品营收以每月付款的方式发给生产者（类似工资）。每个财政年度末，合作社再进行利润分配，利润分配主要由三部分组成：①根据合作社的运营情况，将全部或部分收益盈余留作合作社的发展基金；②其余部分按照社员与合作社的交易额进行分红；③如果有剩余，社员大会还将对实收资本进行返还（但这部分返还的比例不能超过法国经济部门的规定）。

法国农业合作社章程规定，合作社不管在任何情况下都不能将合作社同本社社员以及本社产品买主以外的业务带来的利润分配给社员。同时法律还规定，要从年度盈余中提取一定数量的储备金，包括以补偿特殊开支的临时储备金和国家、集体或公共部门补贴相当的储备金、合同储备金、备用金等，合作社在存续期间不能将任何储备金分给社员。盈余返还与储备金二者之间的具体

---

① 蒋忱忱．法国农业合作社［J］．中国合作经济评论，2011（2）：120-140。

比例因合作社而异,一般由理事会提出建议,经全体社员大会通过后确定。此外,部分合作社对社员入股资金支付一定的利息,利息率也由全体社员大会通过后确定,但这不属于盈余分配的内容,而应列入合作社的经营成本。

理事会的成员不领取工资,但合作社都适当地给予交通、通信等津贴,如北部地区糖业合作社,其理事会的津贴由会员代表大会确定,每位理事的津贴由理事会根据其参加会议次数确定,但总经理及其任命的经营管理人员都是领取工资的,其金额也由理事会确定。

三、合作社的股份和资金

农业合作社的资金由社员股金组成,一般都要按照与合作社的预期交易量交纳股金。对合作社而言,股份不可分割,对一股或多股的联合股东,合作社只承认经理事会批准的其中一个股东作为代表,即使社员亡故股份也不能分割,如果不移交给继承人,股份以及股息仍将保留在死者名下,其利息和股金总额转给国家,每 5 年和 30 年转账一次。股金不参与分红,但可根据全体社员大会的决定支付一定的利息,利息一般低于银行活期存款利息。如果种植面积或产量增加则需要补交股金,减少时则维持不变。基层合作社在加入联合社时,需要根据本合作社的产量或作物种植面积交纳一定数量的股金。

合作社可以与非社员联合,非社员入股后称为非社员股东,包括退休社员,雇用人员(包括农业合作社及基层合作社的雇用人员),农业联盟(协会或工会),以分红为目的加入合作社的信贷机构(农业互助保险公司、区域农业管理部门),涉及农业生产并根据其章程可以入股农业合作社的私营组织或跨行业组织等。

四、合作社内部机构

农业合作社的权利机构为全体社员大会,规模较大的合作社一般设有社员代表大会。其成员由该合作社划分的各区社员选出,作为代表构成代表大会,再由社员代表大会选举理事会。合作社每年的年度工作报告和利润分配方案由理事会提出,每个区依次召开本区的社员代表大会,社员代表大会研究、讨论和表决合作社的年度工作报告和分配方案。社员代表大会一般要听取合作社的管理和财务报告，管理层的报告和财务审计报告，同意或否决管理层的决议，决定盈余方式、股金分配方式。

一人一票是农业合作社的基本原则，但法律允许合作社根据具体情况，在得到全体社员大会一致通过的基础上，按照社员与合作社的交易数量或质量、承担的责任、职务和作用的不同，给予附加表决权。

法国农业合作社实际由理事会管理，理事会由社员代表大会选举产生，不得少于 3 名，也不能超过 20 名。法人社员和自然人社员都可以参选，法人可由其合法代表或由法人社员轮流派出的代表在理事会中行使代表权。合作社的日常管理机构是由理事会聘请的总经理及其工作人员组成。

法国合作社可以不设立监事会，即每个社员都有监督的权利。每年开全体大会时，理事会都要提交年度财务和工作方面的报告，每个社员都可以通过对报告发表意见来行使监督权。一些合作社也创造条件鼓励社员积极参与合作社的经营和决策。

五、政府的作用

虽然法国农业合作社是农民自发组织起来的，法国政府也并没有亲自参与农业合作组织的组织工作，但在农业合作组织的发展和壮大过程中，政府发挥了不可替代的引导、支持和监督的作用，除了不断完善适合农业合作社发展的法律法规以保护合作社农业经营者社员的利益，提高农业合作社在经济一体化条件下的适应性之外，政府还在农业合作社的登记和核准、财政和税收，以及审计和监督方面给予了重要的支持。

1. 农业合作社的登记和核准

法国农业合作社的登记和核准较为严格。首先作为按照私法登记的特殊企业类型，合作社在成立时与其他一般私营企业一样，需要到当地的商事法院进行注册登记，获得法人地位。其次要申请成为农业合作社，即特殊的企业法人，还需要得到农业部的核准。农业部专门设有负责这项业务的跨行业合作社审计处，对合作社申请者的章程等材料进行审核，考察其运作机制，判断其是否符合建立合作社的条件，手续比较复杂，大约需要一年时间。只有经过农业部的核准，合作社才可以享受国家给予的税收等优惠政策。

2. 政府对合作社企业的财政和税收优惠

法国政府为支持农业现代化的发展，不仅对合作社在政策上给予倾斜，而且在财政、税收等方面也出台了一系列优惠和支持政策。

（1）在财政政策方面，政府对农业合作组织提供优惠贷款，发放补助金。农业合作组织在创办之初可以从农业信贷银行获得低息贷款，以及国家对农业生产投资的补助。贷款的优惠利率部分由政府补贴。法国1961年颁布法令规定，农业合作社可设立合作社发展基金，发放基金券。

（2）法国对合作社有两项税收优惠政策。一是免除根据经营利润多少征收的公司税，该税收政策的依据为合作社获得的盈余都通过利润形式返还给社员，社员依法交纳个人所得税，因而合作社没有义务再交纳公司所得税。二是减半征收地方税，法国税务部门认定农民组建合作社是非盈利性行为，旨在获得农业服务。地方税只根据农民的不动产总额进行征收。

（3）法国政府还规定，农业供应和采购合作社以及农产品的生产、加工、贮藏和销售合作社及其联盟，免缴相当于生产净值35%～38%的公司税；牲畜人工授精和农业物资合作社及其联盟免缴注册税；谷物合作社及其联盟免缴一切登记和印花税；不动产税和按行业征收的产品税，对合作社减半征收。

3. 政府部门和财务机关对合作社的审计和监督

法国各级农业部门中都有负责农业合作组织事务的专门机构，它们负责检查、监督这些合作组织是否遵守其相应的规章制度以及财务制度与运行状况。

法国合作社章程规定，合作社受法国农业和食品部部长监督。农业和食品部部长可以把批评意见通知合作社理事长，也可将这些意见直接通知审计师，审计师负责在下次股东大会上汇报对此次审计的结果。每个农业合作组织每年的会议纪要和账务、账目都要报农业和食品部备案，以便农业和食品部根据有关的法律条文来评价其运行状况，法律规定由财政经济部下属的税务稽查部门负责对合作社与非社员进行的交易实施监督检查。财政官员至少应具有检查员、税务检查员或监察员级别。若发现理事不胜任，或有违反有关法律、规章条例或章程规定的行为，甚至是出现漠视合作社团体利益的现象，可由农业和食品部部长、大区行政长官或省督办视情况召集特别大会。根据农业合作最高委员会通知，若股东大会决定的措施无效，农业和食品部部长可宣布解散理事会，并任命临时管委会；新理事会任命后一年期限内，若合作社仍未恢复正常运转，根据农业合作最高委员会通知，农业和食品部部长可以吊销合作社执照。

国家行政力量的积极干预与政策扶持减少了法国农业合作组织发展的不确定性，引导农业合作组织向规范化、制度化的方向深入发展。

第五节　农业合作社面临的挑战

尽管法国在农业方面占据着很多优势，但农业合作社依然面临着很多严峻的考验，比如英国"脱欧"（Brexit）、农业创新、欧洲和国际战略、农业生态转型以及共同农业政策改革等。

一、英国"脱欧"

在 2016 年 6 月 23 日的公民投票中，英国人口以 51.9％的票数投票赞成英国离开欧盟。根据《欧洲联盟条约》第五十条，英国政府于 2017 年 3 月 29 日提出脱离请求。大不列颠联合王国批准《撤出协议》后，英国于 2020 年 1 月 31 日午夜脱离欧盟。不过在这之后会有一个过渡期，过渡期结束后至 2020 年 12 月 31 日，欧盟法律不再对英国适用。2020 年 12 月 24 日，欧盟与英国达成了贸易与合作协议，该协议从 2021 年 1 月 1 日起临时适用。该协议将确定适用于英国和欧盟在许多地区之间关系的规则。

英国"脱欧"后，进出英国的农产品关税条款势必会发生变化，对农业贸易影响巨大。据了解，欧盟和英国之间的贸易与合作协定草案允许从 2021 年 1 月 1 日起立即取消所有产品的关税，前提是这些产品必须遵守草案提供的优先来源规则。英国"脱欧"后，农业生产方式也要相应发生变化，这会给法国的农业带来很多的问题，例如雇用英国劳工、在英国海域捕鱼、对英投资、对英商标的处理等；运输方式也会发生相应的变化，比如"路桥"适应规则的转变等；此外，进出英国的农产品检疫规则也会发生变化，这些变化都会对法国的农业产生巨大的影响。英国"脱欧"给法国农业带来了许多挑战，所有相关从业者都必须为过渡时期的结束以及从 2021 年 1 月 1 日起执行的手续和管制做好准备。

二、农业创新

法国政府一直致力于农业创新，于 2020 年 8 月 25 日启动"i‑Nov 创新竞赛"（第 6 季），旨在推动法国农业创新。"i‑Nov 创新竞赛"呼吁项目允许共同资助研究开发和创新项目，这些项目的总成本在 60 万～500 万欧元，期限为 12～36 个月。此前，这项活动已经进行了 5 季，也取得了不错的成果。此外，法国于 2019 年 6 月在诺曼底举行了农业创新峰会，促进农业创新对生态转型的贡献度。农业创新对农民和农业从业者都提出了不同程度的挑战，无论是以提高农业生产效率为诉求的新技术的研发推广，还是传统农业的转型，都是法国当前农民不得不面对的现实问题。

三、欧洲和国际战略[①]

2018 年 3 月，欧盟推出了欧洲和国际战略，旨在到 2050 年面对气候变化等全球性风险的出现，全世界要保证通过可持续的粮食系统养活至少 100 亿人口，确保城市和农村人口，包括最贫穷的人，以负担得起的稳定价格获得足够数量的健康和营养食品。该战略旨在提高人们对国家的价值观和象征的认识，是欧洲各国采取国际行动应遵循的主要原则。

有了欧洲和国际战略做指导，法国才可以更好地在欧洲和国际上推广其美食、行业产品、专有技术以及教学和研究成果。法国也想通过这个战略更好地提升其在欧洲和国际政策领域的话语权，捍卫法国国民和相关机构，以及农业、农业食品、渔业和林业部门的利益。在经济全球化的背景下，法国希望支持和促进农业向更可持续、更具弹性和更高效的生产和消费系统上过渡。2018—2022 年，法国在遵循欧洲及国际战略基础上将在以下四个主轴方向重点开展行动：①为建设一个强大的、向世界开放和维护其利益的欧盟作出贡献；②支持向提供可持续解决方案的系统过渡；③加强法国公司在国际市场上的技术领先地位；④通过与所有利益相关者合作统筹农业和食品部的各项行

[①] 法国农业和食品部 2018—2022 年欧洲和国际战略 [EB/OL].［2019‑02‑21］. https：//agriculture. gouv. fr/la‑strategie‑europe‑et‑international‑2018‑2022‑du‑ministere‑de‑lagriculture‑et‑de‑lalimentation。

动，参与和加强农业生产和消费系统的全球治理。

四、农业生态转型

法国积极引导农业生态转型，这是法国复兴计划中的重要内容，是大势所趋。农业生态转型不可避免地给农民们带来一系列挑战，诸如资金投入、产出锐减、技术革新等。

五、共同农业政策改革

2020 年 1 月 27 日，法国农业和食品部部长迪迪埃·纪尧姆（Didier Guillaume）出席了布鲁塞尔年度最佳农业理事会，讨论了 2020 年以后共同农业政策改革事项，探讨了在环境和气候问题上执行欧洲绿色协议的相关内容。欧盟每 7 年采用一个新的预算框架。目前欧盟正在协商 2021—2027 年规划期间实施的改革方案，这个时候正是让 27 个会员国和国际电联各个机构达成平衡协议的最佳窗口期。CAP 自 1962 年成立以来，进行了多次改革，并保持了政策实施的延续性。世界正在迅速变化，整个欧盟面临着气候变化、价格波动、全球贸易竞争以及英国"脱欧"的挑战。在法国现行农业合作社体系下，轻易的改革势必会给农民的收入带来一定的影响，给农业合作社的良好运行带来一定程度的冲击。

第九章 CHAPTER 9
法国农业科技创新与推广体系 ▶▶▶

长期以来，法国农产品出口位居欧洲第一。法国农业的迅速发展，其中一个最重要的因素就是重视科技在农业生产中的应用，尤其重视创新体制对农业生产的引导和支撑作用。本章重点介绍法国农业科研机构、农业技术推广机构、农业科技创新体系、国家以及重大区域性研究计划和农业科技进展及趋势。

第一节　农业科研机构构成及运行机制

一、农业科研机构的历史构成

为了加速农业科技体制发展，1960 年法国制定了《农业指导法》，明确提出要"依靠科技进步提高农业生产率"。随后，根据该法案设立了农业教育委员会，指导全国的农业科技和教育发展，与此同时，先后建立了一批农业科研机构和农业高等院校，促进法国农业科研与教学。自 20 世纪 90 年代后期，法国政府推行了将科技体制与教育体制进行整合的政策，许多联合研究中心应运而生。法国农业科研部门近几年进行了几次重要的合并或改革。法国农业研究院（INRA）和国家环境与农业科技研究院（IRSTEA）于 2020 年 1 月 1 日合并成为法国国家农业、食品与环境研究院（Institut national de recherche pour l'agriculture，l'alimentation et l'environnement，INRAE），该研究院成为了法国集农业、食品和环境三大领域科研实力于一体的国家级公立机构①，也是世

---

① 法国国家农业、食品与环境研究院官网，https：//www.inrae.fr。

界上规模最大的农业科研实体机构。

法国农业科技研究工作是由农业和食品部与科技部组织实施的。2010年之前，法国农业和食品部与相关部委有多家科研机构，其中4家农业科研机构是法国农业科学领域的主体，它们分别是法国农业研究院，法国农业机械、工程水利及林业研究研究院（CEMAGREF），食品卫生安全署（AFSSA）和国家海洋开发研究院（IFREMER）。这4家农业科研机构覆盖了法国农业的各大主要领域，对这些领域进行课题研究[①]。

二、农业科研机构运行机制

法国政府对农业科研非常重视，在农业上广泛吸收和运用科技成果，且成效显著。法国的科研经费主要分为两部分，一部分是公共科研经费，一部分是公司研发经费。公共科研经费部分用于大学、公共科研机构和财政部门，也包括国家研究局支持的重大项目。国家财政经济部也会以全额形式直接给一些科研机构拨款，或通过法国农业与农村发展基金会（CASDAR）有针对性地向农业科研机构征集项目来支持农业与农村发展相关的研究。此外，公共科研经费还包括法国地方政府的投入，以及来自慈善组织、公司和欧盟的资助。法国政府也非常鼓励外国公司支持本国公司的研发活动。法国国家研究局除了支持由国家公益性机构开展的项目外，也支持私营企业从事的研发项目。2011年，法国农业科研经费为44.9亿欧元（57%的经费来源于公司），其中15.9亿欧元的经费用于支持科研机构和高等教育团体，如大学、学院等[②]。

2020年，法国农业科研机构经过兼并重组，主要由国家农业食品与环境研究院（INRAE）、国家食品与劳工环境卫生安全总署（ANSES）和国家海洋开发研究院（IFREMER）统领农业、林业、渔业三大领域科研。

（一）国家农业、食品与环境研究院

该研究院成立于2020年1月，是法国最大的农业科研机构，也是法国

---

① 许世卫. 荷兰、法国农业科研体制及对我国的启示 [J]. 科学管理研究，2005（6）：91-101。
② 翟琳，王晶，徐明，等. 法国农业科技体制发展及对中国科技体制改革的启示 [J]. 世界农业，2015（4）：65-68。

农业科技创新体系的主体，其成立的目的是通过科研创新，更好地应对 21 世纪农业、食品和环境领域的新需求，包括人类和地球在面对全球变化时亟须与之相适应的科学研究成果，来减缓和适应气候变化、食品和营养安全、农业转型、保护自然资源、维持生物多样性、预见和应对危机、土地资源管理以及食品健康等问题。

法国国家农业、食品与环境研究院，是全球第一家融合了农业、食品和环境三个领域于一体的科研院所，在新的公共政策支持下，承担着通过研究、创新为生命、人类和土地寻求出路的责任。它整合了两个前身科研机构（法国农业学研究院和法国国家环境与农业科技研究院）的全部科研力量，共有 12 000 名科研人员（8 341 名在职研究员，2 811 名合同制研究员），268 个科研部门，18 个研究中心下设的 40 多个实验室，以及 14 所科研系部，分布在全国各地。其中一小部分在国外，包括在中国设立的办事处。

INRAE 的机构设置包括行政管理和科学研究两部分。①行政管理部分主要包括理事会、科学咨询委员会、道德委员会等决策领导部门以及财务、人事、法律、会计等职能部门。理事会是 INRAE 的管理机构，负责审议该院的研究战略及管理、科研、资金和项目等事宜。②科学研究方面，INRAE 有六大科研主题：生物多样性、生物经济、农业生态学、粮食和全球卫生、气候变化和危机、社会与区域战略。INRAE 由法国农业研究院（INRA）和法国国家环境与农业科技研究院（IRSTEA）合并而成，两家研究院均以其高水平的研究质量和专业知识而著称，现有的研究结构已经产生了重要的研究成果，并汇集了主要的技术基础设施（例如，天文台、技术平台、数据存储库），其中包括一些欧洲的同类基础设施。因此，INRAE 非常适合在许多主题上进行有价值的研究，包括水资源、区域农业战略、生物多样性的保护和恢复、风险预测和管理以及数字农业。

2019 年，INRAE 的总收入约为 10.09 亿欧元，其中 7.9 亿欧元来自公共服务部门的津贴，占总经费的 78%；另外 2.19 亿欧元为自身科研收入。在总经费支出中，人员费占 65%，科研活动经费占 31%。

1. 法国农业研究院

2020 年以前，法国农业研究院曾是法国最大的国家农业科研机构，成立于 1946 年。总部设于巴黎，以应用基础理论研究为主，科研体制分为三级。

2013年，合并前的法国农业研究院约有在职职工8 500人，其中研究人员1 837人、工程师2 590人和技术人员4 061人。作为其国际交流发展战略的重要组成部分，法国农业科学研究院在全球范围内招募科研人员，2013年有171名外国科学家就职于法国农业研究院，占全院高级研究人员总数的30%，根据项目研究需要受聘的外国科学家有25人。此外，农业研究院还在国内外招收研究生，代表法国科技部委托培养相关领域博士后。

INRA的研究以应用基础理论为主，主要包括动植物生产、农畜产品的加工和贮存、自然资源和环境的保护与开发、农业和农产品加工业的生物技术、农村社会经济学等。农业研究院重视对科研人员和成果的考核，根据测定研究单位（或个人）研究任务的完成情况，制定考核方法和标准，考核内容包括知识生产、创新能力、专业培训和专业技能等多个方面，并从科学价值和社会经济价值两个角度对其研究成果进行评价。一是对研究团队进行考核。从1999年开始，农业研究院对下属的13个研究部门进行考核，每4年考核一次，考核内容包括科研成果质量、在全国乃至国际的学术地位以及对经济社会发展的贡献。二是对研究人员和工程师个人的考核，考核内容包括知识生产、对团队或专业学科的贡献以及科研成果的转化应用。

合并前的法国农业研究院是一个全国性的农业研究机构。该院机构设置分为行政管理和科学研究两部分。在行政管理方面，设置有理事会、道德规范及预防委员会、科学咨询委员会和国际关系办公室、交流办公室等决策领导部门。在科研方面，一是在院一级按学科领域纵向设置17个研究部，各研究部是组织领导科研活动的实体机构，上归院领导管理，下辖260个研究团体。二是按生态及行政大区横向设置21个区域研究中心，并设80个实验室。多年来，它同大学、工程师学校、国立或私立科研机构保持着多方位的协作关系。区域研究中心对全国水土和农业资源进行系统的调查研究，为各地农业经营提出建议，改良各种作物和家畜品种、培育优良品种、研究农业品加工和保存技术、生物技术，研究农业资源的合理利用和保护等。区域研究中心主任兼任本中心科学委员会和管理委员会主席职务，还兼任地区代表职务。各区域研究中心不仅包括法国农业研究院垂直下设的研究团体和实验室、试验站，还包括130个公共服务部门。21个区域研究中心的职工数占全院的70%。因此，区域研究中心是一个把国家攻关与地区研究实行纵横结合、上中下游研究开发相联结的网络枢纽。①

2. 国家环境与农业科技研究院

国家环境与农业科技研究院（IRSTEA）的前身是国家农业机械、农业工程、水文与森林中心（CEMAGREF），该中心于 1981 年由水文和森林农业工程技术中心和国家农业机械研究与实验中心两个独立的部门合并而来，2011年 11 月正式更名为 IRSTEA，以适应国家研究重心的变化。在过去 30 余年间，IRSTEA 的研究方向从农业机械化和农业规划逐渐向农业环境问题转变。沿袭原机构定向化研究的模式，IRSTEA 继续将研究重点放在食品质量安全、水资源管理、污染防治、自然风险管控、人口衰减、农村地区发展等人类社会发展的核心问题上，力争发现并制定相关农业和环境问题的解决方案，其研究水平处于欧洲前列。

（二）国家食品与劳工环境卫生安全总署

根据 2010 年 1 月 7 日第 2010 - 18 号法令，国家食品与劳工环境卫生安全总署（ANSES）是一个公共行政机构，由食品卫生安全署（AFSSA）和劳工环境卫生安全国家总署（AFSSET）合并而成，其职能主要是对食品、环境和劳工领域的风险进行评估，进一步明晰公共行政机构在以上领域推行的相关卫生政策。其上级主管部门是卫生部、农业和食品部、环境部、劳工部以及消费部。ANSES 提供独立和多元的科学专业知识，有助于保障公民获得环境、劳工和食品等领域的卫生安全。ANSES 可与法国或外国的任何公共机构或私人实体（如具有互补任务的教育和研究机构）签订协议或参与公共利益团体的合作计划。合并后的 ANSES 由一个行政委员会和一个科学委员会组成。

（三）国家海洋开发研究院

国家海洋开发研究院（IFREMER）是 1984 年成立的国家海洋研究机构，是一家具有工商性质的公共机构，预算约 2.4 亿欧元。它由高等教育、研究与创新部（MESRI），生态转型和团结部（MTES），农业和食品部（MAA）共同管理。1984 年 6 月 5 日，IFREMER 由法国国家海洋开发中心（COMEXO）

---

① 翟琳，王晶，徐明，等 . 法国农业科技体制发展及对中国科技体制改革的启示［J］. 世界农业，2015（4）：65 - 68。

和海洋渔业科学技术研究所（ISTPM）合并而成。COMEXO 是第二次世界大战后建立起来的海洋测量和勘探研究机构，1967 年 1 月 3 日正式命名，成为负责法国和海外省海洋勘探研究的专门机构，科研能力和技术水平很高。ISTPM 最早是在 1918 年 12 月 31 日《财政法》指导下建立的海洋渔业技术科学委员会（OSTPM），35 年后的 1953 年 10 月 14 日，OSTPM 更名为海洋渔业科学技术研究所（ISTPM）。合并后的国家海洋开发研究院主要研究海洋开发技术和应用性海洋科学。该研究院的具体工作任务是制订海洋开发计划，审议其下属机构的海洋研究与开发计划，研制用于海洋开发与研究的仪器和设备，参与海洋开发的国际合作计划，促进法国海洋科学应用技术或工业产品的出口。

法国海洋开发研究院包含 3 个业务部门：渔业和海洋生物部、环境和海洋研究部、海洋技术部。下设 5 个研究中心：布雷斯特中心（即布列塔尼海洋科学中心）、滨海布洛涅中心（以水产研究为主）、南特中心（即南特海洋渔业科学技术研究所）、土伦中心（即地中海海洋科学基地）、塔希提中心（即太平洋海洋科学中心），分别从事海洋科学和技术研究。这些机构自建立以来，在海洋生态、渔业、水产养殖、潜水技术研究等方面取得了很大成就。

IFREMER 被公认为世界最早的海洋科学和技术研究机构之一，秉持开放科学和可持续发展双重理念。它的实验室遍布法国及其海外省的所有海岸线，分布在印度洋、大西洋和太平洋三大洋。IFREMER 代表法国运营国家海洋考察船队，该机构设计了自己的先进仪器和设备来探索和观察海洋，从海岸到近海，从深海到大气层。目前，该机构有 1 500 名研究人员、工程师和技术人员，其科研成果向国际科学界开放，此举增进了世界对海洋的了解，有助于为公共政策和可持续蓝色经济的创新提供信息。

（四）法国农业、动物健康及林业研究院

法国农业领域的科研机构，除了上述三驾马车，2015 年还将 2009 年成立的法国农业、食品、动物健康及环境研究与教育联合体（AGREENIUM）改革升级为新的部门，命名为法国农业、动物健康及林业研究院（Institut agronomique，vétérinaire et forestier de France，IVAFF）。AGREENIUM 是一个汇集了法国农业研究院（INRA）、法国农业研究发展中心（CIRAD）两家研究单位、6 所高等院校的科研联合体。其建立的目的是促进法国研究机构和高等院校的有效合作，来应对粮食安全和可持续发展面临的挑战。

AGREENIUM 的总部设在巴黎，由执行委员会和董事会协助开展工作。执行委员会由 30 人组成，除来自各成员单位的代表外，还包括政府代表（农业和食品部，高等教育、研究与创新部，外交及欧洲事务部）以及战略规划委员会主席。AGREENIUM 的目标是将法国科研和高等教育机构提出的农学和兽医学优先研究领域提升至国际研究层面。为了达到这个目的，AGREENIUM 依赖于其成员单位在国际上所形成的广泛协作网络，促进法国农业科技体制的国际化。AGREENIUM 还为其所有成员单位提供技术咨询、确定合作伙伴和提供经费渠道，为发展双边、多边合作提供支持。AGREENIUM 和中国农业科学院、中国科学院、中国农业大学等中国多家科研教学单位都签署了合作协议。[①]

IVAFF 现任理事会主席没有执行权，这与以前联合体时期的运作不同。理事会由 40 名理事构成，其中高等院校代表 9 名，研究机构代表 9 名，成员机构的学生或人员代表 16 名，资深研究员 2 名，国家部长代表 4 名；战略指导委员会由 25 名成员构成，皆由理事会推荐提名，政府任命。

第二节 农业技术推广机构的构成

一、农业技术推广机构的构成

为了更快地促进农业产业集群发展，法国政府紧密结合农业产业集群的产前、产中及产后等环节，建立了国家、地方、农场三级农业科技推广体系。法国公私合作的三级农业科技推广体系的建立，不仅促进了现代科技在农业生产一线的应用，而且优化了法国现代农业产业链结构，极大地促进了法国农业现代化、规模化及产业化的全面发展。法国农业科技推广主体主要包括政府、农业发展协会、企业和科研单位等。

在法国，农业科学技术成果要在农业科研机构试验成功之后才可以向社会推广[②]。农业科技成果推广过程中，负责农业基础研究的组织可以分为公共科

---

① 翟琳，王晶，徐明，等. 法国农业科技体制发展及对中国科技体制改革的启示［J］. 世界农业，2015（4）：65 - 68.

② 孟莉娟. 美国、法国、日本农业科技推广模式及其经验借鉴［J］. 世界农业，2016（2）：138 - 161.

研机构、私立科研机构两种类型。公共科研机构主要由农业研究院、农业机械研究中心、灌溉森林研究中心等组成；私立科研机构主要包括育种家、肥料生产企业、农药公司、农机公司、食品和饲料公司等。在法国，公共科研机构与私立科研机构各自独立，其工作范围及研究领域在某种程度上有一定交叉，研究侧重点又有所差异，相比而言，私立科研机构更加注重营利。农业科技成果在经过公立科技机构与私立科研机构基础性技术研究之后，便进入了应用研究技术阶段，农业应用研究方面的任务由技术研究机构（技术研究所和技术中心）承担，其根据当地农业生产实际情况开展具体科研工作，并通过各省级农业协会的技术顾问、农场主将其农业科技成果推广到不同地方，有效地将中央、地方产学研工作紧密地衔接起来。

农业合作社是法国农业科技成果推广体系中最基础的组织形式，农业合作社遍布全国各地，负责向基层农户提供良种、技术指导与技术培训，农产品加工、储藏和销售等服务，其职能已深入到法国农业发展的各个环节，在法国农村经济中起到了十分重要的作用。

二、农业技术推广的三大机构

（一）法国农业技术协调协会

法国农业技术协调协会（Association de coordination Technique Agricole，ACTA）是法国的协会组织，是法国农业科研和技术推广的上层监管机构。ACTA 负责协调全法 18 个农业技术学院（Instituts Techniques Agricoles，ITA）。ITA 代表了法国农业研发体系应用研究的平均水平。ACTA 和 ITA 均是由农民自己创建和运营的。ITA 的目标是满足农民对农业技术应用研究的期望，以便给农民提供直接可用的技术方案。农民的目标旨在提高农场的竞争力，使生产满足社会的期望，使农产品满足加工产品的要求，并满足消费者对农产品质量保障的整体诉求。每个 ITA 都专注于一个或几个生产领域，而ACTA 则进行横向和交叉创新主题的研究。ACTA 在科学技术观察、实验、知识收集、传播和培训、支持公共政策等方面发挥着重要作用。

目前，ACTA 正在与 IDELE、ITAVI 和 IFIP 三个第三方合作开展农业技术项目的推广和应用。在这些合作项目中，ACTA 负责协调法国对该项目的总体投入；IDELE 与奶农合作，并负责创建实践社区；ITAVI 与家禽部门合作，IFIP 与生猪部门合作。2019 年，ACTA 用于农业应用研究项目的预算额为 2.11 亿欧元，项目实施人员包括 2 000 名行业合作者、工程师和技术员。[①]

（二）法国农业技术学院

ITA 是法国农业科研和技术推广的下游机构。2016 年，ITA 的预算为 2.07 亿欧元，下设 18 个农业技术研究所，拥有 1 800 名员工（包括 1 445 名医生、工程师和技术人员）和 206 个地区办事处。ITA 与 133 个国家开展合作研究项目，其中欧洲国家有 50 个，全年开展了 980 次培训，培养了 7 800 名学员，其中在读博士 42 名。目前，ITA 正大力推进精准农业计划，广泛覆盖资源经济、环境保护、舒适农业、农业收益以及农业社会形象管理。除此之外，ITA 还推进发展农业数字化，为精准农业、农业可追溯体系、大田耕种以及辅助农业决策提供全方位服务：①法国植物学院（ARVALIS）使用实时动态定位（Real - Time Kinematic，RTK）自动导入系统完成大田耕地的犁地、播种、收获任务。②FARMSTAR 研究院利用卫星系统管理农业生产，已覆盖软小麦、硬小麦、大麦、黑麦、油菜、玉米等作物耕种面积 100 万公顷，与 38 家农业分销企业合作，共培养 1 000 名技师，惠及 10 万块耕地、19 000 名农民。③农药使用控制计划（EcophytoPIC），旨在支持农业实施作物综合保护行动，其目的是促进农业生产系统较少地使用化学农药制剂。

（三）法国农业公会

法国农业公会（Chambres d'agriculture）成立于 1924 年，是由民选官员管理的公共机构。农业公会在国家、各省和大区都设有相关机构，由 4 200 名代表组成，雇用员工 8 000 多人。

法国农业公会的管理人员是来自农林业领域的代表，包括农场主、农场经营者、雇员、专业团体等。农业公会根据《农村法典》开展业务，2014 年 10 月 13 日《农业未来法》修订后，农业公会主要履行三项职能：①提高农场及行业部门的经济、社会和环境绩效；②支持各区域农民开展农业创业，促进地区就业发展；③在中央和地方政府行使农业代表职能。

法国农业公会为农户的专业化工作、农业区域发展、葡萄种植提供提导。

---

① 法国农业技术协调协会官网，http://www.acta.asso.fr。

2019 年，法国农业公会拥有 6 150 名工程师和技术人员、35 000 个自营农场，协助农户签署 70 000 份欧盟共同农业政策（CAP）声明。农业公会覆盖法国农业的一半版图，8 000 名农户加入到"欢迎来农场（Bienvenue à la ferme）"网络，培训农民 64 000 人次，88 000 名农民参加到各类社团。

第三节　农业科技创新体系

一、农业科技创新体系特点

农业是法国经济的重要支撑，是法国地方经济增长、就业和经济活动重点覆盖的领域。面对 21 世纪全球的挑战，例如人口爆炸、人口老龄化、健康、气候变化、资源枯竭、生物多样性、自然资源和环境保护、生活质量和就业、应对气候变化不平等和社会经济失衡等，法国特别重视科技创新在农业各领域的应用。科技创新既是国家竞争力的源泉，也是抵御风险的要素，有助于防止或减轻正在发生的各类变化给农业生产带来的负面影响，更有助于法国应对当前和未来的挑战。

法国政府通过与其伙伴的合作，正在努力创建一个有利于创新发展的环境，例如促进新项目建设，加快农业互联网建设，帮助农民逐步适应创新文化，支持风险承担，调动各类资源等。法国政府正在积极推进有利于企业、行业和地区发展的创新计划，这些计划是法国用来鼓励和支持农业各领域积极投入科技创新的重要工具。

法国农业科技创新可以采取不同的形式，遵循不同的路径，例如建立竞争或集体型目标，采用不同合作伙伴类型、成熟技术或非技术性创新手段，与市场应用保持距离等，各类多样性的创新模式都可以调动合适的融资工具进行扶持。近些年来，i‑Nov 创新竞赛、农用机械博览会、无人机服务农业计划、农业教学创新对话会、大数据算法应用于生态农业发展、农业创新 2025 计划等，都是法国政府牵头组织的有利于农业科技创新的有力举措，极大地促进了法国现代农业发展。

法国农业科研工作和科技创新政策是由法国高等教育、研究与创新部（MESRI）和法国农业和食品部（MAA）共同组织实施的。这两个政府部门共同监督、管理法国农业研究机构，其主要组织管理方式为法国高等教育、研究与创新部和法国农业和食品部与其下属的科研机构每 4 年签署三方合约，政府部门派员参加各研究机构理事会会议，共同制订各机构的科研活动计划，并提供年度预算。

二、农业科技创新体系的分类

法国农业科技创新体系从制度组织层面看主要分为两级：法国政府主导以及欧盟主导。

（一）法国政府主导的科技创新

法国政府的创新计划主要支持三类创新和成果转化：竞争性创新、非竞争性创新、竞争性和非竞争性创新。2015 年 12 月 14 日总理宣布优先发展"融合研究"计划，该计划以未来投资计划（PIA）为框架，每个融合项目的受资助金额为 1 000 万欧元，五个获奖项目中有两个涉及 2025 农业创新任务。

（1）数字农业（DigitAg）发展项目。该项目由 IRSTEA 主导，汇集了 3 家研究机构（INRA、INRIA、CIRAD）、3 家高等教育机构（蒙彼利埃大学、蒙彼利埃苏帕格罗、Agroparistech Montpellier）、ACTA、SATT AXLR 和 8 家公司（iDate、SMAG、Vivelys、Pera Pellenc、Agriscope、水果科学、ITK、Terranis），涉及 6 个研究领域：信息和通信技术与农村社会、信息和通信技术与创新、数据采集、信息系统、农业大数据、信息数据模型。IRSTEA 拥有一所致力于数字农业的研究生院，该院将提供 150 多个硕士学位奖学金、56 个博士论文奖学金，以此吸引高水平科学家加入博士后研究计划，并承诺支付 72 个月工资等超高待遇。

（2）土地变化项目（C-LAND）。土地变化项目致力于气候变化和土地利用问题的研究。它的目标是为 21 世纪的生态和能源转型提供综合土地利用解决方案。它由巴黎萨克雷大学（University Paris Saclay）管理，由研究机构（INRA、CEA、CIRAD、CNRS、IRSTEA、IRD）和高等教育机构（Agroparistech、Ecole Polytechnique、Univ Paris Sud 和 Univ Verselles St Quentin en Yvelines）组成，主要在生物量和土壤固碳、气候变化下的农业、向综合土地利用转变三个领域开展研究。

（二）　欧盟主导实施的科技创新

欧盟主导实施的科技创新对法国农业科技创新支持力度也非常大。农业与农村发展基金会（CASDAR）可以在欧洲研究与发展框架计划（PCRD）和地平线 2020（H2020）框架下共同资助欧洲研究与创新项目。CASDAR 将农场缴纳的流转税的 85% 作为农业和食品部预算的一部分，为创新项目提供资金支持。

（1）775 项目。该项目是一个"发展和转化"项目，它为农业公会、国家农业和农村组织（ONVAR）的年度农业和农村发展方案以及 FranceAgrimer 实施的遗传学方案提供资金支持，并保障项目的持续跟进。

（2）776 项目。该项目是应用研究与创新计划，它为农业技术学院（ITA）的农业和农村发展年度项目、项目招标（AAP）和配套行动提供 1 655 万欧元的资金支持，其中 800 万欧元用于"创新和伙伴关系"的项目征集、招标。

此外，法国农业和食品部在新的传感器和相关数字服务等领域通过招标方式开展技术研究创新项目，2016 年共选择了 10 个课题，项目资助方为 CASDAR，资助金额达 250 万欧元。

第四节　国家以及重大区域性研究计划

法国农业和食品部及其下属的众多科研机构，构成了法国农业科学研究领域的主体，牵头执行了大多数与农业相关的研究课题。法国高等教育、研究与创新部和法国农业和食品部根据不同的学科领域，参加国家研究局（ANR）项目指导委员会会议，因此，ANR 资助的重大项目的内容和研究方向直接显示出法国在农业领域的发展趋势以及农业领域亟待解决的问题，同时也能够凸显主攻研究领域的重要性。

法国农业领域的创新计划与法国复兴计划（Plan de relance）密不可分，法国农业公会官网上的主要创新计划有以下四个[①]：农业与农村发展基金会计划（programme CASDAR）、混合技术网（Réseau Mixte technologique）、科学利益联盟（Groupement d'intérêt scientifique GIS）、欧洲奶业（Eurodairy）。欧盟范围内的重大研究计划还包括欧盟研发计划（Programme européen de

----

① 法国农业公会官网，https：//chambres‐agriculture.fr/recherche‐innovation/projets‐rd/。

R&D)、2020 地平线计划（Horizon 2020 project）等。本节重点介绍法国复兴计划中与农业相关的计划以及欧盟主导的重大农业计划。

一、复兴计划中的农业计划

法国复兴计划中的农业计划主要围绕如何恢复法国传统食品强国地位而采用的国家行政干预性计划。其中比较重要的计划是生态农业转型（transition agro‑écologique）计划和差异化研究（Projet différentiation）计划。

（一）生态农业转型计划

生态农业是一种运用现代科学技术成果、现代管理手段，以及传统农业有效经验，获得较高经济效益、生态效益和社会效益的现代化高效农业，因其具备可持续特征而成为改造传统农业的不二选择。法国政府自 2012 年开始实施农业转型，将生态农业转型写入所有公共政策，并对此充满雄心。生态农业也是法国国家农业食品与环境研究院（INRAE）的重要科研项目。法国在政策和科技上大力支持生态农业，并根据新的发展形势提出了生态农业 2022 规划，目标是到 2022 年实现生态农业占地面积达到农业用地总面积的 15％。[①]

实现生态农业转型需要将农业发展理论与实践结合起来，提高农业整体科技水平和社会竞争力。农业创新形式主要包含以下几个方面：能够适应更加多样化和更加复杂的农业运行体系的科技创新；鼓励农民在生产过程中使用帮助决策的数字化工具；涉及农业生产程序的创新，如生产、转化以及市场销售策略的组织创新；生产组织形式创新，如农业种植方式的创新，或者合作模式的转变等。

为生态农业制定研究发展计划的同时，政府还将通过技术研究机构的年度项目和法国国家农业研究院的优先研究计划项目加强生态农业研究，并根据生态农业和有机农产品生产发展的变化，明确未来的研究方向；加强与生态农业研究人员和农业专业代表合作，针对研究重点制定专门的措施，包括生产者和经营者向生态农业转型的方式；加强农业技术研究机构、生态农业协会等组织的协作，提高对生态农业影响因素的认识，建立不同区域的生态农业实践项

---

① 法国农业和食品部. Agri Summit 2019 [EB/OL]［2019－06－24］. https：//agriculture.gouv.fr/dossier－de－presse－agri－summit－2019。

目，推广应用生态农业的研究成果。[①]

法国农业和食品部 2020 年 9 月的报告显示，为了恢复法国的粮食主权，法国政府认为农业必须实现生态转型，而农业生态转型计划包含于法国复兴计划。为了更好地应对日益复杂的气候变化，法国复兴计划将朝着碳中和目标迈进，继续开发木材等生态型和可持续发展的木材等材料。还将侧重于森林开发和养护。法国复兴计划助力农民和农业食品公司向更可持续、更环保和更具经济实力的模式过渡，以便更好地适应农业生态转型。为了摆脱农业对化学药剂产品的依赖，企业必须研发新型、更有效的替代性产品。到 2030 年，一半的农场主将退休，因此，农业生态转型计划必须提前谋划代际更新事宜，培养年轻人将是成功完成农业生态转型和确保法国粮食安全的最佳途径。法国复兴计划中用于支持农业、食品和林业的预算达 12 亿欧元，优先发展三大核心任务：恢复法国食品强国地位，加速生态农业转型为法国人提供健康可持续的当地农产品和食品，支持法国农业和林业适应气候变化。

（二）差异化研究计划

一般情况下，农业生产者或者农产品加工公司均采用降低生产成本为主要经营策略，但是还有一些农业经营者选择另一种方式来建立竞争优势，那就是产品差异化。法国的差异化研究计划，是指将农产品所具备的价值特殊化、个性化，从感官品质、与原产地的联系、对环境的适应度等方面出发，让消费者能够将其与同类产品区别开来[②]。农产品差异化研究计划的经营策略在于提升产品质量从而获得更大的市场份额，或者是增加产品的附加值从而开辟新的市场。显然，法国农产品差异化研究计划对应的经营策略是指开辟新市场的差异化。这种差异化经营可以是集体经营，如 AOP 认证[③]下的葡萄酒生产，以地域风土为特征命名葡萄酒；法国利木赞苹果原产地，集合了 280 位苹果种植户，2 800 公顷的果园面积，分布在 4 个省，每年可产 9 万吨苹果。

---

① 张莉，张敬毅，程晓宇，等．法国生态农业发展的成效、新措施及启示 [J]．世界农业，2019（11）：18－23，130。

② KOTLER P，KELLER K，DELPHINE M，et al. Marketing Management [M]．Prentice Hall，Pearson Education，2009。

③ AOP 认证：全称 Appellation d'Origine Protégée，是产地命名保护的标识，例如文中所指的是，在法国，每个葡萄酒产区都被编入体制内。同时，AOP 是欧盟原产地命名保护的标识，欧盟成员国生产的农产品，如高级橄榄油、水果、蔬菜、奶制品等都有这个标识。

在一些集体性质的差异化经营组织中，集体寻求竞争和持久优势一般呈现三个特点：①地理位置集中；②围绕同一种职业或者农业经营活动进行特殊化、个性化处理；③经营者之间合作性强，共享经营方式和生产工具。这种差异化的集体经营方式更接近工业园区的概念①。

研究表明，这样的差异化经营策略可以带来社会和经济两个层面的好处，一是可以保护传统农业活动，维持组织内经营者的经营活动和就业；二是可以稳定市场，改善农业生产业绩。但是，要想实现有效的地域发展，确保产品的持续改进并增强公司的竞争力，这些标签体系下的产品必须得到消费者的认可。对于生产者而言，这种差异化应当是可持续的。而使产品可以在市场中高于竞争价格，这是垄断竞争下的投资逻辑。因此，这个围绕差异化的研究计划主要解决以下三个问题：①定义并且衡量农业、农业食品和林业的竞争力，从而回答差异化经营策略如何能够增强农业经营者的竞争力。②提升竞争力的决定因素是什么。③通过什么方法可以提升差异化策略经营者的竞争力。②

目前，这项研究由法国食品、兽医、农学与环境高等教育研究院（VetAgro Sup）承担，该研究院隶属于法国农业和食品部。

二、欧盟主导的重大农业计划

欧盟主导的重大农业计划很多，本节主要介绍新型植物保护项目（Cultiver et protéger autrement）。该项目是法国为适应欧盟共同农业政策框架而开展的重大农业计划。

得益于第二次世界大战之后经济迅速发展的五十年，法国借助机械、化肥的普及，有效地促进了本国农业的发展。同时，在提高单位面积产量和人均产量的目标推动下，法国的农业产量大大提高，但是对于化肥的依赖不断增强，不论是上游生产还是下游生产，都采用化肥生产模式。自20世纪80年代中期起，法国和欧洲的其他国家开始担忧这种农业生产模式带来的危害。因为使用

---

① PORTER, MICHAEL E. Choix stratégique et concurrence: techniques d'analyse des secteurs et de la concurrence dans l'industrie [M]. Paris: Economica, 2004。

② 法国农业和食品部. Compétitivité hors coût des exploitations agricoles françaises (projet différentiation) [EB/OL]. [2019 - 05 - 28]. https://agriculture. gouv. fr/la - competitivite - hors - cout - des - exploitations - agricoles - francaises - une - analyse - des - effets - des - signes。

化肥产品给环境、人类健康和生态系统都产生了众多负面影响。为了缓解这一问题，法国和欧洲共同制定环境可持续的农业发展目标，这种一致行为尤以欧盟共同农业政策（CAP）为典型代表。2008 年，法国颁布了"绿色防疫计划"（Plan Ecophyto），这是一项专门针对化肥使用的计划，分为 1 期和 2 期两个计划，目标是在 10 年间将农业化肥的用量削减一半，践行法国农业经济可持续发展的目标。但是这个目标却未能如期实现。

2008—2018 年，法国农业化肥用量仍然在持续增加。直到今天，化肥给人类健康、环境和生物系统带来的负面影响越来越令人担忧。2020 年 1 月 7 日，法国政府出台了"绿色防疫计划 2"，要求加强相关数据的透明度，扩大科研投资渠道，并再次动员科研专家推进创新研究，从而孕育出一个崭新的农业生产体系，使农业生产极少依赖化肥，最终降低其对环境和人类健康的影响。

在上述背景下，法国政府加快采取行动，开展了新型植物保护项目，并将其作为法国农业研究的首要研究项目（Programme Prioritaire de Recherche，PPR），这是一次突破性的革新，打破了原有的农业模式，不再以农业生产效率为考量。项目预期在 2030—2040 年实现无农药种植的农业生产，高度践行病虫害预防与生态农业的生产原则。法国国家农业食品与环境研究院（IN-RAE）负责研究项目的实施，国家研究局（ANR）负责筛选项目、签署协议和项目资金的跟进。

新型植物保护项目主要分为两类：大规模项目和病虫害检测预防项目。

1. 大规模项目

大规模项目的资金投入控制在 300 万欧元以内，项目时效在 6 年以内。集合植物科学、人类科学、前沿农学和工程师团队的力量，目标是建立一个没有化肥使用的农业生产体系。每一个子项目至少需要包含以下五种主题中的两种：①研究植物间的相互作用和植物覆盖率；②研究植物、微生物之间或微生物之间的相互作用，目的是了解和利用微生物对病虫害调节的影响；③鉴定和开发新的基因抗体来源，通过研究抗体的生理、基因和生态机制，结合植物与植物的相互作用、植物与相关有机体的相互作用，开发出适应新的种植系统的多样化农作物品种；④研究物种多样性的实施条件，以及开发能够最大限度地将扩大生产和保护环境相融合的技术；⑤研究避免病虫害暴发、蔓延和持续的生物控制方法。

2. 病虫害检测预防项目

病虫害检测预防项目的资金投入控制在 150 万欧元以内，项目时效在 5 年以内。通过农业从业者和农业专家对病虫害检测的重视，达到强化发展病虫害检测（方法、工具、指标）的目标，形成预防方法。具体而言，开展该领域的研究主要是希望获得三方面的预期效果：①为农业从业者配备最新的传感设备，准确监测并报告病虫害情况。②研究在整个生长季节农作物病虫害发展轨迹的指标和模型。③建立监测站点，让人类学家和社会学家共同参与监测，让农业从业者直接共享流行病信息。

病虫害检测预防项目需要同时满足以下四大目标：①监测工具需要适应农业生产的多种自然条件，包括光、化学、物理和生物等，以便对农作物的病虫害获得成熟的认识，从而监测农作物及其环境的各种状态。②借助人工智能，处理大规模、多样化的监测信息，将其与天气数据和作物生长趋势相结合。③设计度量方式，使人们可以获取采取预防措施后农作物生长的变化指标。④建立专门的系统记录预防措施实施后的影响。[1]

除此之外，法国奥克地区区域发展机构（Adasea）也对法国生态农业发展起到了重要的推动作用。Adasea 的主要职能是保护法国各区域范围内的树篱、荆棘、湿地以及生物多样性。资金来源主要是欧洲农业农村发展基金，主要对法国比利牛斯山-地中海地区以及奥克地区的非农用地进行生态保护。

第五节　农业科技进展及趋势

为适应欧盟共同农业政策发展目标，法国农业科技进展及趋势因国家发展策略的变化也在不断调整，包括积极推进"理性农业"发展、紧密结合农业科技与农业教育和发展数字农业等。

一、积极推进"理性农业"发展

"理性农业"，是指在农业生产全过程中通盘考虑和全面兼顾生产者经济利益、消费者需求和环境保护，实现农业可持续发展目标。法国是世界上率先提

---

① 法国农业和食品部. Cultiver et protéger autrement［EB/OL］.［2020 - 09 - 23］. https：//agriculture. gouv. fr/lancement - du - programme - prioritaire - de - recherche - cultiver - et - proteger - autrement - 0。

出并践行"理性农业"这一概念的国家，并制定了一系列保护农业生态环境和生物多样性的法律法规。

论及"理性农业"发展和法国农业科技的关系，首先要介绍法国"理性农业"提出的背景。20世纪80年代法国在农业生产中广泛使用化肥和农药，虽然使得农产品产量得到提升，但随之而来的是产生了土壤板结、肥力下降、水土流失、生物链和生物多样性遭破坏、生态环境退化、农产品质量降低和国际市场竞争力下降等一系列问题。这种只重视农产品产量而忽视质量和环境的生产模式引发了农民和农业科技工作者的反思，随着国际社会对生态和环保理念的广泛认同，法国政府部门也越来越认识到食品质量、食品安全以及农业生态环境保护的重要性。为此，法国提出了"理性农业"的概念，并将发展"理性农业"作为发展本国农业的根本。

众所周知，保护农民的种粮积极性是农业生产中的"本"，如果农民的种粮积极性不能得到有效保护和满足，其他一切就无从谈起，包括农业下游产业等也自然成为"无本之木"。同时环境成本和消费者对农产品品质的要求同样不能忽视。满足消费者对农产品产量、品质的要求，加强土壤、水、空气等农业生态环境的保护，保障生物多样性是法国"理性农业"的题中之义。而发展"理性农业"，科技在其中扮演着重要的角色。近年来，法国的种子工程、基因技术、生物杂交技术等都取得了突飞猛进的发展；法国农业生产已处于从高度机械化向信息化过渡的阶段，不仅从育种、耕作、播种、灌溉、施肥、除草、除虫、收获到运输等各个环节都采用机械化手段，而且农场的生产经营等都实现信息化操作；病虫害防治技术上，大力开发生物农药；农业肥料方面，大力使用有机肥，减少化肥的使用。

实践证明，"理性农业"是一种科学的农业发展模式，也是具有生命力的可持续发展的农业开发战略。目前，"理性农业"已被纳入欧盟共同农业政策框架，也将成为今后世界农业发展的总趋势[①]。

二、紧密结合农业科技与农业教育

法国政府积极推行教育、科研、推广三位一体的发展体制，其主要形式是

---

① 胡博峰. 法国：探寻农业可持续发展新路径［J］. 中国畜牧业，2011（17）：56－57。

建立农业联合体或农业科技集团，在地区农业一体化中起主导作用。农业科研往往和农业教育紧密衔接，科技兴农，教育助农，二者相辅相成。

自 20 世纪 60 年代以来，法国农业生产迅速发展，最重要的因素是法国政府十分重视农业科学和农业教育的发展，早在 1960 年 8 月 2 日公布的《农业指导法案》便提出："依靠发展和推广技术进步成果提高农业生产率。"目前，法国已建成了完整的农业科研体系和健全的技术推广体系。在农业研究方面，以法国国家农业食品与环境研究院（INRAE）为主体的各类科研机构，取得了多方面重大研究成果，为生产提供了大量的实用技术，有力促进了农业生产发展。这主要体现在三个方面。

一是建立了强大的科研力量。各种大型的涉农组织都设有农业科研机构，拥有专业的科研队伍和技术人员，而且这些科研机构以大专院校和专业研究所为依托开展科研合作，进一步增强了农业科研的力量。

二是推行良好的工作与竞争机制。这些农业科研机构多数设在农业组织内部，与农业产业距离近，能及时掌握现实的产业需求或农场的需求，注重实用性。而且这些科研机构都是民间私营的，其成果要经受科技应用市场的选择，市场竞争激烈，因此他们更注重效益。

三是工作成果丰富。农业教育方面，法国积极推行"农民高学历"计划，这是法国迅速实现农业技术现代化的关键。自 1960 年《农业指导法案》颁布以来，农业技术教育发展很快。法国设立了农业教育委员会，指导农业技术教育的发展。1960—1975 年，法国建立了一批农业科研机构和农业高等院校，在每个省建立了农业职业中学。除农业高等院校和农业职业中学外，法国还以农业职业中学为中心在其周围设立青年农民技术培训中心和短期专业技术教育班，形成了教育、科研和技术推广相结合，高、中、初等不同层次相配套的农业教育体系，并将农业职业培训证书细分为四类：农业学徒证书（BAA）、农业职业结业证书（BEPA）、农业技师证书（BTA）、高级技师证书（BTS）。规定只有取得农业职业培训证书才能成为合格的农业经营者。通过以上各种形式的农业技术教育，目前法国已有超过 2/3 的青年农民接受了中等农业学校的教育，这对普及农业科学技术知识、提高农业生产技术水平发挥了重要作用。[①]

---

① 胡博峰. 法国：探寻农业可持续发展新路径 [J]. 中国畜牧业，2011 (17)：57-58。

三、发展数字农业

数字科技为法国传统农业的发展提供了解决方案。以 2019 年法国国际农业展（Salon international de l'Agriculture，SIA）为例，20 余家法国农业数字科技初创企业在"农业 4.0"展区内，展示了多种数字农业解决方案。大数据、人工智能、互联网等技术的应用，让农业这一传统产业变得"时尚"起来。2019 年法国国际农业展第四次设立"农业 4.0"展区，展区面积和参展企业数量都有所增加。从无人机、机器人等科技设备，到农业气象、土壤成分等数据分析软件，再到农具租借、项目众筹等互助机制以及电商平台、农场管理方案等，数字科技应用体现在农业产业领域的方方面面。2019 年展会上的主要亮点有以下几点。

（1）无人机服务提供商 Airinov 展示的无人机吸引了很多观众的注意。这款无人机搭载的传感器利用多光谱成像原理，用不同颜色标识作物的健康水平，使人一目了然。农民可以根据无人机观测到农作物的生长状况，有的放矢地采取改善措施，"在正确的时间用正确的剂量促进更优质的生产"。

（2）农业众筹项目的数字化运营。法国东部汝拉山区的一位牧民希望筹资 2 000 欧元建一个奶酪加工作坊，却苦于没有资金支持。通过与众筹企业 MiiMosa 合作，完成了 64% 的融资。这位牧民承诺向出资人提供回报，包括赠送奶酪、参观牧场、提供"农家乐"体验等，还有利润分红。这种新颖、务实的"众筹资金＋实物补偿"方式吸引了很多参观者。据介绍，MiiMosa 在 2018 年开发了借贷功能，引入家庭投资，2019 年还推出新平台，鼓励企业、机构等参与众筹出资。据法国一家投资机构统计，目前法国数字农业领域有 200 余家势头看涨的初创企业，覆盖整个产业价值链，农业科技创新项目呈爆发式增长。

（3）法国农业电子商务发展如火如荼。农业电商平台 Agriconomie 的用户数在 4 年间增长到 2.5 万个，在西班牙、意大利、比利时等国家也颇受欢迎。该企业负责人亚尼克称："在该平台上购买农具、肥料、种子等，价格比市场平均价低了 10%，还有物流直接配送，省钱省时。"

（4）高科技手段应用于农业生产。来自布列塔尼大区的农民让·伊夫在展会上向人们介绍了一家网站。在这个网站上，让·伊夫可以获得自家田地的卫星图像，根据图像的不同颜色决定灌溉、除草等相应操作。让·伊夫说："过去我们整片作业，现在只用对需要处理的田地进行作业，省了很多精力。"他会定期记录农作物的生长状态以及每一阶段的施肥等情况。让·伊夫兴致勃勃地在展会上推荐他使用的食品溯源手机软件："买到我的玉米的顾客，可以通过扫描条形码，查看到玉米在生长过程中的所有信息，这多让人放心啊。"

（5）数字农业优势。法国数字农业协会"数字农场"推广负责人卡里纳·卡约认为，数字农业主要有三点优势：一是节省时间和体力，很多粗重、低附加值的体力活可由机器人完成。二是节省成本、提高收益，在计算机算法的帮助下，农民可以更好地预测和应对作物的疾病或营养不良等情况，减少风险和投入。三是从长远来看，精准农业给环境的压力更小，合理施肥、用药以及灌溉都符合生态农业的需要。"在气候变化、地力衰竭、人口增长和生物多样性锐减的压力下，如何通过数字科技平衡可持续发展与农民增收，是未来农业发展面临的主要问题。"此外，MiiMosa的项目负责人索菲·屈什瓦尔还表示，法国老龄化不断加剧，未来法国1/2的农场将陷入无人接管的窘境。数字科技让农业更"时尚"，能吸引更多年轻一代的加入。

尽管数字农业发展前景广阔，但是数字科技在法国农业领域的利用率还不高。据法国新闻网报道，仅有6%～7%的法国农民会使用相关手机软件进行农业生产作业，数字科技的推广面临多重阻力。一方面，由于缺乏相关知识，对数据安全问题存有疑虑，很多农民对无人机、机器人等有排斥心理。另一方面，数字科技带来的增产增收是长期效应，成果难以迅速显现。卡约表示，这正是他们成立"数字农场"的原因，通过聚集不同类型的初创企业，扩大影响力，形成交叉宣传效果。该协会经常组织会员企业参加农业展览，并与农民建立密切联系，让他们亲身感受科技的便利。法国农民的互联网普及率达90%，大多数人都有社交网络账户。随着消费者对商品和服务的要求不断提高，生产者必须使用科技方案以适应环保、产品可追溯等消费新趋势。

数字科技农业的发展得到了法国各方面的支持。2018年底，在"未来投资计划"框架下，法国农业和食品部联合法国国家投资银行、法国环境与能源管理署发起了"未来农业与食品"项目招标，呼吁从事农业科学研究的企业和机构参与创新性研发，创造农业新产品、新服务、新模式。数字农业转型就是其中四大课题之一。据悉，中标项目可以获得最低200万欧元的资金支持。法国农业和食品部还投入近 1.5 亿欧元成立创新孵化器，集中 300 多名研究人员，建立以研究、培训和企业创新为框架的跨学科机构。另外，法国昂热高等农业学院副主席米歇尔·奥比奈也称，数字科技是当下法国农业教育的重要内容之一。该校多个专业已开设相关课程，希望能为未来农业发展提供更多的人才。[1]

---

① 周璇.数字科技让农业更"时尚"[J].中国会展，2019（7）：17。

第十章 CHAPTER 10
法国农民教育与培训 ▶▶▶

第一节 农民教育培训的发展历程

近 40 多年来，随着法国农业及相关产业的快速发展，农业教育规模不断扩大。1975 年，全法农业教育共招收学生 12 万人，当年高等教育阶段的学生人数仅为 2016 年的 1/3。1995 年，学徒制引入农业教育并开始广泛实施，2016 年，农业教育学徒人数与 1995 年相比翻了近一番，达到 3.4 万人①。每年农业类高校毕业生人数基本稳定，包括农业工程师约 2 600 名，兽医专业毕业生 450 名，风景师 60 名，博士毕业生 200 名等。2019 年，法国农业和食品部共颁发了 8 万份农业文凭，包括农业职业能力证书（CAP）、农业职业初中毕业文凭（BEPA）、农业高级技术员文凭（BTSA），以及高中会考（BAC）毕业证书，本科（Licence）、硕士（Master）和博士（Docteur）文凭等。农业教育主要为农业生产、加工、商贸、空间改良和环境保护、服务类、农业设备类、马术运动、畜牧和动物护理 8 个行业输送人才。

法国现代农业教育的发展，得益于其悠久的农业教育历史。在 17—18 世纪西欧气候变化导致各国发生农业危机和饥荒时，法国农学家纷纷提出要推动农业新技术的改革和传播，以促进粮食增产，减缓危机，因此农业教育受到关注并快速发展。创建于 1761 年的里昂国立兽医学院是世界最早的兽医学院，为欧洲各国陆续建立兽医学院提供了模型。早在 1848 年，随着国家开始逐渐重视监管农业教育，法国农业部就建立了一套比较完善的农业技术教育体系，但当时的农业教育仅限于纯农业的范围。现如今，法国农业教育的范畴已经广

---

① 许浙景. 法国农业教育的发展和特色［J］. 神州学人，2019（7）：46。

泛延伸至农、林、牧、副、渔各个领域，并随着时代的发展，融入了"理性农业""生态农业"的理念。

因此，梳理法国农业教育发展的"昨天"，有助于我们更好地认识法国农业教育的"今天"。20 世纪 60 年代初，法国出台了《农业教育和农业职业培训法》，此举加快了农业教育改革，为适应快速发展的农业现代化需要，培养了一大批具有现代农业科学知识和技能的各级人才。

一、农业教育服务于现代化（20 世纪 60 年代）

法国农业教育一直沿用 1918 年以来的体系，基础教育始终由教育部统一管理。农业发展早已十分需要能够适应国际竞争以及政策变化的新型农业教育，推动必要的规模改革以扩大生产，保护家庭生产是法国农业发展急需推行的策略。1960 年 7—8 月，法国终于出台了《德布雷-皮萨尼法》，自此，法国农业教育从教育部移交到了农业部，这一法案标志着法国农业教育的真正开端[①]。在这之后的几年间，为适应快速发展的农业现代化需要，农业教育改革开始提速，培养了一大批具有现代农业科学知识和技能的各级人才。1960 年 4 月 26 日，农业部宣布了改革的基本原则：农业教育的结构要与法国普通教育结构相适应；农业教育培训直接由国家农业部管理；提升农业教育的整体水平，提升女性教育的比重；重视私立教育。在 1960 年 8 月 2 日推行的《农业教育与职业培训法》的指导下，尤其是在 1964 年 8 月和 1965 年 9 月，多项法令相继出台，并产生具体效应。

（1）可持续教育研究。1964 年，前农业部部长 Pisani 和他的朋友 Paul Harvois 共同创建了"可持续教育研究组"（GREP），这一组织在预判推动农业教育改革的过程中起到了重要作用。

（2）社会文化课的设立。1965 年，相比于城市，乡村的艺术文化创造力处于落后水平，基于此，"可持续教育研究组"创建了新的一个学科——社会文化课，该课专门适用于农业教育，此举的目的是打开乡村，与城市接轨。

20 世纪 70—80 年代是 60 年代改革成果凸显的阶段。例如，1977 年，推

---

① LELORRAIN, ANNE - MARIE. L'évolution de l'enseignement agricole depuis les débuts de POUR [J]. Pour, 2016, 232（4）：118。

行了一场名为"种植好手"（Formation des chefs d'exploitation agricole）的教学实验，目的是检测农业教育深化改革的效果，这次实验为期 4 年，为之后 1982 年的改革和出台多学科模式教学埋下伏笔。就增加女性农业教育这一点来说，也产生了明显效果。例如，1983 年，公立高等短期教育和高等学院预科班入学率达 72%，在 4 600 名学生中，女生占 18%。当时私立学校女生有 22 855 人，而男生只有 9 995 人，农村家庭更愿意将女孩子送去私立学校学习。

总体来讲，20 世纪 60 年代至 1984 年"洛卡改革"以前的法国农业改革，主要着力于创建新的教育机构，发展原有的教学部门，其中最重要的举措是在立法方面，实施去中心化（lois de décentralisation）的法律政策。

二、农业教育进一步适应地方发展需要（20 世纪 80 年代）①

1981 年，法国政府意识到农业教育需要更进一步改革，因为它需要适应全球农业发展的节奏，需要考虑去中心化、公立教育和私立教育的争论以及教育的时代需求。1982 年 3 月 2 日，去中心化法案出台，地方政府相应的权责在 1983 年 7 月 22 日被确定下来。但是真正规定农业教育改革的目的则是 1984 年 7 月 9 日的法案。该法案的首要目的是要提高农业教育水平，让农业发展迎接新机遇。时任农业部部长米歇尔·洛卡称："农业种植不在于种出多少，而在于能否种出卖得出去的作物。"因此，农民不光是技术员，还得是经营者、销售者。他还认为农业教育应该从上游去考虑农业发展研究，从下游督促农民参加课程培训。这项法案包含四项主要任务：①保障农业通识教育（formation générale）和包括农产品加工和销售在内的初级职业教育；②提高农业从业人员和农业相关从业人员的知识水平；③国家、大区、省和地方各级都要参与到乡村发展行动中去；④加强农业教育的国际合作，尤其是推动学生去国外实习或者选派教师参与国际交流。

1984 年 12 月 31 日，米歇尔·洛卡着手法国农业教育改革，推动实施了《国家与私立农业教育学校关系改革法》（又称《洛卡法》），促进各地方私立农业教育与公立农业教育协同发展，推动农业教育适应地方政策，参与地方经济

---

① LELORRAIN，ANNE-MARIE. L'évolution de l'enseignement agricole depuis les débuts de POUR [J]. Pour，2016，232（4）：120-123。

建设。《洛卡法》第四条是关于全日制教学的，规定签订国家公共法律合同的教师的工资直接由国家发放，教学部门的领导由相关部门提名。第五条是关于农村家庭式学堂的，规定根据培训人员的数量，国家将予以帮助。第六、七、八条是关于津贴补助的，规定国家公会组织的代表或私立农业教育组织的负责人，可获得津贴；高等私立院校也会受到国家的资助；国家也可以与教育机构签订合同，参与投资。第十条涉及一个公私变化，原先的国家公立农业教育委员会由国家农业教育委员会替代，从此委员会中将出现私立农业教育的代表，当中的 60 个席位被明确地固定下来。这些代表将负责对即将要出台的政策法令发表意见，同时每一个地区都要创立一个农业教育地区委员会。

地方公立农业教育培训机构的权利隶属关系由 1985 年 11 月的法令确定，省长具有行政管理权，地区委员会主席和地区农林主任具有农业教育的学术监督权；农业继续教育方面，增加了通过学分制获得学历的可能性。这一措施，早在 1982 年就进行了试验，自 1989 年开始，BEPA、CEPA、BTSA 这几种文凭可以通过学分制获得。每个培训领域都对应一个学分，地方教育培训机构负责相关教学课程。另外，1990 年明确规定，学生只要完成 1 200 小时的培训，就能获得农业和食品部发放的特定继续教育职业文凭。

三、农业教育被赋予更强的社会功能（1990 年以来）

到 1990 年底，法国农业教育体系已经完全与普通教育体系接轨，最大的不同是农业教育体系受农业和食品部监督。1995 年，《农业现代化法》将"给予年轻人和其他农业从业者必要的教育，培养出符合农业政策的新型农业人才"作为目标。农业课程设置多样化、当地政府扶持和毕业后工作有出路都使得农业教育越发具有吸引力。1997 年一项法令明确赋予农业和食品部"制定农业教育和继续教育政策，发布并参与实施农业、生物技术、兽医研究政策"的新职能。每一阶段的教育方案都已明确，不论是普通教育模式还是职业教育模式。

1999 年 7 月 9 日，法国政府颁布《农业导向法》（LOA），该法进一步扩大了农业教育职能，并指出将农业教育与地方发展深入结合起来，促进农业教育持续发展。另外，该法在 1984 年法律提出的主要任务的基础上，提出了第五项任务：在青年社教学基础上，加上成人社会职业教学。也就是表明，农业教育不仅培养年轻学生，而且给已经进入社会工作的成年人提供了更灵活自由的农业学习可能性。另外，不论是公立教育还是私立教育，从初中第三年到高等教育都应涵盖在内。其他主要改革内容有：推动农业教育为农村地区的服务业培养人才；将农业教育与生态环境可持续发展结合起来；强调农业教学内容多元化和跨学科农业人才的培养。

为促进农业、经济和生态环境和谐可持续发展，法国政府于 2014 年 10 月颁布《农业、食品和森林未来法》，进一步将"农业生态"的概念引入农业教育。近年来，随着农业教育不断发展，最终修订的《法国农村和海洋渔业法典》第八章规定，法国农业技术教育承担以下职能：提供普通、技术或职业的初始和继续教育；促进青年人和成年人的入学和就业；参与地方经济发展；致力于农业和农产品的发展、探索尝试和创新；参与国际合作，特别是促进学生、学徒、实习生及教师的流动。法国农业高等教育承担以下职能：重点通过传播科学和技术知识，开展农业教育，并致力于保护环境教育，促进多样化招生，促进学生就业和融入社会；参与农业发展政策制定，开展农业研究、创新和工程师教育，参与农业科学和技术知识的启蒙和推广；开展农业科学、技术和教学方面的国际合作，致力于构建欧洲农业高等教育和研究共同体，增强本国吸引力；确保对农业技术教育提供支持，特别是支持开展农业初始教育和农业从业人员的继续教育[①]。

第二节　农民教育培训体系

法国农业和食品部部长德诺尔芒迪在《2020 年法国农业教育概览》中提到："正如我们总统所言，法国决心要进行生态改革。因此，法国农业和食品部的首要任务便是进行生态农业改革，应对气候变化，保护生物多样性，更好地解决粮食安全问题。这项改革也再次表明农业是国家、土地和这片土地上的人民的依靠。同时，我们理应让农民生活得更有尊严。为了实现上述两个目标，我们需要依靠更多的知识和教育，培养年轻的农业从业者适应生态农业的转变——这是我作为农业部部长的第一要义。"从中可见农业之于法国的重要

---

① LELORRAIN, ANNE-MARIE. L'évolution de l'enseignement agricole depuis les débuts de POUR [J]. Pour, 2016, 232 (4)：120-123。

性，农业教育之于农业的重要性。[1]

近年来，法国农民的受教育水平在不断提升。根据法国农业和食品部2016 年的统计数据，农民当中拥有高中以上通识教育或农业教育文凭的人数占一半。在 60 岁及以上的农民当中，有 20％没有接受过基础教育或只有小学文凭，但是 60 岁以下的人中，这个概率大大降低，几乎所有人都至少参加过中等短期教育。尤其是 40 岁以下从事农业的人受教育水平很高，他们当中有85％的人拥有高中或与之相匹配的学历。但其实这是多方努力的结果。例如，法国农业和食品部组建了一个名为"探索生命（l'Aventure du vivant）"[2] 的社团，来提升农业教育的形象，进行会考和学徒制度的改革等，这些措施均旨在提升农业教育体系的总体水平。德诺尔芒迪部长在《2020 年法国农业教育概览》开篇中还提到，2019 年农业教育入学人数的增加，打破了长期以来学生注册人数的下降趋势。2019 年，学徒数量相较 2018 年增加了 700 人，农业和食品部的目标是 2022 年农业学徒数达到 20 万人。因此，法国农业教育人数虽然总体上升，但是农业教育部门仍然在努力宣传推广，以便提升教育质量，避免农业教育吸引力疲态化，从而保持农业学生增长的正常水平。

这其中，法国农业教育培训体系的建设、规模和质量至关重要。法国的农业教育院校主要包括三类：高中、学徒培训中心、高等农业院校。2020 年，法国共有 805 所农业技术类学校（公立高中 216 所，私立学校 589 所），140 所培训中心（公立 94 所，私立 46 所），18 所农业类高等院校（公立 12 所，私立6 所）。2020 年高中在校生 138 347 人，培训学徒 36 726 人，农业高等院校在校生人数为 35 604 人，覆盖 200 余种农业相关的职业[3]。

一、农业教育培养模式

法国农业教育提供了覆盖农民教育各个阶段的学习培训机会，路径选择多样，交叉灵活。总的来说，横向覆盖范围广，共覆盖 200 余种农业相关的职业，包括环境、动物、自然、农业设备、食品、森林、种植、水、土地、商业等；纵向学历安排形式自由，形成了从中专、高中、高中＋2、高中＋3、高

---

[1] 法国农业和食品部 . 2020 法国农业教育大纲［EB/OL］. www. agriculture. gouv. fr.
[2] "探索生命"社团官网，https：//www. laventureduvivant. fr/.
[3] 同①。

中＋5的不同学历教育，即对应三大部分：初级农业教育，主要指805所农业技术类院校的教育；农业职业培训，主要由140所培训中心负责；高等农业教育，由高等院校进行本科生及以上的文凭培养。

（一）初级农业教育

法国初级农业教育在初中定向教育阶段、高中决定阶段和终结阶段实施。

1. 初中定向教育阶段

初中定向教育阶段指初三、初四两年（法国小学五年制，初中四年制），设有职业预备班和技术班。这种类型的教学最早可以从初三开始，可以说是从初中阶段就为进入农业做好了有针对性的准备。初三的学生可以选择进入三年制农业中等职业高中，初四的学生可以选择两年制的农业职业高中。职业预备班主要教授人文科学、生物、技术科学以及一些跨学科的课程。学习结束后，可选择农业职业教育继续学习。技术班为学生进入技术高中打下基础，教授课程主要为通识教育和技术教育两部分，有一定的农业技术教育特点，涉及饲养管理、种植管理、设备维修等。技术班结业后，成绩优异者顺利进入农业技术高中，也就是高中教育阶段。

初中定向阶段结束后，学生也可以进入以下文凭考试的学习，包括农业职业能力资格证书（CAPA）、农业职业教育文凭（BEPA）、农业职业会考、生物与农业科技会考（STAV）以及生态、农学、土地专业（EAT）方向的理科会考。

2. 高中决定阶段

高中决定阶段包括高中普通教育和技术教育的第一年、农业职业教育。高中普通教育和技术教育的第一年，主要课程分为两类，第一类为基础课，主要包含法语、历史、地理、数学、体育、物理、化学、生物、信息技术。第二类为理论和实操课，学生可以根据兴趣选择专业。高中决定阶段的农业职业教育，学制为二年，颁发农业职业能力证书和农业职业学习证书两类文凭。农业职业能力证书偏重于具体职业技能培养，基本出路是农业企业的工人，主要专业有种植、畜牧、园艺、农业机械驾驶等。针对农业职业能力的学习通常开设法语、数学、物理等普通教育课和职业技术课，并开展企业实习。农业职业学习证书涉及的专业相对广泛，包括生产领域的种植、水产养殖、动物养殖等专业；食品加工领域的农业食品加工、化验与质量检测等专业；商业领域的动物及动物制品销售、鲜品销售、园艺产品销售等；环境保护领域的农村空间保护、林业工程、景观工程等专业；赛马领域的赛马员陪同、驯马员、马蹄铁匠等专业；服务领域的接待秘书、专人服务等专业；动物养殖领域的畜牧检验、养犬等专业。获得农业职业学习证书所需要学习的课程有普通教育课、专业基础课、专业课和企业实习，农业职业学习证书不仅具有相对广泛的职业特点，还有利于继续进行相同或相近专业的技术学习。

3. 终结阶段

这个阶段是中等教育的结束阶段，旨在开展以获得职业高中会考文凭、技术员证书和技术高中会考文凭为目标的各类教学。农业职业高中会考（Bac pro）文凭始于 1985 年，是短期职业教育的延伸，主要接收职业学习证书的获得者，学习时间为二年，其中包括 16～20 周的企业实习，目前所设专业有食品加工业、商贸与服务、销售与代理、文秘、农业与园林机械维修。获得农业职业高中会考文凭的毕业生可以就业，也可继续接受以获得农业高级技术员资格为目标的或普通高级技术员资格为目标的高等教育培训。农业技术员资格培训，接收完成高中普通教育和技术教育的第一年学习结束的学生，学习时间为二年。培训专业有水产养殖、种植管理、畜牧管理、园艺、葡萄种植和葡萄酒工艺、食品化验、环境保护、野生动物管理、农业机械、动物化验技术等。获得农业技术员资格证书者可以就业，也可以继续就读高级农业技术员资格证书相关的培训课程。[①]

农业技术高中会考文凭的招生对象为高中普通教育和技术教育第一年学习结束的学生，学习时间也为二年，其主要目标是为短期高等技术教育做准备，也允许优秀学生接受长期高等教育。这一文凭的培训包括农业与环境科学技术和农业食品生产科学技术两个专业。农业与环境科学技术专业的毕业生，允许进入短期高等技术教育的农作物生产、畜牧业、土地整治、商业技术、农业设备等专业学习；农业食品生产科学技术专业的毕业生，可以进入农业食品加工、食品化验、商业技术等专业学习。

2019 年，这一阶段毕业生最多的（42%）进入了服务行业，其次是生产领域（36%），然后是空间规划和环境保护（18%），最后是加工行业（4%）。

---

① 法国农业教育体制［J］. 世界教育信息，1999（3）：25－27。

（二）继续教育和学徒培训

继续教育和学徒培训主要面向结束初等农业教育学习（义务教育）的学员。

1. 农业继续教育与培训

法国农业继续教育面向义务教育后的青年，培训时间通常为两年。2/3 的时间在雇主农场实习，1/3 的时间在农业培训中心学习。继续教育的目的是让学生可以获得相应的证书或文凭，对接之后从事的农业工作。学徒结业后授予农业职业能力证书。自 1987 年 7 月以来，16～25 岁青年都可以通过培训获得农业职业学习证书、农业职业高中会考文凭、农业技术员证书和农业高级技术员证书等农业职业技术文凭。

成人农业教育的培训对象是成人以及离开正规学校的青年，通常的培训方式是实习。20～120 小时的实习为短期实习，目的主要是丰富农业生产者的知识；120 小时以上的实习为长期实习，目的在于使在职人员获得更高一级的农业教育文凭。

2. 学徒培训

学徒培训是法国农业教育的一大特色。针对想要继续接受农业教育的16～25 岁青年，主要是为之后提升进一步学习做准备。学徒在与企业或者学徒培训中心签订合同后，即可接受学徒培训。2017 年，法国农业教育共有35 086 名学徒，占法国农业学习总人数（即农业教育的两个阶段和农业继续教育和学徒培训阶段）的 18.2%。其中，学徒中有 2/3 的人是为获得一个高中平级或更高的学历做准备。学徒以男性为主，女性数量也在缓慢地增长，2017年女性学徒达 24%。

（三）高等农业教育

法国高等农业教育按照学制可以分为两种：短期学制和长期学制。短期学制具体指短期高等技术教育，长期学制主要包含工程师教育和研究生教育。

1. 短期学制

法国学生在通过会考（相当于中国的高考）以后，可以通过短期学制参加两年的学习，获得农业高级技术员文凭（BTSA）。在学期间分为两个阶段，第一阶段属于所有方向共修的通识教育，在此期间学生通过学习语言、社会文化、经济、信息、数学等课程做好职业准备；第二阶段的学习内容按照专业领域进行划分，覆盖空间规划与环境保护、农业生产、农业服务、农业商业技术、农产品加工与绿色工业等专业。

高级农业技术员的学历与短期高等技术教育的高级技术员（BTS）学历对等，两种学历的相同点在于学生通过学习都具备了相关领域的技术资质，毕业后可直接参与就业，不同之处是前者隶属于法国农业和食品部。但同时，学生如果想要继续学习也是可以的，有三种选择，一是攻读本科、硕士研究生或博士研究生学位；二是再通过一年学习考取另一个方向的高级农业技术员证书；三是以高级农业技术员学历参加一年高等商学院的预科班，为之后进入法国国立高等农学院（ENSA）、法国农业工程大学（BENITA）或法国国立兽医大学（ENV）做准备。

2. 长期学制

农业高等教育旨在培养农学工程师、兽医和园林设计师三个方向的人才，每年向社会输送约 2 600 名工程师、450 名兽医、60 名园林设计师和 150 名博士研究生[①]。进入长期高等农业教育学习有两种方式，一种是通过会考后直接进入，另一种是先攻读两年的生物、化学、物理和土地预科（BCPST）或者生物与技术预科（TB），然后通过竞赛选拔的方式录取学习。长期高等农业教育院校有公立和私立之分。高等农业教育公立院校主要包括生命与环境科学工业学院（Agro Paris Tech），西部农学院（Agrocampus Ouest），蒙彼利埃农学院（Montpellier Sup Agro），第戎农学院（Agrosup Dijon），法国食品、兽医、农学与环境高等教育研究院（VetAgro Sup）和南特大西洋国立兽医、食品科学与工程学校（ONIRIS）6 所公立大学，以及 4 所国家兽医大学等。高等农业教育院校被授权可直接向学生授予农业生产、农业食品、环境空间规划方向的职业本科、硕士和博士学历。高等农业教育私立院校主要有农业工程师高等学校联合会（FESIA）下属的四所学校等。值得一提的是，法国的高中农业教师多毕业于图卢兹的国立农业教育高等学院。

2017 年，法国共有 14 014 名学生参加农业工程师、兽医和园林设计师的考试。法国高等农业教育长期制之所以发展得很好，得益于其多样化的招生途

---

① 法国农业和食品部 . 2020 法国农业教育大纲［EB/OL］. www. agriculture. gouv. fr.

径和课程安排。在教学过程中，注重实际应用和对专业项目的扶持。同时，学生还拥有海外实习以及学术交流的机会。2016 年，法国农业工程师毕业后的就业率达到 91%，男性就业机会优于女性。84% 的工程师都会在毕业后半年内找到工作，毕业一年后这个比率达到 93%。可以看出，法国农业高等教育的工程师培养有着较高的培养能力和行业水平。按行业类型划分，超过半数的工程师集中在农业食品类、服务类（咨询研究所、银行与保险）的企业和农业机构工作，其他就业选择还包括商业、景观、环境、农业生产、农业用具、教育和研究等领域。兽医专业的毕业生超过半数在乡村工作。园林设计师是创业比率最高的，毕业后一年，24% 的园林毕业生会独自创业从事概念园林和景观布置工作。[1]

二、农业教育经费保障

法国农业教育经费来源主要由两部分构成：中央财政投入和地方政府投入。

（一）中央财政投入

自 2010 年起，法国农业教育的资金投入逐年增加。法国农业和食品部在 2019 年的农业教育支出为 18 亿欧元，占总支出的 38%，其中 11 亿欧元用于薪酬发放。在公共教育部门当中，投资给农业初中生人均 9 874 欧元，给读工程师、园林设计师和兽医预科的学生人均 15 038 欧元。

2018 年发放的学生奖学金总额达 7 850 万欧元，其中，发放给中等农业教育学生的奖学金达 4 312 万欧元（共 46 984 名），短期高等教育学生 2 722 万欧元（共 9 702 名），长期高等教育学生 818 万欧元（3 845 名）。这项奖金既有奖学金，又有根据学生住宿条件、培训类型等发放的补助。平均每位中学生每年会收到 918 欧元的奖学金，平均每位大学生每年会收到 2 612 欧元的奖学金。出国交流实习或学术访问的中学生或大学生也会获得经费补助，2018 年超过 3 600 名学生获得资助，总支出 122 万欧元。

农业和食品部也会为残疾学生提供资金扶持。2018 年共有 1 933 名残疾学

---

① 法国农业和食品部 . 2020 法国农业教育大纲 ［EB/OL］. www. agriculture. gouv. fr。

生获得了人道援助和符合残疾人部门规定的学习物资补助。2018 年这项支出为 826 万欧元，比 2017 年增长了 17.3％。这一数目的增长同时也表明了学习农业的残疾人士在增多。

（二）地方政府投入

地方委员会为公立农业院校提供教学用地、楼房、教学硬件设备，并承担硬件维护和配备，以及相关人工费用。由此得见法国政府上下对于农业教育的重视程度。充足的经费给学校和学生都增添了一份保障，免去了后顾之忧，也是培养农业人才的先决条件。同时，法国农业教育并不完全依靠政府投入，除了政府投入外，法国私立学校还通过学费、企业资助以及所属组织的资助来完成日常的教学和科研工作。

第三节　农民教育培训的特点

法国农民教育培训的特点主要归纳为六点：教育模式灵活；教育评价机制完善；教学实践丰富，课程设置多样；农业人才培养国际化；农业教育管理和资源统筹发展；倡导农业教育与地方经济、社会和生态发展相融合的理念。

一、教育模式灵活

法国通过构建适用、灵活、全方位、多层次的农业教育体系，形成了开放灵活的农民职业终身教育体系。与之相匹配的，法国还建立了一系列权威、互通的文凭体系，使得无论是学生，还是成人，都可以灵活自由地接触到农业教育培训，且文凭的实用性高。

第一，法国学生在学完初中二年级的课程以后，就可以选择进入三年制农业中等职业高中，或者在初中三年级以后选择进入两年制的农业职业高中，学习包括农作物、园艺、农机、畜牧等的农业课程，以及林业、景观工程、食品加工、产品销售等农业相关课程。

第二，法国普通高校大学一年级学生以及大学技术学院毕业生或高级技术员证书获得者，可以选择接受二年制的大学职业学院教育。

第三，法国重点高中的大学预备班和综合大学一到二年级的学生，在通过严格的考试后，可以进入由法国农业和食品部认可的 33 所农业高等学院接受农业工程师的教育，并可以继续深造一年获得硕士学位。

第四，法国普通大学生物科学方面的学生以及农业工程师，在通过资料审查录取后可以接受高等农业专员教育，毕业后可以直接就业，或者以硕士研究生的资格与农业硕士一样攻读博士，博士论文答辩合格就可以获得国家农学博士学位。

第五，在法国完成十年义务教育的学生，即使到大学阶段都没有接受过农业教育，包括已经工作的 15～26 岁青年也是，如果想接受农业教育，可以参加遍布全国的由农民技术培训中心组织的各类农业培训，或者以学徒身份在培训农场、工厂和其他场所通过半工半读和工学交替的方式接受学徒培训。

总而言之，法国公民只要希望从事农民职业，总可以从法国的农业教育体系中找到合适的学习和培训机会。[1]

本章的第一节提到，2019 年法国农业和食品部共计发放 8 万份农业文凭，覆盖从农业职业证书（CAPA）到农业高级技术员文凭（BTSA）等。这些文凭可以通过三种途径获得：首先，参加考试是最主要的途径，占授予文凭总数的 86％，主要由学生和学徒构成。农业和食品部的文凭考试通过率达到 80％。这当中，职业会考文凭达 32％。也就是说，通过高中职业教育获得农业文凭的人越来越多。其次，通过企业获得，这大约占到所授文凭的 14％，主要由成人或学徒构成。同时，全法获得本科学士学位的有 28 431 人。最后，有一少部分人的文凭通过经验所得，但这只适用于极少数经验深厚的农业从业者，占发放文凭的 1％。[2]

二、教育评价机制完整

法国实行严格的农业就业准入制度，农民必须接受一定的职业教育，取得合格的文凭和证书才能取得从事农民这一职业的资格。例如，只有获得农业技

---

① 李华．法国如何培育职业农民［N］．大众日报，2019－06－05（9）。
② 法国农业和食品部．2020 法国农业教育大纲［EB/OL］．www.agriculture.gouv.fr。

师以上的证书，或者通过农业职业或者技术会考的学生，才能有资格独立经营
农场，获得农业技师以下证书的只能当农业工人。

目前，法国农业教育形成了五级国家农业教育文凭体系。各级证书分别对
应农业工人、农业技师、农业工程师、硕士科研人员和农业博士。不仅如此，
法国的农业教育文凭和证书与基本教育文凭实行完全的对接和贯通。同时，随
着不断地进修和学习培训，农民可以不断升级文凭和证书。农业职业资格与农
业教育的文凭和证书密切联系，并据此享受国家的优惠政策和补贴等支持。如
此一来，农民非常重视接受农业教育与培训，农业和农业教育之间形成了良性
循环。[①]

三、教学实践丰富，课程设置多样

(一) 教学实践丰富

法国各大院校的农业类专业设置均有实践类课程，同时，根据不同的专业
和人才培养方向，各大院校对学生的实践内容及形式也有着不同的要求，并将
整个实习阶段以学分形式纳入到课程体系当中。农业教学崇尚理论与实践相结
合的理念，教学场所不仅限于课堂，还扩展到农场、生产车间，使学生可以较
早地接触农业及食品生产领域和经济领域，增强实践技能。

一般农业类院校以及基础教育阶段的农业学校都实行小班化教学，且常采
用分小组教学法，确保每位学生更好地参与实践课程，以得到教师的关注和指
导。农业学校一般拥有本校的教学农场、技术车间等，地方政府为此也提供了
大量教学用地。目前，全法农业学校共有 192 个农场、23 个农业技术车间和 9
个马术中心，用于教学演示、做实验、传播和学习新技术等，上述教学用地总
面积达 1.9 万公顷。

此外，如在这些教学农场和技术车间开展创新型的实验和演示项目，还可
申请农业和农村发展特殊专款经费（Compte d'Affectation spéciale
Développement agricole et rural）的支持。也正因为如此，农业院校毕业生的
就业状况普遍较好。

---

① 李华 . 法国如何培育职业农民［N］. 大众日报，2019－06－05（9）。

(二) 课程设置丰富

法国不仅重视农业教学实践,农业教学领域的各类课程设置也相当丰富。完整的农业教育体系涵盖了农艺、食品、林业、兽医、花卉种植、景观和环境保护等学科。各大院校拥有课程设置权利,学校结合自身办学特点,秉持专业的课程设置与社会科学发展方向一致的原则,根据每一门学科的自身特点及发展趋势设置相应的课程。在强调专业课程的同时,根据学生的就业需求,设置与其专业相关的实用性课程[①]。

另外,注重培养学生的综合素质,无论是普通教育、职业教育还是技术教育,都非常重视体育、文化和艺术教育,这也是法国教育体系的重要特点之一。法国学校的育人理念是学生既要学习科学文化知识,也要培养独立自主能力、正确的价值观、较强的艺术鉴赏能力以及强健的体魄。因此,在农业院校中,体育课、文化艺术课都是不可或缺的教学内容。2019 年秋季,公立学校(122 所)和私立学校(25 所)共开设 147 门体育课程。

四、农业人才培养国际化

法国的农业教育注重培养面向全球的农业人才,尤其面向欧洲其他国家。鼓励学生在学期间至少有一次海外交流经历,有机会融入另一种文化和另一种语言背景下的农业文明,拓宽他们的农业视野,同时增强他们的就业竞争力。2018—2019 学年,共有 24 952 名学生出国交流,他们中间有大学生、中学生、学徒以及参加继续教育的成人实习生。通过包括"欧洲大学生流动行动计划"在内的不同项目,到欧洲其他国家进行交流的学生最多,占总交流学生的87%,美洲占 6%,非洲占 4%,大洋洲和亚洲占 2%。[②]

在基础教育阶段,公立高中二三年级的学生可以申请赴欧盟国家进行为期 2 周的语言学习,并有机会申请奖学金。据农业和食品部统计,在农业基础教育阶段,赴国外交流的 95% 的学生选择了欧洲国家。在高等教育阶段,法国农业类院校学生赴国外交流的机会非常多。一方面,法国学校与欧洲、非洲法

---

① 肖云上,薛晟. 法国农业教育体系概况 [J]. 中国职业技术教育,2015 (10):57-60.
② 法国农业和食品部. 2020 法国农业教育大纲 [EB/OL]. www.agriculture.gouv.fr.

语国家和地区以及拉丁美洲很多国家的学校和企业签署了交流协议，为学生提供了便利；另一方面，地方政府对当地学生赴国外实习也给予积极支持，比如提供经费资助或以地方政府的名义与国外企业签订合作协议等①。

五、农业教育管理和资源统筹发展

中央和地方政府分级统筹管理农业教育。

（一）中央政府层面

法国农业和食品部内设教育与研究总司，统筹全法农业教育工作，包括制定全国性的农业教育大纲、开展农业教育评估和督导、管理农业教育师资队伍等，有效地将国家层面的农业政策和社会经济发展与农业技能人才的需求与农业人才培养紧密结合。不仅如此，法国还设立了全国农业教育委员会（Conseil national de l'Enseignement agricole）、全国农业教育观察所（Observatoire national de l'Enseignement agricole）等，作为农业教育发展的咨询机构；主导创建了 ChloroFil（www. chlorofil. fr.）、Educagri（www. educagri. fr.）等信息网络，公众可利用这两个平台查询法国农业教育相关信息，包括法国农业教育体系、招生录取查询、就业分析、教学方法和项目介绍等，促进农业教育信息的公开。

（二）地方政府层面

与地方学区相对应，每个大区设地方食品、农业和森林事务办公室（Direction Régionale de l'Alimentation de l'Agriculture et de la Forêt），负责本地农业教育，该事务办公室充分结合当地农业产业特点，因地制宜规划农业教育，并帮助毕业生更好地就业。

六、倡导农业教育与生态发展和地方经济相结合的理念

（一）推进生态农业教学理念

在法国，绿色农业是指生产方式尊重环境，在农产品的生产、仓储、保

---

① 许浙景，杨进. 法国农业教育的发展和特色 [J]. 世界教育信息，2019，32（15）：44－49.

鲜过程中不使用化学合成产品，不采取转基因技术的农业。比如在波尔多，葡萄是"看天吃饭"。若要喷药或浇水，必须经过农业部门的严格审批。农业专家对农药的半衰期也极为苛求，即使绝产，也不会在采摘前两个月内喷药。[①]

法国为鼓励生态农业教学，在 2014—2018 年发布了《转变生产方式》教学计划，取得了显著的效果，该计划鼓励学生对于生态农业问题发表自己的观点；促进教学机构教授生态农业课程等。农业教育与生态发展的紧密结合促进了法国农业的可持续发展，使法国农产品在欧洲乃至世界市场中获得认可。

（二）与地方经济结合

与其中央集权的国家教育体系不同，法国农业教育的管理权力在很大程度上已下放至地方政府。经过多年发展，法国农业教育已具有鲜明的因地制宜特色。一方面，学校深深扎根于本土，根据所在地的农业特点调整和制定农业教育教学大纲，积极参与当地经济、社会、文化、体育和环境的发展建设；另一方面，当地政府、农业行业机构、研究所等深入参与农业学校人才培养，包括专业设置、课程制定、教学方式转变等。

为促进学校与地方深度合作，提高人才培养的针对性，法国政府设立了两个专项计划。①2003 年起实施的伙伴关系负责人项目（Chef de projet de partenariat）。该项目旨在促进公立农业学校、农业类高校、研究所、行业机构和地方政府之间建立合作关系，促进农业工程师积极参与学校教学。②2007 年启动实施的 1/3 时间（Tiers temps）项目。该项目允许农业学校教师将 1/3 的工作时间投入到有利于地方经济发展的农业项目中。截至 2017 年，共有 87 个具体项目启动实施，涉及领域有农业和农产品生产发展、教学实践、社会文化教育、地方发展和国际合作。

---

① 谭金芳，邓俊锋，徐佳. 农业教育视角下的法国现代农业及启示［J］. 中国农业教育，2016（2）：11－15。

第十一章 CHAPTER 11
法国农业生态环境保护 ▶▶▶

第一节　农业生态环境保护政策

在法国，长期以来农业的不合理开发给生态环境带来沉重负担。水资源方面，2016 年，法国 63％的地表水和 69％的地下水都被检测出有化学污染，其中 37％的地表水和 31％的地下水污染来自农业污染，即农药和化肥（主要是氮和磷，它们分别以硝酸盐＋铵盐和正磷酸盐的形式存在于水中），化肥造成的河流污染导致河流、河口的富营养化，植物和藻类过度生长，绿潮等水体大面积污染现象。土地资源方面，土壤中的氮含量超标、大量农业用地被占用和水土流失等也是农业生态环境面临的挑战。空气质量方面，2016 年，农业氨排放占氨总排放的 94％，其中 65％来自牲畜，其余来自农作物；细颗粒物中农业排放占 27％，与工业活动和住宅活动的排放量相当。

面对以上种种严峻的生态环境挑战，自 1992 年起，欧盟发起了共同农业政策致力于减少集约农业对环境造成的负面影响，共同农业政策包含了一系列环境友好型政策。例如自 2003 年起，政府向农民发放直接补贴的同时，也对受益人提出环境保护方面的相关要求。自 2015 年起，为了领取绿色支付补贴，几乎所有农场经营者都要遵守更为严苛的环境保护要求。绿色支付占到了直接补贴的 30％。除此之外，对高蛋白植物种植发放的直接补贴也有利于减少生产过程中氮肥的使用，从而保护水、土地和空气。共同农业政策中的生态环境保护政策和有机农业扶助政策在农村环境保护中的作用不可小觑。生态环境保护政策每年的投入约 2.4 亿欧元，惠及 4 万名农民；有机农业扶助政策每年拨款 2.1 亿欧元，每年有 3 万名农民受益。据统计，环境友好型耕作方式覆盖了法国约 300 万公顷的土地。

　　欧盟共同农业政策是法国农业发展的指导性政策，同时该政策框架也为法国农业、畜牧业、农村就业、新农民安置、统筹经济效益、环境效益与社会效益以及农村土地使用方面提供财政支持。欧盟共同农业政策的最大特色在于通过农业补贴将所有农业从业者调动起来。欧盟作为这一政策的重要资金来源，在 2014—2020 年每年为法国提供 91 亿欧元的补贴预算。法国共同农业政策的所有标准均是在欧盟共同农业政策框架指导下，与各农业部门和合作伙伴经过协商后制定的。欧洲农业保障基金（Le Fonds européen agricole de garantie，FEAGA）与欧洲农村发展农业基金（Le Fonds européen agricole pour le développement rural，FEADER）共同组成法国共同农业政策的两大经济来源组织[1]。

　　欧洲农业保障基金，也称欧盟共同农业政策的第一支柱，在 2014—2020 年，FEAGA 的预算为 2 780 亿欧元，主要用于对农户收入的直接补贴和农产品市场调节的补贴，由欧盟全额资助。2021—2027 年，FEAGA 的预算略有下降，大约为 2 586 亿欧元。FEAGA 的部分资金由该委员会和成员国共同管理，部分资金由委员会单独集中管理。共同管理资金主要用于三类农业生产和经营活动：①鼓励农民选择环境友好型耕作方式，例如，对符合环境保护、食品安全或动物福利等一系列标准的农民进行直接补贴；②通过干预性买进、援助私人存储、出口退税等措施调节农贸市场；③促进欧盟市场内部以及欧盟与第三方国家间的农产品贸易与信息沟通等。集中管理资金主要用于以下四方面投资：①支持欧盟与国际组织对农产品的促销；②确保对农业基因资源的保存、分类、收集和使用；③对农业信息系统的使用与维护；④农业调查系统。

　　欧洲农村发展农业基金，是欧洲共同农业政策的经济来源之一，该基金主要用来推动欧洲范围内农村地区的发展，提高农业竞争力，确保自然资源的可持续利用，保护环境，促进农村地区的平衡发展，尤其是新兴职业与传统职业间的平衡。FEADER 的资金既包含用于第一支柱的补贴，也包含用于第二支柱的补贴，FEADER 基金预算由成员国和欧盟共同承担。

　　在法国，2014—2020 年的欧洲农村发展农业基金由各地区负责支配使用。该基金支持 27 个区域（包括法国本土的 21 个大区，科西嘉，瓜德罗普，法属圭亚那，马提尼克，留尼汪和马约特）的农村发展计划、国家农业和技术援助

---

　　[1]　农业生态学和区域农村发展报告，https：//agreste. agriculture. gouv. fr/agreste－web/download/publication/publie/NES45－A2/nese 190945A2. pdf。

风险管理计划以及由国家农村网络提供资金的国家级计划的实施。自 2015 年以来，这 29 个项目均已获得欧盟委员会的认证。

法国基于欧盟共同农业政策框架采取的农业生态环境保护政策①有：绿色支付、农业生态环境保护政策（MAEC）、有机农业扶助政策，以及有机农业规划 2022。

一、绿色支付

绿色支付（paiement vert），也叫绿色直补，是欧盟共同农业政策框架下第一支柱涵盖的补贴项目。在法国，绿色直补的发放对象为本国的农业从业者。该政策规定，对有"绿色土地"的农民进行补贴，有助于国家从整体上改善农业生态环境现状，保护水资源，对抗气候变化。

绿色直补属于共同农业政策中的脱钩支付，即与农业活动脱钩，只与"绿色土地"面积挂钩。"绿色土地"包括三类：永久草场和牧场、永久耕地和可耕地。这就要求农民在规划土地用途时预留出一定比例的永久草场，坚持草场作物种植的多样化，采用环境友好型耕作方式，如种植树木、搭建篱笆、修建水塘、种植固氮植物等。

2019 年，法国绿色直补的补贴额每公顷平均为 80 欧元。法国每年的总补贴额达到 20 亿欧元，占直接支付总额的 30%。该项政策通过补贴的方式调动农民的积极性，让农民积极参与到农业生态环境保护中。

二、农业生态环境保护政策

法国现行的农业生态环境保护政策（Mesures agro‐environnementales et climatique，MAEC）于 2015 年起正式实施，为期 5 年。在某些特殊情况下该政策可能会延长一年。不同于以往的生态环境保护政策，这项新政考虑到各地区面对的农业生态环境挑战不同，赋予了地区更大的自主权，使各地区可以因地制宜地制定更符合本地区情况的农业生态环保政策，其中就包括对欧洲农村

① 法国农业和食品部官网，https：//agriculture. gouv. fr/mobilisation‐des‐filieres‐agricoles‐en‐faveur‐de‐la‐transition‐agro‐ecologique‐etat‐des‐lieux‐et‐0。

发展农业基金的自主使用权。2015—2020 年，欧洲农业农村发展基金每年对法国农业生态环境保护政策的拨款近 2 亿欧元。

除了欧盟援助外，法国政府也为 MAEC 提供财政支持，支持额度占全部资金来源的 25%。还有一些金融机构也为 MAEC 提供资助，尤其是一些地方团体，包括地区市政（包括区县、省和大区）和水利局（les Agences de l'eau）[①] 等多个层级的机构。例如，法国农业和食品部负责在特定地区发展畜牧业，水利工会负责提高引水工程的水质，地区自然公园负责保护"自然 2000"保护区的生物多样性。MAEC 的实施将所有农业开发者调动起来，对法国经济效益与环境效益的兼顾发展和濒临失传的农业技术的保护具有重大意义。

MAEC 通过补贴的方式引导农民开展绿色生产，例如，该政策要求大农业必须尊重作物种植的多样性，限制杀虫剂的使用量，鼓励采用科学手段进行氮管理、轮耕轮作等。

三、有机农业补贴政策[②]

2015—2020 年，法国有机农业补贴政策（aides pour l'agriculture biologique）的实施，主要由欧盟共同农业政策框架下的第一支柱承担经费，目的是推进农村地区的发展计划。该政策补贴范围包括生态转型农业以及维持有机农业所耗费的超支部分和亏损部分。这一补贴根据补贴对象的不同可分为两类：一是转型补贴，即对所有想要转型到有机农业的农民的补贴；二是维持补贴，针对维持有机农业生产的农户发放补贴。两类补贴均以符合条件的耕地面积来计算。到 2020 年，有机农业补贴政策的预算达到 1.8 亿欧元，而 2012年有机农业补贴额仅为 9 000 万欧元。

四、有机农业规划 2022（Ambition Bio 2022）[③]

传统农业使用化肥、农药、饲料添加剂等大量化学药剂来达到利益最大

---

① 法国水利局官网，http://www.lesagencesdeleau.fr。

② 法国有机农业发展促进署官网，https：//www.agencebio.org/vos - outils/financer - son - projet/les - aides - aux - agriculteurs - bio/。

③ 有机农业规划 2022 全文，https：//www.agencebio.org/wp - content/uploads/2018/12/program-meambitionbio _ 2022.pdf。

化。自 20 世纪初以来，化学产品广泛应用于法国工业化和集约化的农业生产活动，甚至转基因技术和辐照保鲜手段也大量应用到农业生产中，这些无疑给生态环境带来巨大负担。在欧盟积极应对环境恶化的大背景下，有机农业应运而生。国际有机农业运动联合会将有机农业定义为：一种能维护土壤、生态系统和个人健康的生产体系，它遵从当地的生态节律、生物多样性和自然循环，而不依赖会带来负面影响的投入物质。有机农业是传统农业、创新思维和科学技术的结合，它有利于保护我们所共享的生存环境，也有利于促进包括人类在内的自然界的公平与和谐共生。

2018 年开始，法国实施由法国食品总署（Etats généraux de l'alimentation）提出的有机农业规划 2022。目标是到 2022 年，实现法国农业用地面积的 15%（2020 年这一数字为 8.5%）转换成有机农业用地。有机农业规划 2022 规定从以下 7 个方面开展工作：发展有机生产；加强各部门之间的协同合作；刺激有机消费；加强科研力度；加强对农业从业者的培训；制定相应的法规；鼓励海外各省农业向有机农业过渡。

第二节 农业生态环境保护主要做法

法国农业生态环境保护的整体思路体现在三个方面：合理投入，用生态技术或制度代替化学产品，重新思考生产体系。围绕这个整体思路，法国开展了一系列农业生态环境保护的做法。根据法国农村发展章程（RDR），在兼顾生态效益和经济效益的优先项中，与农业生态环境保护相关的两项内容为：一是恢复、保护、完善与农业和森林有关的生态系统；二是高效合理利用自然资源，支持农业食品经济向低碳经济转型。本节主要介绍与上述两个优先项相关的法国农业生态环境保护的解决方法[①]。

一、恢复、保护、完善与农业和森林有关的生态系统

法国农业用地占据全国土地面积的 55%，在物种延续和生物多样性保护中

---

① 原网站，https：//agriculture. gouv. fr/mobilisation - des - filieres - agricoles - en - faveur - de - la - transition - agro - ecologique - etat - des - lieux - et - 0。

占有重要地位。自然资源是法国农业活动的第一资源，农作物的多样性和饲养动物的多样性是农业的基础。草场、空地、篱笆和丰富的生物多样性与农业产出息息相关。弃耕休耕、集约农业都会影响生物多样性。生物多样性有利于农业活动的开展：蚯蚓可以松土和疏通引水渠，益鸟可以减少虫害。而恢复、保护生物多样性的重点在于：为动物们提供永久草场；通过农业生态基础设施、作物多样化和牲畜多样化将土地分区；促进农业和饲养业的投入合理化；支持农业森林的建立；通过蓝绿网（trames vertes et bleues）恢复生态的可持续性。

法国农业生态环境保护的重大挑战在于调和农业生产活动和生物多样性保护之间的关系。恢复、保护和完善生物多样性，主要针对这些地区：自然2000保护区、自然条件恶劣地区、对自然有重要意义的农业和农村地区。以下是具体做法。

（一）加强水资源、化肥和农药的管理

保护水资源是农业生态环境保护中的重要一环。法国政府正在努力控制化肥、农药在农业生产中的投入，避免污水污染地表水和地下水。

（1）减少化肥、农药的投入。减少对氮肥和合成化肥的使用；轮耕轮作，延长轮耕时间，引进对农药化肥需求量小的作物；发展带籽蔬菜的大农业；精耕细作，减少农药的使用；种植对化肥、农药投入要求少的灌木；发展有机农业。

（2）避免污水污染地表水和地下水。鼓励使用有机肥代替化学合成肥；提高绿地面积；建立缓冲区，开展非生产性投资；管理和储存畜禽粪便；建立集水和处理系统。

（二）防止土壤侵蚀，加强土地管理

土壤在经济效益与生态效益统筹的过程中占有重要地位。一方面，土壤影响着农业产品的数量和质量，另一方面土壤又是生态环境保护的重点，土壤对营养物质循环、碳储存、生物多样性保护、水资源体量以及质量管理有着重要影响。土壤的净化作用能为有机农业循环发展创造有利条件。法国主要从以下几个方面着手来保护土地资源。

（1）系统化分析土壤问题。调用土地科学利益联盟（Gis Sol）项目中已获取的相关数据分析土壤；鼓励土壤学家或专业人士提供解决土壤问题的建议。

（2）减少土壤流失。采用柴排法来减少泥地的水土流失；禁止在坡地耕作；种植冬季覆盖作物。

（3）土壤有机质的增加。即在保证无害的情况下，促进土壤有机质的增加。

（4）保持土壤覆盖面积。

（5）提高土壤中有机质的含量。具体操作是：减少农药的使用；确保土壤中微生物和无脊椎动物在自然条件下降解。

（6）重视土壤保护。具体做法是：延长轮作时间，增加轮作作物的种类，提高土地覆盖面积，减少甚至避免对土地的扰动。

二、高效合理利用自然资源，支持农业食品经济向低碳经济转型

法国重视高效合理利用自然资源，支持农业食品经济向低碳经济转型，具体做法有以下 5 个方面。

（1）提高农业用水效率。具体措施包括：改善水库管理，提高水库利用率；改善供水网和现有灌溉设施，提倡喷灌，减少用水量；选择与气候条件相适应的作物品种；建立相关法律法规，加强对水资源使用的监管。

（2）提高农业活动和食品加工过程中的资源利用效率。具体措施包括：对农场进行能源改革；减少畜牧业的能耗；发展可再生能源。

（3）为再生能源、副产品、废物、残渣和其他非食物初级材料的供给与使用提供便利条件，推动有机经济的发展。具体措施包括：减少"碳足迹"；支持可再生能源（如生物能）的开发利用，例如堆肥、沤肥、厩肥；轮作中提高作物多样化水平（尤其是增加麻、亚麻等纤维作物的种植），对农业副产品加以利用。

（4）减少农业活动中温室气体和氮的排放。甲烷、一氧化二氮和二氧化碳是农业生产过程中主要产生的温室气体，而且氮的排放占到全国氮排放的97％，对大气质量有重要影响，针对农业活动中的气体排放，法国具体从以下几个方面开展减排行动：第一，施氮肥，减少合成氮肥的使用，使用有机肥代替矿物肥。第二，农业建筑和动物厩舍减排，具体措施是：动物厩舍中配置抽风机；减少能源消耗，提高可再生能源的比例。第三，废物治理，具体指对动物排泄物、残渣等进行甲烷化处理。

第十二章 CHAPTER 12
法国休闲农业与都市农业 ▶▶▶

⬛⬛⬛⬛⬛⬛ **第一节　休闲农业** ⬛⬛⬛⬛⬛⬛

　　休闲农业是利用农业景观资源和农业生产条件，深度开发农业与农村多种功能，调整农业结构，改善农业环境，发展观光、休闲旅游的一种新型农业生产经营形态，是农民增加收入的新途径，有助于振兴日渐衰落的农村地区经济，有助于传播农业知识和发扬文化遗产的价值。在综合性休闲农业区，游客不仅可以观光采果、体验农作、了解农民生活、享受乡土情趣，而且还可以在农庄住宿和度假。休闲农业面向的人群主要是那些想短暂逃离城市生活的人，休闲农业可以让他们回归自然，在乡村或农场放松身心，探索另一种生活方式。

　　从社会经济和环境保护视角来看，休闲农业是一种可持续旅游。它可以增加农民收入，让小农场也有生存发展的空间。本节主要介绍法国最近几年比较流行的三个休闲农业网站："欢迎来农场"（Bienvenue à la ferme）、"绿色驿站"（Station verte）、法国乡村度假民宿（Gîtes de France）。

一、"欢迎来农场"[①]

　　"欢迎来农场"是 1988 年由一群农民创立的休闲农业网站。该网站是法国农业公会（Chambres d'agriculture de France）负责管理的品牌，它的作用是便于促进全国范围内农业信息的交流，同时为签约会员农户提供相应的服务。

---

　　① "欢迎来农场"网站，https：//www.bienvenue－a－la－ferme.com。

如今，"欢迎来农场"网站已经有 8 000 个签约合作农户，这些签约农户致力于提供高质量农产品，在整洁的环境中为客人提供个性化和专业的服务，并立足于当地特色风土人情，努力打造农业可持续发展的宣传大使的形象。"欢迎来农场"网站坚持以下三大发展原则。

（1）质量高要求。欢迎来农场对质量有着一贯的要求，保证提供优质的农产品、热情的接待、整洁的环境、专业的服务。

（2）令人兴奋的邂逅。"欢迎来农场"以其精心制作的工艺品和生产的农产品为荣，致力于传达签约农户的诚挚心意，并提供游客以完全透明的方式参观签约农户农场的机会。

（3）为国家遗产宣传服务。"欢迎来农场"是法国宣传可持续和负责任理念的平台。农业文化植根于土地，是国家可持续发展的共同遗产。"欢迎来农场"签约农户的农场通常位于一个真实的农业生产环境中，拥有保存完好的自然生态环境，丰富的历史、农村传统和农业专业知识。

在过去的三年里，"欢迎来农场"通过"农场食物"和"农场生活"两个项目提高了知名度。"欢迎来农场"在法国各地有 5 000 多个网点，形式多种多样，从农场商店到农贸市场应有尽有。2020 年，第一个"欢迎来农场"的网点上线，大大促进了农产品短距离的销售和购买，为顾客提供了购买各种新鲜蔬果的多种选择。本节将主要介绍"农场食物"和"农场生活"两个项目。

（一）"农场食物"

1989 年以来，"欢迎来农场"致力于满足消费者对高质量农产品的需求，为他们提供优质农产品。它不仅可以提供水果、蔬菜、肉类、鹅肝、奶酪、葡萄酒、蜂蜜、果酱等当季新鲜农产品，也可以提供如鲜花、马海毛、羊毛、肥皂、精油等非食物性农产品。"欢迎来农场"拥有一个独特、多样化和互联的销售网络，如农场直接销售、农贸市场、直营商店、网上销售等，多种销售渠道使消费者能够就近或直接从生产者那里购买健康、新鲜的当地产品。

（二）"农场生活"

"农场生活"分为三个主题："睡在农场""吃在农场"和"探索农场"。"睡在农场"为游客提供各种类型的住宿，例如小屋、宾馆、露营地、汽车之家等共计 1 800 家旅馆。"欢迎来农场"还为孩子们提供儿童主题的农场度假项目。这里的农民会建议游客参观他们的农场，试图让游客完全融入他们的世界。"吃在农场"让游客享受到用当地食材烹饪的乡间美食，近距离地观察农场生活和体验农场产品。"探索农场"为各个年龄段、拥有各种爱好的游客提供多样的教育和娱乐活动。例如"参观农场"可以让所有人参观农场，探索农场生活；"教育农场"可以为学校提供服务，让孩子们在娱乐中学习；"马场探索"则适合骑马爱好者。

二、绿色驿站①

"绿色驿站"度假网是法国的一个国家旅游品牌，成立于1964年，致力于发展自然旅游。法国绿色驿站联合会（Fédération française des Stations Vertes）是根据法国1901年法律创建的地方性协会，已在国家知识产权研究院申报名称保护。

"绿色驿站"度假网是以感受法国自然风土文化为主要体验活动的休闲农业机构。在全法被公认为是一个有组织的乡村旅游度假网络，它提供给游客亲近自然、体验淳朴丰厚人文底蕴以及环保型的休闲农村生活。"绿色驿站"度假网的签约农户来自乡村、山区、近海（河）岸、海外省，他们能够提供给游客所期望的体验大自然的服务和乐趣。目前，"绿色驿站"度假网提供的数据显示，全法87个省中已有471个签约点，其中包括20个雪村、29个"家庭＋"标签目的地、22个渔场。据统计，60％的"绿色驿站"的居民不足2 000人，30％的"绿色驿站"位于地区自然公园内。

三、乡村度假民宿②

60多年来，法国乡村度假民宿一直以友好的方式欢迎游客。游客可以从全网70 000个度假出租民宿中选择：自助式住宿、客房（提供床位和早餐）、城市休闲游（城市短租房）、家庭会议或专业研讨会的团体住宿、儿童住宿和露营地。让游客感受不同主题的启发（非凡、威望、农场、生态、美食、健康

---

① "绿色驿站"网站，https：//www.stationverte.com/fr/50－ans－d－histoire＿302.html。
② 乡村度假民宿网站，https：//www.gites－de－france.com/fr。

等），享受愉快的假期。在法国任何地方，无论是在乡村、山区还是城市，游客都可以找到合适的度假民宿。

42 000名签约民宿业主随时期待游客的光临，分享独特的美好时刻，给游客充满回忆的舒适体验。

事实上，发展休闲农业也面临许多挑战。休闲农业发展伴随而来的景观美化是以牺牲居民正常生活及活动为代价的。农业旅游活动迎合游客对农村的理想化看法成为农业发展的障碍，并可能导致休闲农业和实用农业的冲突。此外，随着农业旅游的发展，新的人口涌入农村地区，而这些农村新人口通常是年轻人和毕业生，他们虽然在农村地区定居，但依然保持自己的生活方式和消费模式，人口涌入会带来农村地区房地产价格上涨，由此产生的农村人口"士绅化"可能会导致农村商业供应和景观的变化，如一些农村景点的过度商业化。如何面对这些挑战还需要政府、社会和农业团体的通力合作。

第二节　都市农业

都市农业（Agriculture urbaine）[1] 是指地处都市及其延伸带，紧紧依托并服务于都市的农业。法国都市农业的形式多种多样，共享花园、微型农场、多服务场所、立体式生产等。可以说，都市农业包括所有涉及城市和城郊的农业生产活动，只要活动与城市的功能有联系均可视为都市农业，它的形式有生产型、社会型及环境发展型。

都市农业形式多样和它兼具的社会功能的特点，与城市的发展历史息息相关，它反映了城市居民对自然、食物和居住环境要求的变化。都市农业并不是一个新兴产业，它的历史可以追溯到中世纪，当时它是城市主要的食物来源。随着交通体系的不断健全，城市中的农业才被逐渐搬离城市，向城市外围发展。而随着科技进步以及市民对回归自然的追求，农业又逐渐回到城市。现代的都市农业把食物景观与粮食作物、植物墙、城市森林、公园和花园结合起来，反映了市民对回归自然的期许，见证了市民对自然态度的变迁。

从城市环境治理的角度来看，都市农业不仅可以减少环境污染，而且有助

---

[1] 都市农业介绍，https：//agriculture. gouv. fr/agriculture - urbaine - les - financements - france - relance - pour - linitiative - jardins - partages - desormais。

于治理热岛效应。如屋顶农业、私人花园等相当于一个个分散的小绿岛，给城市增添了更多弹性。都市农业也对城市的生物多样性发展产生积极的效果，如蓝绿网、屋顶农业、生态走廊、私人花园等都成为保护生物多样性的大本营。从提升城市居民的生活质量来看，都市农业满足了城市居民回归自然的愿望。越来越多的人喜欢在自家阳台等小块空间开辟小菜园，以此获得新鲜蔬果，提升幸福感。同时，都市农业的重要代表共享花园成为社会关系的新纽带。一项在马赛进行的研究表明虽然共享花园的生产数量少，但这种生产仍具有文化和社会价值。共同管理、交流文化（园艺和饮食）、用以物易物的方式交换种子拉近了邻里之间的关系，有助于形成和谐的社区氛围。

如今，为满足居民需求的都市农业正在密集的城市夹缝中繁衍扩张。这些地方都被先验地认为不适合农业种植。正是因为各种强约束催生了都市农业的独创性和科技性。科技的参与让都市农业摆脱对土地和阳光的依赖，控制投入和产出，节约成本，在有限的空间生产更多产品，提高生产效率。都市农业的主要产品是水果蔬菜。一方面可以满足人们对新鲜蔬果的需求，另一方面又创造了巨大的经济效益。都市一词与农业联系起来不仅是因为它处于城市中心地带，也是因为它已经融入广泛的城市文化，并成为它的一部分。

一、都市农业形式

都市农业形式多样，根据分类的标准不同，都市农业有不同的分类方法。

（一）经济活动类型

1. 服务大众需求的共享花园

这种形式的都市农业在法国分布最广，其主要形式是共享花园。它是建立在居民对绿色食品的需求之上，同时还兼具面向社会大众的教学职能。但这种形式的都市农业也有其脆弱性，主要体现在对公共资金和志愿者的参与意愿的依赖。都市共享花园又分为以下三种。

（1）社区花园（或家庭农园）。社区花园是由 19 世纪工人花园演变而来，最初是为了给工人提供种植用地。如今的社区花园由划分开的一片片小园地组成，可分为私人园地与公共园地。园艺爱好者可以在社区花园耕作，所得蔬果仅供自用，不能买卖。

（2）共享花园（或市民农园）。共享花园是建立在共同管理一块园地的基础上。这块园地会交由团队打理，该团队负责选种和花园的维护。除了让团队成员掌握园艺技能外，共享花园还可以为他们提供相互交流的机会，收获的成果也可捐献给粮食援助组织。这种形式在欧洲，尤其是巴黎发展非常迅速。

（3）附着花园。附着花园可以为无职业技能的年轻人、长期失业者、领取低收入家庭补助金的人和难民提供农艺培训，以帮助他们重返就业市场。

2. 以生产为导向的都市农业

这种生产模式以销售为主要目的。它指的是应用各种技术在土地或营养液中种植作物且达到小面积高产量的目的。从业公司会就近销售这些农产品，有时也会销售城郊农业的产品。

3. 示范园区

这种农业模式和上述以生产为导向的农业相关。但是示范园区更侧重于技术的创新，通过展示新兴技术，挖掘其商业潜力。如 Agricool 探索在相互连通的集装箱内培育草莓；UpCycle 尝试在集装箱内用收集来的咖啡渣培育蘑菇，旨在利用城市资源，生产高附加值的食品。

4. 多用途农业

这种形式的农业主要提供顾客买单的补充服务，如 Topager 在屋顶设置很多生产点，致力于蔬菜的规模化生产。

5. 与其他功能相关的农业生产

与花园相关的生产被纳入到各类公司的经营活动中，例如银行、行政机构、酒店等，公司通过园艺活动增加团队凝聚力，并且这种花园还能提供新鲜的农产品。

（二）农业生产类型

1. 有土栽培

在城市中，由于土地面积有限，这种传统的耕作模式不得不与建筑用地竞争。由于污染问题突出，有土栽培的土地质量又成为争议的焦点。都市农业的有土栽培大都位于城郊、公园、企业或教育机构的公共或私人景观空间，或城市空地。

2. 基质栽培

这是一种在含有矿物质的有机基质中培育植物的栽培技术。主要模式有塑料草食基质栽培、箱式基质栽培、袋式基质栽培、笼式基质栽培、沙培等。基质的原料很重要，因为它涉及城市垃圾的回收，如咖啡渣用来培育蘑菇。

3. 无土栽培

无土栽培指的是作物不接触基质。这种培育方式可以在很大程度上减少水的使用，且可以提高产量。无土栽培的主要方法有水培法、气雾栽培等。除了不受土壤的限制外，无土栽培也不受空间、地点和光照的限制，可以利用LED灯来为植物提供光照。总而言之，无土栽培中各种因素是可控的。

二、都市农业的主要做法

目前，法国政府已将提升全法 450 个社区环境项目纳入到国家都市农业的战略规划中，这是国家城市改造署（l'Agence nationale pour la rénovation urbaine，ANRU）负责实施的新型城市改造国家计划（Le Nouveau programme national de renouvellement urbain，NPNRU）中涉及的系列工程项目。这些项目的开展主要基于以下三方面内容：①法国本土和海外省的 450 个街区正在规划彻底改造；②城市农业可以成为社区转型的杠杆；③改造社区的特点特别适合发展都市农业。

目前，法国都市农业发展较成熟、规模较大的形式主要有共享花园（jardins partagés）和肥沃社区（Quartiers fertiles）。

（一）共享花园

法国复兴计划拨款 3 000 万欧元用于发展都市农业，尤其是用于共享花园的支持计划，其目标是支持法国城市和城郊地区（特别是优先地区）的地方环境和社会项目以及城市改造区的各类项目。共享花园计划耗资 1 700 万欧元，为有形和无形投资以及动画培训等项目提供资金。这些援助资金可通过农业部的征集项目获得，并可在法国本土和海外省调配使用。

（二）肥沃社区[①]

肥沃社区是由国家城市改造署（ANRU）牵头，配合法国复兴计划开展的

---

① 肥沃社区介绍，https：//agriculture. gouv. fr/francerelance－les－quartiers－fertiles－des－projets－inno-vants－pour－developper－lagriculture－urbaine。

配套项目，目标是为法国 100 个城市农场提供长期资金支持，以便大力推动城市改造地区发展大规模的都市农业。

在法国经济复苏计划框架下，2020 年 2 月发起的肥沃社区项目征集，在原有 2 100 万欧元预算基础上，又增加了 1 300 万欧元用于城市改造地区更大规模的都市农业部署。都市农业的发展给周边社区居民的生活带来了明显和持久的变化，它使城市居民能够通过快捷方式更健康地养活自己，为他们创造就业机会，改善居住生活环境，特别是改善那些受到当前新冠肺炎疫情影响而面临健康、社会和经济危机的城市居民的生活。

都市农业一直饱受争议，它有很多弊端，例如都市农业并不能满足市民的食物需求；都市农业的产品大都不是自然的，受污染影响较大；都市牧场不能维持正常运营；都市农业不能从真正意义上调节城市微观气候。这些都是市民热议的话题。而作为农业的直接管理者，法国农业和食品部目前尚没有一个专门的部门来管理都市农业，因为这是一个覆盖范围很广的项目，它涉及经济、环境、食品、教育与科研部门。未来，法国农业和食品部应该会与其他部委合作，制定都市农业发展战略，促进都市农业的发展。虽然都市农业近年来取得了飞速发展，衍化出多种多样的农业类型，加入了不同的科技因素，实现了小面积高产。但在其发展过程中还存在一些来自环保、产品质量、农业更迭和农业用地紧缺等方面的挑战。都市农业的发展之路，任重道远。

第十三章 CHAPTER 13
法国农村社会公共服务与保障 ▶▶▶

一、社会公共服务的分类及三大原则

公共服务按其目的划分，主要履行四种职能：第一，对国家秩序管理的公共服务（国防、司法、公民保护、专业机构等）；第二，保护社会健康的公共服务（社会保障、公共医院服务等）；第三，教育和文化性质的公共服务（教学、研究、公共视听服务等）；第四，经济性质的公共服务。

从法律层面看，公共服务一般围绕三大原则展开：

（1）公共服务的连续性。它是国家连续性的一个方面，遵循宪法规定的原则。换句话说，公共服务需要不间断地满足民众普遍利益的诉求。然而，根据服务内容的不同，连续性的概念也不同，比如对医院的急诊来说是完全连续的，但对其他公共服务来说可以是预约制的。法律对此要求非常明确：任何机构不得违反规定不遵守国家公布的营业时间（晚开、早关）。但是，这种连续性原则必须与具有宪法价值的罢工权原则相适应。除了禁止某些群体罢工（警察、军队等），并且不允许另一些群体（航空、铁路运输、电视和广播等）长时间罢工之外，大多数公共服务部门的工作人员都有罢工权。

（2）公共服务面前人人平等。这项原则也有宪法基础，那就是将1789年《人权宣言》所宣布的法律面前人人平等的一般原则应用于公共服务领域。这意味着每个人都有获得服务的平等权利，平等地享受由国家财政支持的服务，与其他公民享受同样的待遇。因此，公务人员需保持中立，这一原则是平等原则的延伸。例如公务人员若表现出种族主义，就构成了严重违反职业道德的

行为。

（3）公共服务的适应性或可变性。作为连续性原则的必然结果，公共服务是以尽可能好的方式提供优质的服务，而不是仅强调时间上的持续性。所以，面对社会的变化，公共服务不能一成不变，它必须随公民需求的变化而变化（如公共服务组织的灵活性），随技术的发展而发展（如 20 世纪初由气转电）。

二、法国农村社会公共服务的主要计划——"农村议程"（Agenda rural）

（一）"农村议程"发起的背景

目前法国农村面临的问题至少有两大方面。

1. 数字化水平亟待提高

从地理上看，法国农村地区的交通基础设施不发达，人口密度低，老年人比例高且不断增加，经济相对衰退，经济发展水平低下。所有这些情况的改善都需要依靠数字化的发展。虽然数字化对城市来说已经不是什么新鲜事，但对于农村地区来说它是一种求助手段，并可能成为他们实现机会均等的手段。但是，为了实现农村地区数字化发展，必须满足两个条件：数字基础设施必须跟上，并提供帮助不同年龄、不同性别的农村居民使用数字化产品的方法。而这两个条件还远远未被满足。除此之外，农村地区的数字基础设施还存在一些顽固性缺陷：不管是移动数字（numérique mobile）还是光纤，农村的质量均低于城市地区。此外，很大一部分人对信息技术的掌握程度不高，也是新信息社会发展的一大障碍，需要采取补救行动，提供针对农村地区的相关公共服务。

2. 文化教育程度不均衡

无论从选择方向还是学习成绩来看，法国年轻人在教育上的表现一直以来基本由其社会和地域出身决定。农村和城市的年轻人之间的差距越来越大。农村的年轻人相较于城市年轻人面临较多的问题，例如可获得的信息少、使用的运输工具单一、网络不发达、发展机会少、容易形成自我限制、收入低等。

为了加快法国农村地区的振兴、支持地方经济发展，法国政府制定了一项农村地区行动计划——"农村议程"。"农村议程"由法国区域团结和地方集体关系部部长杰奎琳·古劳特提出，时任总理爱德华·菲利普于 2020 年 9 月 20 日在埃佩·索瓦吉（法国第 59 省的城市）举行的法国农村市长协会大会上正式提出。法国作为"欧盟农村议程"的发起国，这项举措的提出，被视为是在欧盟各成员国大力推进"欧盟城市议程"过程中法国政府亮出的一张王牌。

（二）"农村议程"的主要内容

为了平衡地区间的发展，减少农村地区居民被忽视的感觉，2019 年 12 月，法国地区团结署（agence nationale de la cohésion des territoires）[①] 明确了"农村议程"中政府加快农村社会公共服务建设的相关政策。"农村议程"明确提出：两年内法国政府对农村地区的扶持计划将涵盖数字通信、医疗卫生、教育、文化等多个方面。

（1）在数字通信方面，政府预计在 2020 年末将完成法国全部信号塔的 4G 配置工作，让所有法国人都可以接入网络，到 2022 年，所有法国人都可以享受高速网络，总计将投入 63 亿欧元用于数字通信的基础设施建设。

（2）在医疗卫生方面，为了解决农村地区医护人员短缺的问题，政府将聘用 1 500 名医生（包括牙科医生）驻扎农村，没有政府的同意，任何农村诊所不得关门，医疗保险管理部门将为远程医疗提供资金支持。

（3）在教育方面，消灭贫困地区一二年级混班教学的现象，实现一年级和二年级 100% 分开教学，周三计划[②]为贫困农村地区的学生提供课外活动场所，图书馆计划为农村地区的学生提供书籍。没有政府的批准，任何学校不得停办，两年内为 40 000 名边远地区的农村学生增加 400 名教师。

（4）在文化方面，政府将拨款 650 万欧元来支持"您身边的文化"工程，开展各种形式的艺术进农村活动。

（5）在公共服务的供给上，为了让农村地区的人们更好地享受政府提供的公共服务，政府在农村地区设立公共服务之家，给工作人员为居民办理行政手续提供帮助，例如就业、养老、家庭、社会、卫生、住房、能源、法律服务等。每个公共服务之家会建立符合当地需求的"服务项目"，并且会根据当地居民的需要和当地的具体情况，采取不同的服务形式。为了尽可能贴近居民生

---

① 法国地区团结署官网，https：//agence - cohesion - territoires. gouv. fr/lagence - 21。
② 周三计划是基于"周三计划"质量宪章提出的促进发展优质休闲设施的解决方案。周三计划希望在国家服务机构、CAF 和合作协会的帮助下，发展高质量的周三课外活动，作为对学校促进农村地区的学生的健康成长的补充。周三计划从课外活动与教师的衔接、所有儿童的融入、计划的落实和活动质量四个方面来促进周三的休闲活动的发展。

活所需，一些公共服务之家还设立多个办事点，另一些则在市政厅、协会等场所提供巡回服务。公共服务之家可附设于医疗和社会中心、旅游办公室、媒体图书馆、联合办公空间等场所。

（三）设立专门机构跟进农村地区发展——农村发展部际委员会

农村发展部际委员会（le comité interministériel aux ruralités，CIR），是法国政府主导设立的首个为农村提供公共服务的机构。这个机构的设立便于政府评估"农村议程"的执行情况。法国时任总理菲利普·爱德华在地区团结事务部 2020 年 2 月 20 日发布的新闻综述中这样评述 CIR[①]：部长们在访问过几次孚日市（Vosges）的农村地区后，一致决定把农村发展部际委员会搬到吉兰库尔市（commune de Girancourt）。因为吉兰库尔市（相当于中国的镇）在"农村议程"项目征集活动中崭露头角，该市的"小乡巴佬"（P'tit Campagnard）项目入选了首批 24 个受资助项目，并且该项目将于当年夏季启动。

法国政府推出的"农村议程"计划，主要鼓励农村地区开发周边商业配套服务，包括在小县城免费发放小商业第四类许可证（Licence IV），对人工不足 3 500 人的市镇免征所得税，对紧急救援协会（association SOS）提出的"1 000 家咖啡馆"项目提供技术和财政支持。根据"农村议程"，法国将设立 534 个第一批"法国服务"（France Service）机构。这是为防止农村地区医疗资源稀缺而采取的措施，同时也为消除农村地区的不安全而建立起的防范机制，最终恢复农村地区的吸引力。"农村议程"还将致力于改善农村地区居民的日常生活，例如让农民获得基本服务、振兴农村地区经济、改善农村地区的生活条件，助力实现农村生态转型，提高农业竞争力、卫生服务水平、就业和人员流动性，加快公共政策的跟进，如代际更新、老龄化和孤立人员的救助、文化发展以及加强社会集体个人间的团结协作等。这些项目的实施都需要 CIR 来具体执行。

CIR 目前完成的任务包括：开展 534 个"法国服务"标签认证；将 30 个农村地区发展项目入选"新地方、新联系"计划；首批 24 家咖啡馆首先入选"1 000 家咖啡馆"项目；签署 750 份农村医疗救助合同；2.8 亿欧元用于扩大

---

① 法国地区团结事务部网站，https://cohesion-territoires.gouv.fr/1er-comite-interministeriel-aux-ruralites。

农村地区光纤覆盖范围；在农村地区推广46个微型多功能文化中心（Micro - Folie)[①]。

第二节　农村医疗

一、农村医疗现状

官方数据显示[②]，2018年法国医疗卫生系统在人员配置方面拥有223 571名医生，41 788名牙医，74 489名药剂师，22 312名助产士，660 611名护士，390 000名护理人员；在医疗硬件方面，拥有3 089所医院，408 245张床位，645个应急中心，104个医疗急救中心，466个紧急医疗服务，公共医疗支出2 000亿欧元，国家拨款22亿欧元来支持医学研究。

二、农村医疗的不足

尽管如此，法国医疗仍然面临一些困境，病人层面和医生层面都有不同程度的问题。一是病人层面。某些地区看病难，病人难以在48小时内获得城市预约服务，难以找到主治医生；人口老龄化和慢性病的发展需要专业人员之间合作，但目前这种合作远远不够，病人需要多次就诊，自行联系医生，并安排预约和检查；病人获取医疗信息困难。二是医生层面也面临一些难题。行政负担重；对护理质量和良好实践的认识不足；缺乏治疗实践经验；不承认个人和集体的努力和参与；缺乏职业规划；从稳定就业过渡到自由职业或二者兼顾都存在一定程度的困难。

除了上述困境，法国的医疗卫生系统还面临组织僵化、资金不足等问题。

三、改进措施——"医疗保健2022战略"

法国农村地区由于医生数量少，看病难问题更加突出。为了满足农村地区

---

① 法文原网站，https：//lavillette. com/page/micro - folie _ a405/1。
② 法文原网站，https：//solidarites - sante. gouv. fr/IMG/pdf/ma _ sante _ 2022 _ pages _ vdef _ . pdf。

的看病需求，法国政府实施了几项措施，包括为病人提供更多的看病时间，鼓励年轻医生走进农村。法国总统马克龙于 2018 年 9 月宣布实施"医疗保健 2022 战略"（Ma santé 2022）[①]，该战略提出了一个总体愿景，并对法国医疗保健系统面临的挑战作出了全面回应。目前的主要问题包括：第一，在获得医疗保健方面存在严重的不平等，越来越多的法国人在白天很难找到医生，有时不得不被迫选择急诊。第二，专业人士渴望更好的相互合作，有更多的时间照顾病人，并接受其他形式的培训。

针对农村地区医疗资源缺乏的问题，"医疗保健 2022 战略"具体涉及以下三方面内容：一是实习医生进驻农村。2019 年 7 月，"医疗保健 2022 战略"和"农村议程"规定医疗实习生要优先选择在人口密度较低的地区实习，这项政策的第一个影响已经凸显，农村地区的实习医生人数在一年中增加了 17%。二是设立医务助理岗位。"医疗保健 2022 战略"还规定设立医务助理职位，便于医生摆脱某些琐碎的行政任务，保证集中精力治疗。截至 2020 年 2 月 20 日，法国政府已经签署 750 多份医务助理合同，这些医务助理大多数在农村地区执行任务。医务助理的任务包括：行政任务（接待、管理医疗记录等），协调任务（预约专家或医生等），甚至提供帮助任务（协助老年人处理住院事宜、量血压等）。签署医务助理合同的医生承诺增加每日诊疗人数，这些医生因此可以获得来自疾病保险的财政援助。法国医务助理合同的签订为 39 500 名病人提供接受全科医生（généraliste）的治疗机会，为 110 000 名病人提供接受专科医生（spécialiste）治疗的机会。三是增加医生岗位。在"医疗保健 2022 战略"中，政府决定增加 400 个全科医生岗位，这些岗位要么是带薪的，要么是市级医院联合执业的。在此基础上，"农村议程"又增加了 200 个全科医生岗位，以满足农村地区的需要。自 2019 年 9 月以来，在人口密度低的地区又增加了 110 名医生。

为了让环境艰苦地区的居民接受更方便更优质的医疗保障，"医疗保健 2022 战略"将从以下几个方面着手推进农村地区医疗服务工作。

（一）改善贫困地区的医疗设施，动员更多医生走进农村

目前，2 400 多名医生签署了从健康保险基金获得财政援助的合同，以便

[①] 法文原网站，https：//solidarites - sante. gouv. fr/systeme - de - sante - et - medico - social/mas-ante2022/。

在贫困地区建立、维持或组织医疗咨询。根据各地区的医疗资源状况重新分配签约医生到新界定的地区实施医疗援助。这一新的医疗资源分区标准综合考虑了社区医生全职或兼职人员的整体数量，地区人口的护理需求以及邻近社区的需求和供应状况，遵循医疗资源地区平衡发展的大目标。这与之前将医疗资源密度作为分区标准明显不同。

自"医疗保健 2022 战略"项目启动以来，近 3 200 名医科和牙科学生签署了医疗公共服务合同，该合同为签约学生提供奖学金，要求领取奖学金的学生毕业后必须到农村服务。每年参加医疗公共服务合同项目的学生数量增长率在 10% 以上。目前，300 多个合同签署人已完成学业，并已迁往人口密度较低的地区就业，多以自由职业者为主（88%）。

（二）增加医科学生实习机会，培养到贫困地区就业的医科人才

（1）在缺乏专业医护人员的地区设立诊所，为年轻一代提供实习机会；

（2）为了推进此类实习，需要改变医学专业学生的培养方案，为医学专业学生提供更多实习机会；

（3）从自由职业者医生中招聘带教医生，帮助实习生快速适应工作；

（4）改善医科学生实习环境和待遇，提高实习工资。

（三）在贫困地区发展新型医疗方式

为解决农村地区医疗资源稀缺问题，法国不再强调"不惜一切代价"，而是依赖于专业医疗卫生人员的流动。法国政府鼓励城市医疗卫生人员到人口密度低的地区提供兼职服务。支持自由职业医生多地出诊，在城市保留一个主要诊所的同时，鼓励自由职业医生到人口密度较低的地区开设诊所。这项多地出诊措施得到了政府医疗保险的大量财政支持。自 2019 年 2 月以来，在人口稠密地区执业的医生若换到人口稀少的地区执业，其每年收入至少可提高 25%。

另外，医生在偏远地区执业可以累积养老金，这一措施也是某些地区维持医疗资源运转的重要保障。截至 2018 年 1 月 1 日，近 10% 的医生可以累积养老金，这使医生的平均工作时间延长了 4 年。更多的全科医生在人口密度极低的地区诊疗可以累积养老金。2019 年 2 月，法国政府还通过一项法令，在人口密度低的地区累积养老金的医生，只要其年收入低于 40 000 欧元，就可免于缴纳额外的养老保险费。

（四）发展远程医疗

远程医疗的迅速部署能使病人获得更快的治疗，并保障后续的辅助治疗。网上问诊是远程医疗的一个组成部分，在符合条件的情况下，该项费用可以由健康保险报销支付。网上问诊对医务人员熟练掌握各种设备和软件提出了要求。除此之外，专家远程会诊也会得到政府的财政支持。同时，政府对那些希望采用远程医疗的医生、诊所和医疗机构也给予财政支持。

（五）建立居民健康电子信息档案

居民健康电子信息档案可以给居民与周边医疗团队提供相关的可靠医疗信息，为患者提供个性化的信息和建议，医生可据此档案给病人开电子版处方，患者可据此档案在线预约所有专业医生。

第三节　农村社会保障

在法国，农业社会互助中央基金（la Caisse Centrale de la Mutualité Sociale Agricole，CCMSA）和农业社会保险互助会（les caisses de Mutualité Sociale Agricole，MSA）共同行使农业社会保障职能。农业社会保险互助会由农业和食品部、公共行动和预算部以及卫生部共同负责管理。它为所有农业人口及相关人群，包括农场、企业、合作社和农业专业组织的经营者和雇员提供社会保障，保障范围包括受保人群及其家庭成员的社保、养恤金、工伤事故和职业病保障等。它不仅负责征收保险费，而且负责募捐和管理社会捐款和失业保险[①]。

MSA 是法国的第二大社会保险，是一个代表整个农业人口的民选机构。作为对社会保障的补充，MSA 制定的政策旨在保障全法农村地区人群参加保险，从而实现农村地区居民的全面社会保障。农村社会保障体系包含四种不同类型的保险制度：农业受薪员工普通社保，独立员工社保，特殊行业员工社保，农业非受薪员工社保。

农业受薪员工主要包括：①从事农业活动或者在农业机构、农业公司任职的雇员，或在小型农业手工业作坊工作的雇员；②从事狩猎、捕鱼、护林、园

---

① 法文原网站，https：//www.cleiss.fr/docs/regimes/regime _ france _ agricole _ salaries.html。

艺、财产看守的各类行业雇员，各种团体、公司或个人雇用的所有雇员（非企业主）；③长期为农民服务的家庭佣工；④佃农；⑤农业教育和职业培训机构的私人教师；⑥农业互助组织、农业互助信贷基金、农业商会、国家农业结构调整中心、农业合作社、农业集体利益协会、水果合作社、各种农业协会、农业公会的雇员及一般性质的农业专业团体成员；⑦在上述农场、企业、机构和团体就业的农业社会保险计划下的学徒和受训人员。

农业受薪员工的社会保障由五部分组成：①社保金和税金；②医疗险、母亲生育险、父亲抚育险、伤残险、死亡保险；③工伤和职业病保险；④养老保险和鳏寡险；⑤家庭、住房和团结补助。

一、以工资为参考基数的农业受薪员工的社会保险费

2020 年，法国农业受薪员工的社会保险费封顶金额为 3 428 欧元①。按照各类保险类别社保缴纳比例可参考表 13-1。

表 13-1　2000 年法国农业受薪员工社保缴纳比例②

社保类别	参考工资额度	雇主社保缴纳比例	雇员缴纳比例	最高缴纳比例
医疗险、母亲生育险、父亲抚育险、伤残险、死亡保险	≤2.5 倍年底最低工资	7%	—	7%
	>2.5 倍年底最低工资	13%	—	13%
养老保险	全部工资	1.9%	0.4%	2.3%
	封顶线	8.55%	6.9%	15.45%
家庭补助	≤3.5 倍年度最低工资	3.45%	—	3.45%
	>3.5 倍年度最低工资	5.25%	—	5.25%

二、农业受薪人员社保缴纳方式

农场或企业根据其年平均劳动力数量，按月或按季度支付社会保险费。自 2018 年 1 月 1 日起，所有农场或企业施行按月缴纳社保费，只有雇员少于 11

---

① 法文原网站，https：//www.cleiss.fr/docs/regimes/regime _ france _ agricole _ salaries.html。
② 欧洲和国际社会保险联络中心报告，https：//www.cleiss.fr/docs/regimes/regime _ france _ agricole _ salaries.html。

人的农场或企业可以选择按季度缴纳社保费。

三、农业受薪人员医保报销方式

（1）问诊费用的报销。预约全科医生的会诊费用为 25 欧元。虽然并不要求主治医生出具报告，但报告决定了会诊的报销比例。MSA 基金支付治疗费用的 70%，其余的费用由患者承担。

（2）药品的报销。由 MSA 全额报销或部分报销的药品必须由职业医师开具处方。报销需符合两点要求：处方上注明治疗的剂量和持续时间或包装（盒子或瓶子）的数量；必须是被列入部级法令规定可报销清单的药品。

（3）出于医疗目的而产生的交通费用。交通费用的报销对应标准是"使用符合被保险人健康状况的最便宜的交通工具费用可以全额报销"。这些费用的报销必须与医生开具的处方挂钩（紧急情况除外）。

四、每日疾病津贴

领取每日疾病津贴的条件因病假长短而异，津贴数额是根据停工前 3 个月（如果是季节性或非连续性工作，则为过去 12 个月）的平均工资计算，但不得超过现行每月最低工资（截至 2020 年 1 月 1 日，最低工资为 2 770.96 欧元）的 1.8 倍。如果雇员有三个要抚养的子女，则从第 31 天起，增加每日津贴额度。津贴由 MSA 在误工 3 天后每 14 天支付一次。

五、产假津贴

法国法定生育产假至少为 16 周。一般来说，它在分娩前 6 周开始，分娩后 10 周结束。但是，可以选择缩短产假，但不能少于 8 周（每周按 7 天计算），具体见表 13 - 2。

产假每日津贴的发放有严格标准：准妈妈必须证明她至少有 10 个月的社会保险登记期（所有健康保险计划加在一起）和最低带薪工作时间。如果因产假导致雇员的雇用合同中止，在此期间，MSA 每 14 天支付一次每日津贴，以补偿因停工而造成的工资损失。产妇每日津贴相当于雇员的基本每日净收入。

它是根据停工前 3 个月的工资计算的，但不得超过每月社会保障的上限（2020年 1 月 1 日为 3 428 欧元）。产假每日津贴最低为 9.63 欧元，最高为 89.03 欧元。陪产假是婴儿父亲可以享受的福利，法定陪产假为连续 11 天，多胞胎为连续 18 天。陪产假可与 3 天的产假同时休，也可单独休。陪产假是不可中断的，必须在孩子出生后 4 个月内开始申请。陪产假津贴与产假津贴的数额相等。

表 13 - 2　2020 年法国产假时长①

单位：周

婴儿类别	产假时长		
	产前假	产后假	总计
头胎或二胎	6	10	16
第三胎及以上	8	18	26
双胞胎	12	22	34
三胞胎或多胞胎	24	22	46

六、残疾养恤金

原则上，只有被保险人才有权领取残疾养恤金。残疾养恤金领取人有权享受健康保险，不受时间限制，也不承担任何费用（35％和 15％的药品报销除外）。残疾养恤金有三种类型：①对于丧失工作能力超过 2/3，并从事有报酬活动的雇员；②无法从事某一职业的雇员；③无法从事某一职业且需要寻求第三方的协助以帮助其正常生活的雇员（表 13 - 3）。

表 13 - 3　2020 年法国残疾人养恤金标准②

单位：欧元/月

养恤金标准	养恤金金额
最低标准	292.80
一级养恤金最高标准（2020 年 1 月 1 日）	1 028.40
二级养恤金最高标准（2020 年 1 月 1 日）	1 714.00
需第三方介入的标准（2020 年 1 月 1 日）	1 125.29

---

①　欧洲和国际社会保险联络中心报告，https：//www.cleiss.fr/docs/regimes/regime_france_agricole_salaries.html。
②　欧洲和国际社会保险联络中心报告，https：//www.cleiss.fr/docs/regimes/regime_france_agricole_salaries.html。

与残疾险相关的还有残疾补充津贴，这是对老年或残疾保险终身津贴的补充，直到领取者达到领取老年团结津贴年龄后失效。而关于丧偶补助，有以下两种分类。

（1）死者的健康保险福利。死者配偶有权从死者死亡之日起继续享有其权利。

（2）死亡抚恤金。在符合条件的情况下，家属可要求支付雇员的死亡抚恤金。为此，家属必须向主管的社会保障基金提出申请。死亡抚恤金是一次性付清的。截至 2020 年 4 月 1 日，这一数额定为 3 472 欧元。MSA 有职业医师，他们可对预防和保护农业从业者的健康提供专业帮助。

七、工伤和职业病

在某些情况下，雇员、学徒、学生或农业受训人员在发生与工作有关的事故或疾病时可以受到保护。

（一）与工伤事故或职业病有关的治疗

与工伤事故或职业病有关的所有治疗费用均由 MSA 在基本费率范围内报销。对以下几个医疗费用进行全额报销：城市护理（医疗会诊、X 光片、实验室检查等）、住院费用、医疗运输。如果涉及医疗上必须要做护理且无法自行行动的病人，或者在运输频繁时则需要事先与 MSA 协商。

（二）与工伤事故或职业病缺勤有关的每日津贴

津贴补贴首次计算时间为在停工后的头 28 天。每日津贴相当于每日基本工资的 60%（2020 年 1 月 1 日最高限额为 205.84 欧元）。从第 29 天起，每日津贴增加到基本每日工资的 80%（最高限额为 274.46 欧元，自 2020 年 1 月 1 日起生效）；对 3 个月以上的缺勤，如果工资普遍提高，每日津贴可以提高。每日津贴每 14 天支付一次，不拖欠，直至痊愈之日为止。

八、养老保险

农业受薪员工的退休金由基本退休金和补充退休金组成，按比例分配。最低法定退休年龄为 62 岁。但也可提前退休。满足一定条件的投保人可在 60 岁之前提前退休。除了退休金外还有遗属养恤金，即如果领取退休金或将要领取退休金的被保险人死亡（或失踪一年以上），其配偶或前配偶有资格领取遗属养恤金。遗属养恤金占已故被保险人领取或本应领取退休金的54%。同居或签订同居协议（PACS）的情侣不能领取遗属养恤金。

九、家庭津贴和团结津贴

家庭津贴包括家庭日常开销津贴、面向新生儿的津贴和特别用途津贴。另外还有为低收入者兜底的团结津贴。

十、社会救济行动

社会救济行动是社会保障体系的一个补充，如农业救济（Pass'agri）项目就是为了帮助农民走出农业危机而采取的救济行动，还有一些项目是为了帮助因健康、社会经济状况或残疾风险而面临丧失工作的农民找到工作。

第四节　农业保险

法国农业风险管理体系分为三部分：农场主自担、农业互助保险和由国家农业风险管理基金支持的全民援助。当发生30%以下的损失时，损失由农场主自担；发生30%以上的且非全国性的大面积灾害时，主要由农业互助保险承担；当发生全国性的大面积灾害时，主要由国家农业风险管理基金提供全民援助。

与别的经济活动一样，农业活动也面临着风险。农民几乎无法控制气候、健康或环境风险对农业经营产生的重大影响。因此，支持农民更好地进行风险管理，有助于提高其农场的复原力，从而最大限度地减少这些风险的影响，特别是经济影响。农业风险管理是农场经营管理中的重要因素之一。面对这一风险，法国政府正在支持开发农业风险管理工具。自2015年以来，这种支持在欧盟共同农业政策第二支柱的框架内，通过制订国家风险管理和技术援助方案（PNGRAT）实施。该支持由欧洲农业农村发展基金（FEADER）共同资助。国家风险管理和技术援助方案主要包含三部分：环境灾害收成险（Assurance multirisque climatique des récoltes)、国家农业健康和环境风险互助基金以及中央再保险公司（Caisse centrale de réassurance）。

一、环境灾害收成险[①]

不同于农场主自担和全民援助，环境灾害收成险为农民提供全面的、个性化的保障服务。2018 年，法国有 7 万农民签署了这种保险合同，受保面积占法国农业总面积的 30.5%。国家为了鼓励农民签订农作物损失的个人保险合同，调动欧洲农业农村发展基金来承担部分保费，减轻农民的负担。

（一）环境灾害收成险的类型

环境灾害收成险的类型可分为对农作物投保（contrat par groupe de cultures）和对农场投保（contrat à l'exploitation）。环境灾害收成险包含三个等级的保护：第一级为基础保险（最高补贴率为 65%），这一等级的保险可保证农民的再生产；第二级为可选补充险（最高补贴率为 45%）；第三级为可选险（无补贴）。

（二）国家对农业保险的支持

为了促进农业保险的发展，法国决定调动欧洲农业农村发展基金来为农民缴纳 65% 的一级保险的保费和 45% 的二级保险的保费，而农民只需承担其保费的剩余部分。

（三）可投保的对象

可投保的对象涉及所有大产量的农作物，如小麦、玉米、油菜、向日葵、豌豆、蚕豆、甜菜、土豆、亚麻、树木、葡萄和草地等。

（四）保险应对的风险

保险应对的风险包括干旱、酷热、晒伤；低温、寒潮、霜冻；涝灾、大

---

① 环境灾害收成险介绍 pdf，https：//agriculture. gouv. fr/telecharger/87233? token ＝ 873546115 ac94cf329ff11f2478635e3a6547b1fc4bd1280a22662c22258bb86。

雨、暴雨；冰雹、雪或霜；暴风、龙卷风、沙尘暴；缺乏日照等超过 15 种的自然环境灾害。

（五）可赔偿的损失

可赔偿的损失可能会根据生产情况而有所不同，包括：植物或植物再生部分的破坏或退化；早期叶片衰老和各类叶片损伤；晾晒或烫伤；谷物缺肥或谷物流失；窒息或根部腐烂；涝灾造成的收割延迟而导致的收入损失；冰雹的直接影响；由于积雪或霜冻的重量、风的作用、悬挂作物的磨损，使枝条弯曲或折断。

（六）不在赔偿范围内的情况

因下列原因造成的损害不在赔偿范围内：受保气候事件以外的事件；被保险作物的质量损失；行政决定导致损害发生或损害加重的后果（例如，禁止灌溉、在洪水扩展区放水）；堤坝、水坝、围堰或任何其他旨在容纳水的建筑物的破裂、裂缝、渗透；在洪涝灾害多发地区发生的洪涝灾害所导致的损失；气候事件发生前、过程中或伴随着的病、虫害和治疗方法；对病虫害治疗无效或不治疗；农作方式不当或不安全做法导致的后果；可能伴随破坏性气候事件的放射性或化学剂的影响；因诱发疾病、作物歉收和任何作物管理不善的行为对作物造成的间接损失；此外，还不包括额外的收割费用以及重新播种和补种的费用。

（七）优点

多环境灾害收成险有很多优点，包括：①政府补贴 65％，大大减少了农民的负担；②保险覆盖超过 15 种气候灾害，几乎所有的农作物都可获保，覆盖范围广；③快速补偿机制可使农民快速获得补偿。

（八）不足

虽然环境灾害收成险有很多优点，但这种保险也有一些缺点，如：①计算赔偿金的方式。补偿是由 30％的损失触发的，当超过 30％的补偿触发阈值时，保险公司将计算五年内受影响农作物的平均单产，而没有最好或最差的年份。也可以使用三年平均值。这种计算方法受到质疑，如果连续数年收成不好，则以低产量为基础进行补偿。②补偿触发阈值过高。

二、国家农业健康和环境互助基金[①]

2010 年 7 月 27 日，《农业现代化法》设立了农业健康和环境风险互助基金（Fonds de mutualisation des risques sanitaires et environnementaux en agriculture）。2013 年 9 月，农业部批准设立国家农业健康和环境互助基金（lefonds national agricole de mutualisation du risques sanitaire et environnementale，FMSE）。FMSE 由该行业、国家和欧盟共同出资，旨在对因动植物疾病或环境灾害而遭受损失的农民进行补偿。可承保的范围包括水果、苗木园艺、新鲜蔬菜、家禽饲养、葡萄种植、油橄榄树种植、量产蔬菜、甜菜、土豆、猪的饲养，主要针对动物疫病和植物病虫害。参加 FMSE 的农民需每年缴纳 20 欧元的公共保费，若需参加特殊的保险互助，则需要缴纳额外的保费。所有保费将用于帮助有需要的农民。

三、中央再保险公司[②]

中央再保险公司成立于 1946 年，是一家法国政府 100％控股的再保险公司。作为公共领域的再保险提供者，中央再保险公司为法国各保险公司在公共利益方面提供国家支持。该公司提供的由国家担保的再保险活动包括：自然巨灾风险的再保险和对恐怖袭击和恐怖主义行为的风险进行再保险。中央再保险公司收集有关投保资产和自然灾害造成的损失情况的数据，开展关于极端风险的建模工作，并将其提供给保险公司、社区和政府管理部门。这项工作有助于国家开展对主要自然灾害的预测和预防工作。

除此之外，中央再保险公司还管理着国家农业风险管理基金（Le Fonds national de gestion des risques en agriculture，FNGRA）。该基金成立于 2010 年，旨在对农业各行业经营者由于气候、卫生、植物检疫和环境危害造成的损害进行赔偿。这项基金不同于之前的农业灾害保险，它不仅针对农业灾害，还

---

① 国家农业健康和环境互助基金介绍，https：//agriculture. gouv. fr/la－gestion－des－risques－en－agriculture。

② 中央再保险公司官网，https：//www. ccr. fr/l－entreprise－ccr。

针对所有可能影响农业生产的灾害，这些灾害分为三个部分：①为与动植物疾病暴发或环境事件有关的灾害（如气候变化、酸雨等）造成的经济损失提供补偿；②为发展农业财产损失保险提供援助资金；③对农业灾害造成的损失进行补偿，包括对未收获的农作物和不可保的农作物进行干预。

第十四章 CHAPTER 14
中法农业技术交流与合作 ▶▶▶

第一节　中法农业合作主要事件

中法农业合作始于 20 世纪 60 年代，从杂交猪的合作①开始。多年来，由于得到两国政府的重视，中法两国在农业领域合作取得了比较丰硕的成果。在 2009 年，时任中国驻法大使孔泉就中法关系发表演讲时说过②：中法农业合作最先始于 20 世纪 60 年代的养猪，中法杂交猪很有名气。随后双方在农业领域的合作一直发展良好，特别是由两国官方主导建设的示范农场，展示了中法农业合作的巨大潜力。农业合作与中小企业合作类似，应"用两条腿走路"：一是由中央政府发挥导向作用，二是充分调动各地方政府的积极性，发挥不同地域和领域优势，不追求规模，注重实效，有针对性地开展具体项目的合作。

近些年，中法农业在两国政府主导下，完成了很多领域的合作，本节以中法政府间合作文件为依据，列举有关中法两国农业合作的主要事件。

一、《中法联合声明》（1997 年）

《中法联合声明》③（1997 年 5 月）指出：中法双方将加强在农业和食品加

---

① 欧中联合商会官网，https：//www.eccu.fr。

② 孙泉大使在巴黎就中国经济形势和中法关系发表演讲 ［EB/OL］．［2009-10-14］．http：//www.amb-chine.fr/chn/sgxw/t692424.htm。

③ 《中法联合声明》（1997 年 5 月）［EB/OL］．［1997-05-16］．http：//www.cctv.com/special/782/4/52233.html。

工业方面的交流，特别是在种子、葡萄种植和葡萄酒生产、奶制品、畜牧业、动物基因和灌溉方面的产品和设备交流，同时加强在农副产品标准化、产品原产地名称的保护及打击仿冒产品方面的合作。双方还将进一步协调两国在重要国际农业组织内的立场。双方确认将在粮食领域继续进行技术合作，持续不断发展粮食贸易。

二、中法关于成立农业及农业食品合作委员会的声明（1998年）

据新华社北京1998年9月24日电，国务院总理朱镕基和法国总理利昂内尔·若斯潘在人民大会堂举行了会谈。两国政府决定发表关于成立农业及农业食品合作委员会的声明。声明全文如下：

中法两国政府关于成立中法农业及农业食品合作委员会的声明①

（1998年9月24日，北京）

中华人民共和国政府和法兰西共和国政府决定在已成立的中法经济贸易混委会下设立农业及农业食品委员会，以便促进两国元首1997年5月16日签署的中法联合声明中确定的农业及农业食品合作目标的实现。

该委员会将由两国农业部部长共同领导，处理联合声明中所涉及的农业和农业食品合作方面的有关问题。具体工作领域如下：

——开展农业和农业食品加工领域的科技、经济及贸易的交流与合作，特别是在种子、葡萄栽培和葡萄酒生产、奶制品、畜牧业、动物基因、灌溉和粮食方面的产品和设备的交流；

——农产品和食品的标准；

——原产地命名保护及打假；

——动物和植物检疫；

——协调两国在重要国际农业组织内的立场。

委员会主席注意让所有与这些问题有关的行政部门都参加该委员会。

该委员会会议每年举行一次，轮流在两国进行。

该委员会保证将其工作成果通告中法经济贸易混委会。

---

① 中法关于成立农业及农业食品合作委员会的声明［EB/OL］．［1998 - 09 - 25］．http：//www.people. com. cn/english/9809/25/target/newfiles/D110. html。

三、中法农业及农业食品合作委员会第一至六次会议情况

（一）中法农业及农业食品合作委员会前三次会议

1999 年 11 月 17 日，中法农业及农业食品合作委员会第一次会议在法国巴黎召开。第二次会议于 2004 年 5 月 26 日在北京召开，会上两国农业部签订了《中华人民共和国农业部和法兰西共和国农业、食品、渔业和农村事务部农业合作协议》，旨在加强两国农业政策发展方面的信息交流、开拓双边合作新领域，尤其是促进农学研究和技术交流的农业合作。

2010 年 11 月 14—17 日，应法国邀请，中国农业部部长韩长赋率团访问了法国，双方进行了富有成果的会谈。两国农业部长共同主持了中法农业与农业食品合作委员会第三次会议，并签署多项中法农业合作协议。会谈结束后，两国农业部长签署了《中华人民共和国农业部与法兰西共和国农业、食品、渔业、乡村和国土整治部关于扩大肉牛中心合作的协议》，并见证了《中国农业科学院与法国国家食品、环境及劳动卫生安全署科技谅解备忘录》和《中国兽医药品监察所与法国国家食品、环境及劳动卫生安全署兽药中心技术合作备忘录》的签署。

（二）中法农业及农业食品合作委员会第四次会议

2014 年 5 月 12 日下午，中国农业部部长韩长赋与来访的法国农业、食品及林业部部长斯特凡·勒弗尔在京共同主持召开了中法农业及农业食品合作混委会第四次会议[①]。会议围绕农业政策、动物卫生和培训与创新三个领域的合作达成多项共识，包括在华进行遥感测产等统计方法的交流，开展禽流感等动物疫病的风险评估，推动落实"中法肉牛研究与发展中心"和中法小麦合作项目各项工作，实施农业职业培训试点项目等。双方还共同签署了《中法两国农业部关于在农民职业教育与培训领域加强合作的框架协议》（2014 年 5 月）。根据协议安排，中法双方在以农业职业院校学生和家庭农场主、专业大户为重点对象的教育培训方面进行了多次沟通磋商，商定了中法双方在教材开发、人

---

① 中法农业及农业食品合作混委会第四次会议召开［EB/OL］．［2014 - 05 - 13］．http：//www.gov. cn/xinwen/2014 - 05/13/content _ 2678901. htm.

员交流、教师培训及职业农民培养等方面的合作，确定依托江苏农林职业技术学院成立中法农业培训中心，并举办中法农业职业教育研讨会。

（三）中法农业及农业食品合作委员会第五次会议

2018年11月4日[①]，在首届中国国际进口博览会期间，中国农业农村部部长韩长赋与法国农业和食品部部长纪尧姆在上海共同主持召开了中法农业及农业食品合作委员会第五次会议。

韩长赋向纪尧姆介绍了中国乡村振兴战略的总体目标和实施内容，并与法方就农民职业教育和培训、农业应对气候变化、地理标志产品、农产品贸易等双方共同关注的议题深入交换了意见。韩长赋表示，中法两国在农业农村领域各有优势，中方愿与法方在互利共赢的基础上，继续深化现有合作，不断拓展合作领域，共同推动农业各领域合作再上新台阶。纪尧姆完全赞同韩长赋对中法农业合作的评价和建议，表示将以落实本次会议共识为新的契机，根据双方确定的合作重点推进双边农业合作取得新的发展。

会后，韩长赋与纪尧姆签署了新一期《关于职业农民教育与培训领域合作的框架协议》，将中法农业培训中心升级为中法农业培训和振兴农村服务中心，统筹推进新兴职业农民培训、乡村振兴服务和农业技术交流等双边合作。

（四）中法农业及食品合作委员会第六次会议

2019年11月15日，在中国举办第十七届农交会期间，中国农业农村部部长韩长赋与法国农业和食品部部长纪尧姆在南昌共同主持召开中法农业及食品合作委员会第六次会议。[②]

韩长赋欢迎法国应邀担任农交会主宾国，向中国消费者展示法国农业和农产品的独特魅力。韩长赋与纪尧姆就动物卫生、农业科技创新合作、农民职业教育和培训、农民专业合作社等双方共同关注的议题深入交换了意见。韩长赋强调，双方要认真落实两国元首共识，按照《中法关系行动计划》中提出的关于加强农业全方位合作的要求，继续深化现有合作，不断拓展合作领域，共同

---

① 韩长赋主持召开中法农业及农业食品合作混委会第五次会议 [EB/OL]. [2018 - 11 - 05]. http://www.moa.gov.cn/xw/zwdt/201811/t20181105 _ 6162334. htm.

② 中法农业及食品合作混委会第六次会议在南昌召开 [EB/OL]. [2019 - 11 - 16]. http://www.moa.gov.cn/xw/zwdt/201911/t20191116 _ 6331950. htm.

推动农业农村各领域合作再上新台阶。

四、中法两国农业部部级领导互访及交流情况

（一）中法农业工作会议

2011 年 11 月 28 日，中法农业工作会议在北京中国农业部召开。会议交流和讨论了两国有关的农业政策、食品安全、培训与研究、中法肉牛中心、其他潜在合作领域等。农业部副部长于康震和法国农业、食品、渔业、农村事务和国土整治部副部长艾里克·阿兰共同主持会议。由中国农业大学作为执行单位的中法肉牛研究与发展中心项目被列为会议议题，副校长王涛应邀出席会议，并报告了中法肉牛中心合作项目的进展情况。

于康震与阿兰回顾了中法双方近年来农业领域取得的成绩。双方认为，中法两国近年来农业领域的合作发展势头很好，特别是 2010 年 11 月中法农业及农业食品合作委员会第三次会议及 2011 年 6 月巴黎 G20 农业部部长会议以来，两国在食品安全、畜牧业、农业科技、葡萄种植与葡萄酒酿制等领域合作继续深化，在 FAO、G20 等多边框架下继续加强对国际粮农事务的协调与沟通。双方对过去的合作成果表示满意。

来自中法两国农业部相关司局、法国农业科学研究院（INRA）、法国养猪研究院（IFIP）、法国驻华使馆、中国农业科学院、中国农业大学的领导分别就相关议题的内容作了具体介绍。在中法肉牛中心合作进展议题中，王涛和中法肉牛中心法方主任包利（PORRY）先生分别介绍了中法肉牛中心项目 2011 年度取得的进展和 2012 年度合作计划。

王涛介绍，中国农业大学中法肉牛中心项目 2011 年度圆满完成了合作计划任务，在多方面取得了突出的进展：通过学术交流推进了项目进展，如举办肉牛产业国际研讨班、中方专家赴法短期学术交流和法方专家来华访问共同确定中心今后五年合作期的年度工作重点等；组织企业家赴法考察交流，推进了肉牛产业化进程。如 10 月份组织由 10 名肉牛企业家和 4 位专家组成的中国肉牛行业代表团赴法考察学习，重点了解法国肉牛育种和饲养管理技术，与法国肉牛遗传资源公司达成了近 1.2 亿元的良种牛冻精和胚胎引进意向；中国农业大学学生赴法实践交流，增长知识，开阔眼界，为肉牛产业培养了后备人才；良种牛育种材料引进和利用取得进展，年内引进利木赞良种牛冻精 1 000 剂，

利用已经引进的冻精已获得优质利木赞犊牛 200 多头，加速了我国肉牛新品种培育的进程；中法肉牛示范基地为项目合作提供了良好合作平台；组织完成了法国 INRA 专家撰写的《牛、绵羊和山羊饲养学》的简体中文翻译工作，现已由中国农业大学出版社正式出版。

包利先生重点介绍了 2012 年度中法肉牛合作计划。2012 年度中法肉牛合作的重点是品种遗传改良，包括 5 项工作：4 月份举办第二届中法肉牛业发展国际论坛，主题是遗传改良和功能基因组技术在肉牛品种选育中的应用；暑期法方学生 6 人在教师带领下来中国完成 15 天的专业实践；接收一名中国农业大学的硕士研究生到法国攻读博士学位；建设中法肉牛中心网站；2012 年底前翻译出版 INRA 专家撰写的《家畜基因组革命》一书。

（二）签署合作谅解备忘录

2012 年 12 月 1—5 日，中国农业部副部长余欣荣率团访问了法国①。访问期间，代表团一行深入企业、农庄、农民合作社等详细了解农业生产组织化模式，与法国农业科学研究院、农学院、葡萄酒学院等科研院所专家座谈，重点了解了小麦育种、葡萄种植及酿酒、肉牛生产、农产品质量安全体系等情况。

12 月 5 日，余欣荣与法国农业、食品及林业部副部长艾里克·阿兰先生举行了会谈，双方就进一步加强中法农业交流与合作交换了意见。余欣荣就深化中法农业合作提出了五点建议：一是进一步加强农业科研合作，共同开展提高小麦单产、品质和抗性等方面的联合研究；二是扩大葡萄产业领域的合作，开展葡萄苗木繁育、葡萄种植和酿酒方面的合作，欢迎法国种苗企业与中国企业合作，在中国生产优质葡萄苗木；三是就发展农民合作社、推进农业规模化经营开展交流；四是进一步加强在 WTO、FAO、OIE、G20 等多边框架下就粮食安全、气候变化等领域的沟通与协调，共同应对全球农业发展面临的挑战；五是加强种业领域的交流，促进中法两国行业协会和企业间的合作，支持法国企业在中国依法建立合资公司，将先进的种质资源、育种技术和人才、种子生产加工技术以及企业经营管理引入合资企业，提升合资企业核心竞争力，实现互利共赢。

---

① 农业部副部长余欣荣率团考察法国农业并会见法国农业、食品及林业部副部长艾里克·阿兰 [EB/OL]．［2012 - 12 - 08］．http：//www.moa.gov.cn/jg/leaders/yuxinrong/huodong/201212/t20121208_3100293.htm．

会谈结束后，余欣荣副部长与艾里克·阿兰副部长共同签署了《中华人民共和国农业部与法兰西共和国农业、食品及林业部关于在农业统计领域加强双边合作的谅解备忘录》《中法肉牛中心 2013 年合作计划》以及此次会谈的会议纪要，双方将共同推进农业政策、动物健康及食品安全、农业教育与培训等领域的合作不断深化。

（三）深化中法农业全方位合作

据中国农业农村部新闻办公室 2018 年 12 月 10 日消息①，12 月 7 日下午，农业农村部副部长屈冬玉在巴黎与法国农业和食品部企业效益与环境总司副总司长迪克洛举行了会谈。屈冬玉提议以落实第六次中法高级别经济财金对话成果为契机，推动中法农业合作全方位向前发展。一是完善农业合作机制，定期召开中法农业及农业食品合作委员会会议。二是强化农业科技合作，充分发挥联合实验室的平台作用，鼓励双方科研机构共同申报"地平线2020 计划"等科研项目。三是开展农业三方合作，在非洲法语国家共同实施农业发展项目，助力实现联合国 2030 年可持续发展目标。四是开展农业农村政策交流，有效服务乡村振兴战略实施、新型农业经营主体培育和现代农民职业教育发展。

（四）部长级视频会议

2021 年 2 月 4 日②，中国农业农村部部长唐仁健应约同法国农业和食品部部长朱利安·德诺尔芒迪举行了视频会议，就进一步推进中法农业农村合作进行了深入交流。唐仁健指出，在两国领导人关心指引下，近年来中法农业务实合作不断向前发展，农产品贸易快速增长，各领域合作交流成果丰硕。双方要认真落实两国元首共识，继续巩固拓展农业经贸、农民职业教育培训、农民合作社等领域合作成果，加大农业农村政策交流、农业科技合作力度，推动中法农业全方位合作再上新台阶。德诺尔芒迪赞同唐仁健对加强两国农业农村合作的看法和意见，愿与中方共同努力，深化两国农业农村合作，更好造福两国人民。

① 四方推动中法农业合作全方位向前发展［EB/OL］．［2018-12-10］．https：//www.yicai.com/brief/100076824.html。

② 唐仁健同志同法国农业和食品部部长举行视频会谈［EB/OL］．［2021-02-04］．http：//www.moa.gov.cn/xw/zwdt/202102/t20210204＿6361219.htm。

五、《中法农业合作联合声明》（2006年）

2006年4月21日，正在法国进行访问的中国国务院副总理回良玉与法国农业和渔业部部长多米尼克·比瑟罗举行了会谈，双方签署了《中法农业合作联合声明》[1]。回良玉在会谈中说，当前中法关系很好，两国在政治、经贸、科技、文化等领域进行了良好的合作。中法在农业方面有较强的互补性，合作前景广阔。双方签署的加强农业合作的联合声明是一份重要的政治文件，确定了两国合作的目标与重点，将有力地推动双方在包括农业科技、教育、动物卫生、禽流感防治等领域的合作。比瑟罗说，法中都是农业大国，双方在一些领域的合作已经取得了积极成果。同两国在其他领域的合作相比，双方在农业领域的合作还有很大发展空间，法方愿与中方共同努力，积极探讨拓展合作的领域，推动实质性合作。会谈后，中法两国农业部还签署了《建立中法小麦科研生产示范中心的合作议定书》。

六、《中法关系中长期规划》（2014年）

2014年3月26日，中华人民共和国和法兰西共和国在巴黎发表《中法关系中长期规划》。涉及农业合作的条款在第十一条，全文如下。

第十一条　农业和农业食品[2]

（一）发展2015—2020阶段中法全面合作伙伴关系，重点在以下三大领域开展合作，以共同应对全球农业发展面临的挑战：

——粮食安全；

——农业生产可持续发展，主要途径为实施统筹经济与环境效益的生态农业计划，并兼顾农业尤其是家庭农业的社会影响；

——为较高卫生安全级别的农业和农食产品流通提供便利。

（二）在法国担任二十国集团（G20）主席国期间所采取行动的基础上，加强在G20、联合国粮农组织（FAO）等国际组织中关于世界重大农业问题的

---

① 回良玉访问法国并签署《中法农业合作联合声明》[EB/OL]. [2006 - 04 - 21]. http：//www. gov. cn/govweb/ldhd/2006 - 04/21/content _ 260457. htm。

② 《中法关系中长期规划》（全文）[EB/OL]. [2014 - 03 - 28]. http：//theory. people. com. cn/n/ 2014/0328/c136457 - 24761323 - 3. html。

合作，保障世界粮食安全。支持在 G20 框架内设立农业部部长会议长效机制。

（三）继续在中法农业和农业食品合作委员会框架内围绕三大主题（"农业政策""研究、培训和发展""动物和植物卫生"）进行交流，并继续加强两国部长级会晤和相关部门的交流。

（四）在动植物检验检疫及进出口食品安全合作机制框架内加强交流磋商，共同致力于便利农业和农食产品市场准入。

（五）在中国农业科学院、法国农业科学研究院、利马格兰集团 2013 年 9 月 14 日共同签署协议条款的框架下深化小麦研究的合作。

（六）继续加强双方在优良葡萄品种和先进酿酒工艺领域的合作。为中国进口法国葡萄苗提供便利。

（七）加强中法在畜牧业领域的合作，在中国发展法国牛养殖，促进技术共享，建立由两国机构代表、行业组织和有关企业组成的指导委员会，并以此为依托，促进两国养殖企业间的互利合作行动。

（八）开展农业研究和培训方面的合作，主要途径为扩大互派留学生规模及加强农业教育领域的合作。

（九）在国家食品药品监督管理总局和法国农业、食品及林业部现有合作谅解备忘录框架内，加强双方在食品监管与安全领域的合作与交流。

七、《中法政府关于第三方市场合作的联合声明》（2015 年）

应法国总理曼努埃尔·瓦尔斯邀请，中国国务院总理李克强于 2015 年 6 月 29 日至 7 月 2 日对法国进行了正式访问。两国政府在巴黎发表了关于第三方市场合作的联合声明，即《中华人民共和国政府和法兰西共和国政府关于第三方市场合作的联合声明》。该《联合声明》中，有关农业领域的合作，主要包括以下内容①。

在农业领域，充分发挥各自优势，在粮食安全、食品安全和农业培训等方面加强双边合作，以兼顾经济、环境和社会效益的可持续发展方式，通过知识共享、合作开展农业培训与科学研究，加强在养殖、种植等专门领域和生态农

---

① 《中法政府关于第三方市场合作的联合声明》[EB/OL]. [2015 - 07 - 02]. http://world. people. com. cn/n/2015/0702/c1002 - 27244657. html.

业、农业机械化、农村能源、地理标识等领域的合作，帮助发展中国家提高农业生产水平，实现农业和农业食品行业的可持续发展。

八、《中法关系行动计划》（2019 年）

应中国国家主席习近平的邀请，法国总统埃马纽埃尔·马克龙于 2019 年 11 月 4 日至 6 日对中国进行国事访问。在两国建交 55 年后，两国元首一致同意，在 2018 年 1 月 9 日和 2019 年 3 月 25 日的联合声明基础上继续深化中法全面战略伙伴关系，为两国合作开辟新愿景，为两国人民交流提供新机遇。本着这一精神，中法双方决定在重点领域采取共同行动，简称《中法关系行动计划》。《中法关系行动计划》涉及农业的内容如下。

中方邀请法方参加上海中国国际进口博览会，表明中方欢迎法国企业扩大对中国市场的出口。双方同意加强农业全方位合作，该合作有利于扩大法国农产品对华出口。

两国元首对此访期间签署的几项重要协定表示欢迎，这有助于在广泛领域实现上述目标，包括农业食品。中法两国将开展技术交流，以就非洲猪瘟区域化管理达成一项协议。两国元首一致认为，应为实现上述目标优先制定一份路线图，并将推动该路线图在对等原则基础上于 2020 年达成具体成果。两国元首对两国企业签署 24 份合同表示欢迎。

秉承 2019 年 4 月 9 日中欧领导人会晤承诺，中法两国对完成中欧地理标识合作与保护协定谈判这一重大成果表示欢迎。双方将尽一切努力在短期内取得决定性进展，以便在 2020 年达成一份符合 2019 年 4 月中欧领导人会晤联合声明体现的雄心水平的中欧投资协定。双方对中法地理标识合作议定书的签署表示欢迎，将就 86 项法国地理标识和中国地理标识注册继续开展工作。

九、中法非政府组织积极参与中法农业合作活动

2011 年 5 月在北京国际会展中心举行了第一次信息发布会。此举旨在加大对"中法农业食品合作洽谈会"的宣传和推介力度，以吸引更多的中法企业参会。法国最大农业合作社集团 AGRIAL、欧洲最先进的低温物流生产线制造商 SYLEPS 集团、全球最大糕点面包设备制造商 MECATHREM 集团、欧

洲最节水农业灌溉设备制造商 BERTHOUD 集团、欧洲著名 SILL 奶制品集团、法国 Cooperl 猪业集团等企业，以及一批法国农业食品行业组织均报名参展参会。中方宁夏、黑龙江、河北、河南、江苏、山东、陕西等省区已确定组织 50 个大型企业与会参展。

2011 年 9 月 19 日，欧中联合商会和中国农业国际交流协会①联合举办了中法农业食品洽谈会，在法国举办了第二次中法农业食品合作洽谈会信息发布会。法国农业部、法国农产品国际技术交流与发展协会（ADEPTA）、法国农产品暨食品促进中心（CNPA），欧中联合商会、中国农业国际交流协会，宁夏自治区政府代表团、佳木斯政府代表团、河南省畜牧局代表团，法国 25 家主流媒体，以及中国经济日报、科技日报等中国媒体的记者共约 80 人参加了当天活动。中国 50 家企业和法国 120 家企业参加了洽谈会活动。

从以上情况看，中法两国的农业合作历程到今天已经历了近 60 年，农业合作正伴随着两国经济发展模式的调整不断升级和深化，成果丰硕，这不仅归功于两国政府首脑的大力推动，更得益于两国各类机构、企业和农户的积极参与和配合。在中国，有近 120 家法国农业和农业食品公司（代表处或生产基地），广泛分布在葡萄酒和烈性酒、谷物、甜菜、麦芽和淀粉、动物饲料、动物生产、水果加工、植物种子、奶制品以及保险行业。几乎所有的法国农业行业机构都在中国设有代表处。与此同时，法国也吸引了大量来自中国的投资者：除了 154 家波尔多葡萄园被中国投资者收购外，在勃艮第地区，乳制品行业也吸引了中国投资者。例如，中国在诺曼底地区与 Isigny Saint‐Mère 合作投资了"合生元"（Biostime）；在布列塔尼地区与 Sodiaal 合作投资了"圣元"（Synutra），用于满足中国对婴儿奶粉的需求。此外，由中国蓝星集团（Bluestar）收购的动物饲料添加剂公司"安迪苏"（Adisseo）在中国资本市场成功上市，显示出中国在法投资所涉领域的多样性。

第二节　农业对外合作的组织机构与公务员职责

法国农业对外合作主要通过法国农业和食品部部长及驻外机构的农业外交

---

① 中国农业国际交流协会官网，http：//www.caaie.org.cn/news/195.html。

官来完成，他们在农业对外合作中起了重要的作用。

一、农业和食品部部长的职责

农业和食品部部长①负责制定和执行政府在农业、农业食品工业、林业和木材、海洋渔业和水产养殖领域的政策。他与经济部部长、团结与卫生部部长一道，制定和执行政府的粮食政策。参与政府在国际贸易上各类政策的实施，并作为法国政府代表参与国际组织处理相关问题。法国农业和粮食部部长主要权责包括以下八个方面。

（1）制定和执行农业教育和继续培训政策，并参与制定和促进农业、生物技术和兽医研究政策。

（2）制定和执行动植物健康、动物保护和提高农产品和食品质量的政策。

（3）制定和执行有关农民和雇员的社会政策。

（4）参与制定和执行农村农业政策。

（5）制定和实施农业食品工业政策。

（6）制定和执行海洋渔业、海产品和水产养殖政策，特别发挥管制和控制这些活动的作业，为渔业和水产养殖企业提供资金支持。

（7）与经济部部长、团结与卫生部部长一道，制定和执行农产品和食品质量和健康安全控制政策。

（8）参加欧洲和国际谈判。

二、驻外使领馆农业参赞②（CAA）的职责

法国是继美国之后第二个在国际上部署全球农业参赞岗位的国家。农业参赞岗位设在法国驻外使领馆的经济处，目前，已在18个欧盟国家和第三国设有该岗位。

---

① 法国农业和食品部部长的权力［EB/OL］．［2017-05-26］．https：//agriculture.gouv.fr/les-attributions-du-ministre-de-lagriculture-et-de-lalimentation。

② 法国驻外使领馆农业参赞的职责［EB/OL］．［2021-01-28］．https：//agriculture.gouv.fr/les-conseillers-aux-affaires-agricoles-un-reseau-dexperts-en-europe-et-linternational。

（一）法国驻华使馆农业参赞的岗位职责

为推动法国农业的对外合作与交流，政府赋予了驻外使馆农业参赞以下职责，目的就是将法国的利益与中国政府的利益联系起来，以促进法国农产品的出口和法国公司在中国的发展。具体有以下方面：

——赞同农业和食品部的立场；

——维护法国公司的利益（出口、设厂等）；

——支持经济经营者拓展国际业务；

——帮助各机构更好地了解世界和新兴问题；

——助力法国公共政策的制定；

——协助设计与世界接轨的开放性公共政策。

为了更好地完成其任务，农业参赞还将参考执行法国农业和食品部于2018年7月启动的《欧洲和国际战略》框架要求（SEI）以及该部制定的出口战略，即"2018—2022年政府发展农业、农产品、林业和生物资源产品出口战略计划"。

（二）法国驻华使馆农业参赞履职情况

农业参赞或专员是一个促进者的角色，不仅在国家和政府之间，而且在希望进入中国市场的企业和对法国感兴趣的中国企业之间搭建桥梁，促进合作。

以2013年为例，法国驻华大使馆帮助法国熟食制品商打开了中国市场。法国13家生猪屠宰场和4家熟肉企业获得中国政府批准，4家屠宰场和2家额外的熟肉企业正在等待批准。

（三）法国农业参赞对中国农业期待合作领域的关注重点

1. 家庭农场型农业发展模式

在中国，稳定人口和保护农村的生态环境是中国农村发展的关键问题。在这方面，法国的一些经验值得借鉴，如以合理规模的家庭农业为基础、强调可持续发展和生态农业的发展模式，是中国政府感兴趣的农业发展模式。

2. 地理标识

中国政府对地理标识越来越感兴趣。地理标识是法国在欧盟框架内提出的用于提升农产品价值的重要工具。欧盟和中国正在制定一项协议，称为"100＋100协议"，旨在相互承认 100 个中国和 100 个欧洲的地理标识。

3. 农业培训

在农业培训方面，法国与中国共同实施了几项技术合作方案，涉及农业高中级别的技术培训，运用法国在该领域的专业特长为中国农民和学生提供有用的技术指导。这些项目的开展得到了法国公司的大力支持，如专注猪遗传研究的养猪研究院（IFIP）[①]、养猪业巨头科普利信（Cooperl）[②] 以及使用改良肥料的虎立业（Roullier）[③] 等。简言之，法国能够提供给中国农业适合各种生产条件的解决方案和一系列技术指导。这些技术可能并不能直接在中国转化应用，但它们对中国技术人员而言非常具有启发意义。对于养猪业而言，无论是 IFIP 还是 Cooperl，未来发展的重点都是要通过控制牲畜粪便，创建清洁的农场。值得一提的是，法国农业研究院（INRA）、法国农业国际合作发展研究中心（CIRAD）[④] 和许多其他教育和研究机构（如农学院）在中国开展了很多合作项目，未来中法两国在农业培训领域会有更多的交流和合作。

4. 食品卫生安全

食品卫生安全对中国仍然是一个巨大的挑战。法国拥有世界上较为完备的健康监测系统（在世界排名第二），中国与法国开展卫生安全领域的交流和合作很受中国政府和科研机构的欢迎，并且中国与法国就卫生安全领域的合作举行了许多研讨会、工作会和交流会。

5. 葡萄栽培

葡萄栽培是中法合作很成功的案例。虽然中国的葡萄酒生产是最近一些年才开始的，但中国拥有世界第二大葡萄园（2016 年葡萄园面积为 83 万公顷，占世界葡萄园总面积的 11%，2000 年这一比例只有 4%）。中国的葡萄园广泛分布在山东、新疆和宁夏等几个地区，这些地区的葡萄树需要适应冬季极低的温度，因此冬季必须掩埋葡萄藤防寒，这是与法国不同的地方。中国的葡萄酒市场广阔。在葡萄酒酿造上，法国的一些先进技术值得中国学习，一些先进的机械设备值得引进。

---

① IFIP 官网，https：//www.ifip.asso.fr/fr/ifip-institut-du-porc-qui-sommes-nous.html。
② Cooperl 官网，https：//www.cooperl.com。
③ Roullier 官网，https：//www.roullier.com/fr/。
④ 法国国际合作发展研究中心官网，https：//www.cirad.fr/qui-sommes-nous/le-cirad-en-bref。

6. 中法合作面临的挑战

法国与中国的合作也面临许多挑战。中国是法国农产品出口重要的第三方市场，每年出口额超过 20 亿美元。中国市场向法国开放是一个关键问题。然而，中国对产品进口也有保护倾向，对很多产品也施加了限制。在与中国的谈判中，法国必须在捍卫其合法商业利益的同时，寻求与中国本土农产品发展的互补性，并能够在保护双方共同利益的同时，找到合适的合作空间和做法。法国应在未来与中国合作时努力发展这种互补性。这不仅是法国出口中国农产品的关键，也是法中企业合作的关键。

第三节 农业发展的经验对促进中国农业的借鉴作用

中国农业正处于发展的转型期，急需改变现有的以家庭为单位、生产力低下、生产成本高、与进口农产品相比价格竞争力差等既有现状。中国在发展大型农场和大型农业食品集团的同时，也应注重提高以家庭为单位的农户的生产现代化程度，这些都需要不断向发达农业国家学习先进的经验和做法。从中长期来看，法国的成功经验对促进中国农业转型具有重要参考价值，在短期内，法国向中国大量出口猪肉制品和葡萄酒等农产品也有助于稳定农产品市场供应，保障猪肉和肉类产品价格的稳定。本节将以法国农业发展的经验对中国农业借鉴的作用进行分析。

一、中法农业示范农场——提升中国葡萄酒产品质量

2006 年 11 月 13 日，中法两国在河北省怀来县举办了中法农业示范农场暨中法葡萄种植与酿造示范农场揭牌仪式。在该示范农场，种植葡萄 22 公顷，从技术方面看，全部采用了嫁接苗；从利用种苗方面看，全部采用了法国的新品种；从酿酒设备看，全部采用了法国先进的酿酒机器设备；从酿酒技术看，全部采用了法国的酿酒工艺；从田间管理看，栽植、剪枝、病虫防治、浇水、施肥等，全部采用了法国先进的栽培技术。通过实施该项目，生产出优质葡萄和葡萄酒产品，促进了中国葡萄酒业的发展。同时，给中国葡萄产区带来了新品种、新技术和新理念，也促进了中国农村劳动力就业，增加了农民收入，改

善了农村人居环境。

二、猪肉生产链领域强强联合——加快建设中国猪肉生产完整产业链

2018 年 6 月 25 日下午[①]，在中法两国政府总理的见证下，中国新希望六和股份有限公司与法国科普利信集团（Cooperl Arc Atlantique）签署了战略合作协议，双方将共同致力于建设中国领先的完整猪肉产业链，计划 5～10 年内在中国生产出高质量的猪肉。作为中法农业食品领域的重点合作项目之一，这两家企业还将在优质猪肉生产、人工智能猪场等领域加强创新合作。根据协议，中国新希望六和股份有限公司与法国科普利信集团将致力于建设重要的战略伙伴关系，努力实现在国际上完整猪肉生产链领域领先地位的目标。双方将在供应无抗生素猪肉、猪肉进出口贸易、种猪领域、未来智能猪场的设计建设和管理领域等方面展开合作。

作为中国农牧食品企业龙头，新希望六和股份有限公司是中国目前最大的饲料生产企业，拥有专业的一体化禽产业，正在全面布局养猪产业。公司在生猪屠宰、猪肉产品深加工及分销渠道等方面拥有良好的产业基础，并大力布局中央厨房、冷链物流等新兴产业。法国科普利信集团为法国猪产业链一体化巨头，在种猪育种、猪场设计、动物饲料、动物健康、养殖环保、屠宰加工等方面拥有丰富经验，可在不使用抗生素情况下年饲养 100 万头生猪。

此次战略合作是中法猪产业链龙头企业的强强联合，新希望六和股份有限公司具备动物蛋白整合的能力，Cooperl 拥有提高猪肉价值的技术优势。通过此次合作，将为中国猪肉市场引入欧洲成熟的产业链一体化经营模式，以及"无抗猪肉"、未来智能猪场的设计建设等产业链核心技术。双方将以建设全产业链运营为目标，围绕猪产业升级和多元化转型，开展更加深入的合作，以"从农场到餐桌"的全产业链模式，为中国消费者提供高品质的猪肉产品。

---

① 中法猪产业链巨头强强联合！新希望与科普利信要在中国生产高质量猪肉 ［EB/OL］. ［2018－06－27］. http://static.nfapp.southcn.com/content/201806/27/c1268159.html? from＝groupmessage.

第四节 中国在法国农业投资基本情况及案例

中法农业合作至今已经历了近 60 年。越来越多的中国企业开始践行"走出去"发展思路，中国企业在海外投资的规模和速度不断提升。中国十分重视推动国内企业对法投资，近年来，中国对法投资得到了较大发展，投资形式多样化，包括企业并购、设厂生产、建立地区性总部、研发中心、合作区项目等。据中国商务部统计，截至 2010 年底，中国对法直接投资存量达 2.3 亿美元。2010 年中国对法非金融类直接投资额达 1 329 万美元。2010 年，中国在法投资主要收购案例有：中国复星集团收购法国地中海俱乐部集团 7.1% 股权，中国利邦公司收购法国奢侈品牌 Cerruti，中国企业家收购 Chateau Chenu Lafitte 酒庄等。另外，中国企业也通过其他方式对法投资，如夏斗湖经贸合作区等项目也取得较大进展。[①]

在法国，中国企业对农业领域的投资主要在农产品加工行业。本节具体介绍两个比较成功的中法合作案例（广州市合生元生物制品有限公司和蓝星安迪苏股份有限公司），分析中国在法国农业投资的基本情况。

一、广州市合生元生物制品有限公司

为了确保进口奶粉供应链的稳定，尤其确保奶源的持续供应，越来越多的中国奶粉企业从签订长期订单转向资本合作。2013 年 7 月 2 日，广州市合生元生物制品有限公司与法国供应商、著名乳制品生产商 ISM（Isigny Sainte Mères）签订有关股权投资与融资的框架协议，前者以 2 000 万欧元作价收购后者 20% 股权[②]，确保前者从欧洲获得足够、持续的奶源供应，奶粉的生产技术和配方创新也能不断升级。中国资本的进入将让这家法国乳企在历史上第一次迎来一位非合作社股东。ISM 有 683 个牛奶生产商股东，2012 年的营业额为 2.5 亿欧元，其中 42% 的牛奶用于出口。ISM 将会利用广州市合生元生物

---

① 商务院国际贸易经济合作研究院. 对外投资合作国别（地区）指南：法国（2011 年版）［EB/OL］.［2011 - 07 - 13］. http：//images. mofcom. gov. cn/fr/accessory/201107/1310016669730. pdf。

② 合生元以 2 000 万欧元作价收购法国乳企 20% 股权［EB/OL］.［2013 - 07 - 03］. http：//shipin. people. com. cn/n/2013/0703/c85914 - 22067699. html。

制品有限公司提供的股权投资与融资总金额以及其他渠道融资，在 ISM 的厂区内新建婴幼儿配方奶粉生产及包装工业设施，使 ISM 的奶粉总产能于 2016 年前增至 50 000 吨。同时，从 2016 年开始 ISM 保证向广州市合生元生物制品有限公司每年供应 18 000 吨婴幼儿配方奶粉。有专家分析称，中国企业到海外找奶源从长期看还有一个好处，就是国外奶源的成本要比国内低，加上这两年海外投资门槛在降低，也使得中国企业愿意走出去。

2018 年 9 月 10 日，广州市合生元生物制品有限公司在北京法国驻华大使馆举行了中法慈善颁奖礼。法国驻华大使黎想先生（Jean‑Maurice Ripert）在活动致辞中说：广州市合生元生物制品有限公司是法国驻华大使馆及各驻华总领事馆的合作伙伴。他对中法企业的合作表达了肯定和赞赏。

因广州市合生元生物制品有限公司以"合生元"产品为媒介在全球范围内积极传播法国品质，而被法国驻华大使馆授予"法国品质合作伙伴"殊荣。法国驻华大使馆文化教育合作参赞、北京法国文化中心主任罗文哲（Robert Lacobe）更表示："广州市合生元生物制品有限公司是在全球范围内积极传播法国品质的合作伙伴。通过与法国百年匠心的 ISM 企业的合作，广州市合生元生物制品有限公司把倾注了诺曼底匠心精神及中法领先科技的优质产品带给全球母婴，同时促进了中法两国的友好互通。"

一直以来，"合生元"品牌产品的奶源地在有着"欧洲乳仓"美名的法国诺曼底，那里是法国两个欧盟认证的 AOP 产区之一，出产的乳制品品质卓越，深受世代法国人喜爱，同时享誉全球。广州市合生元生物制品有限公司的"合生元"牌产品将法国高品质奶带给全球的消费者，是法国品质在全球传播的优秀合作伙伴。

二、蓝星安迪苏股份有限公司

2006 年，中国化工集团公司收购了在海外的法国安迪苏公司和法国蓝星有机硅公司两家企业。十年间，中国化工集团公司已发展成为海外企业营业收入占集团总营收 55%、外籍员工占员工总数 1/3 的国际化企业集团。在中国化工集团公司的大力支持下，安迪苏业绩迅猛增长，进一步巩固了全球一流动物营养添加剂生产商的地位，蓝星有机硅公司成长为全球领先的一体化有机硅生产商。法国是中国化工业重要的投资发展之地，也是中国化工业全球产业布局的重要组成部分。

2016 年 10 月 28 日，为促进中外企业文化的融合，中国化工集团公司举行了"国家主题月"之"法国主题月"开幕式活动。活动的目的是让中外企业员工了解彼此的历史、文化、经济、社会等内容，为进一步加强中外企业交流、融合、协同、互助打下良好基础。法国驻华大使馆文化教育合作参赞、北京法国文化中心主任罗文哲莅临活动现场祝贺，[①] 他高度评价了中国化工集团公司举办"国家主题月"活动的重要意义："中法两国友谊源远流长，在商贸、科技、文化等领域有着广泛交流，中国化工集团公司更是中法经贸深层次合作的典范，为经济增长和文化融合做出了贡献。相信两国企业的精诚合作和共同努力必将进一步推动两国关系的深入发展。"中国化工集团公司董事长、蓝星公司董事长任建新在书面致辞中，盛赞了法国璀璨的历史文化和卓越的现代科技成就。中国化工集团公司是目前中资在法投资最大的企业，截至 2016 年，中国化工集团公司为其收购的法国蓝星有机硅公司在法资本投资累计近 3 亿欧元（约合人民币 25 亿元），研发投入累计 3.8 亿欧元（约合人民币 32 亿元），为当地提供了近 2 000 个就业岗位。他称赞优秀海外企业的加入，带来了世界领先的技术和先进的管理理念，为国内企业的转型升级和优化提升带来了有益思路。

---

① 法国驻华使馆参赞出席集团"法国主题月"开幕式 [EB/OL]．[2016 - 10 - 28]．http：//www.chemchina.com.cn/portal/xwymt/jtxw/webinfo/2016/10/1477614732401328.htm。

第十五章 CHAPTER 15
法国农业发展的经验、困难和启示 ▶▶▶

第一节 农业发展的经验

法国农业现代化的发展历程大致可以分为以下几个阶段：

20 世纪 40—60 年代，自 1945 年之后，法国优先实行了"以农养工"政策，开启了缓慢渐进的机械化进程，此阶段的成果差强人意，尚不能充分保障粮食安全。在法国农村的市政厅里经常可以看见一些宣传海报的主题是："法国饿了。"

20 世纪 60—70 年代，自 1960 年颁布了《农业指导法》起，国家对农业的扶持资金大部分用于扶持农业合作社，政府的调控政策有效地促进了农产品的生产，增强了市场的供应能力，以及有效地推动了准农业组织的巨大发展。到 1970 年左右法国已实现多种作物种植全过程机械化，全面实现了农业现代化。此时，法国的各种农产品（谷物、牛奶、肉、蔬菜等）产量出现爆发式增长。

20 世纪 70—80 年代，法国农业进入"理性发展时代"，70 年代，法国农业生产过剩问题凸显，法国农业界开始反思是否应继续坚持过分追求产量的生产模式。法国在发展现代农业的过程中，更加注重全面考虑和兼顾生产者的经济利益、消费者的需求和环境的保护，以实现农业的可持续发展。20 世纪 80 年代以后，欧洲人对农产品的需求已基本得到满足，法国必须开拓新市场来出售其农产品，法国农业因而逐渐谋求国际化发展。据统计，到 2007 年，法国用欧盟 16％的农用耕地，生产了欧盟 22％的粮食，农产品收入达 620 亿欧元，成为世界上仅次于美国的第二大农业和农业食品进出口国，法国成为欧洲第一大农业强国。法国在农业现代化进程中取得了很好的经验，包括：农业生产管理专业化，农业合作社促进农业产业链一体化发展，坚持农业可持续发展理念等，这些经验可为中国农业发展提供借鉴。

一、农业生产管理专业化

法国农业生产管理专业化主要体现在以下四个方面：区域化、标准化、机械化和数字化。通过专业化的布局、生产和销售的全过程统筹，法国农业打造了众多蜚声世界的品牌，如法国的红酒、牛肉、面包酵母、婴儿奶粉、冰淇淋等均具有较高的国际声誉，酒类出口更是达到了世界出口总量的1/2。

（一）农业管理区域化

法国非常注重农业区域化管理。法国领土东高西低，境内山区、丘陵、盆地兼而有之。综合考虑自然禀赋、历史传统、国际竞争等多种因素，按照"平地种粮、山丘养畜、坡岗种葡萄加果菜"的生态适应性要求，法国学界研究者提出合理布局不同的农作物和畜牧生产区域，形成各具特色的专业化商品产区的理念。通过多年建设发展，法国境内形成了三大生产区域：以粮食、油料和甜菜为主的巴黎盆地大耕区；以牛、羊、猪、家禽为主的西部畜牧区和产奶区；以葡萄、园艺和水果蔬菜为主的南部果菜区。区域专业化特色生产，使法国农产品带有浓郁的地域特色，其产品多以地域或城市来命名，如享誉世界的波尔多葡萄酒、香槟地区的香槟酒等。

（二）农业产业链标准化

法国的农业生产保持了家庭化企业格局。到2000年，法国农业企业的平均土地经营面积为50公顷（英的平均值是68公顷，而美国则达到了177公顷）。法国农产品要突破地域限制、打造国际化品牌，必须实行标准化。农业标准化是一个庞大而复杂的系统工程，包括产前、产中、产后全过程，涉及生产、加工、流通各个领域。众所周知，欧盟对农产品的生产与加工有着苛刻的要求和种种限制，作为欧盟的核心成员国，法国在农业生产和农产品加工方面实行严格的标准。欧盟国家实施"欧洲统一（CE）认证"安全合格标准制度，以满足消费者对安全、健康和环境方面的要求。同时积极参与国际标准化组织（ISO）、国际食品法典委员会（CAC）等国际机构的农产品标准制定，将国内标准和国际标准相结合，从而提高欧盟成员国农产品在国际市场上的竞争力。法国是欧盟农产品标准化生产最具有代表性的国家，建立了比较完善的农产品质量标准识别标识制度：优质产品使用优质标签；特色产品使用认定其符合条例和标准的合格证书；以特殊方式生产的、符合生物农业要求的产品使用生物产品标识；来自特定产地、具有该地区典型特征的产品以产地命名。

（三）农业生产机械化

法国现代农业生产的专业化与农业的高度机械化密不可分。法国农机的主要特征是性能好、配套全、功率大。如今，大部分法国农场已经实现了机电一体化。法国的农业机械装备技术已逐步融合现代微电子技术、仪器与控制技术以及信息技术向智能化方向发展。田间自动导航系统、机器视觉系统等研究成果已经开始装配到拖拉机和自走式农业机械上。法国拥有大批优秀的农业机械企业，如纽荷兰（New Holland）、约翰迪尔（John Deere）、道依茨（DEUTZ）和麦赛福格森（Massey Ferguson）等。秋播时，放眼法国农田，很难看到农民的身影，点缀在田地上的只有少量大型机械。为了提高农业机械化水平和生产效率，法国政府还制定了一些激励政策：鼓励专业化生产，扩大农业生产经营范围，实行工农商联合发展，使用农业生产配套机械等。

（四）农业技术数字化

法国农业除了机械化水平高这一优势之外，政府和农户还特别注重数字科技在农业生产中的应用，鼓励依托机器人和传感器，使农业向更健康、更人性化、更高效、更环保的方向发展。数字科技的使用有很多优点，例如，机器人可以把农民从辛苦并且耗时的农业劳动中解放出来，不但提高了生产效率，还降低了生产成本，增加了农户经营者的收入。传感器的应用为法国农业提供了大量极具价值的数据信息：这些传感器可以被安装到无人机、拖拉机上，或者直接植入田间，准确地监控作物生长状况，还可以对农场土地的水含量、氮含量、病虫害情况以及杂草生长情况等进行检测，然后再通过相应应用软件将信息进行综合整理与分析，最终反馈给农户。根据传感器提供的图像或数据信息，农业生产利益相关者便能根据农场的具体实际情况更好地对生产投入做出选择,以提高农产品产量和品质。除了农业生产之外,法国农民也将数字科技运用到农产品的运营和销售等农业终端环节。目前,法国企业开发了不少食品溯源手机软件,通过扫描条形码,就可以轻松获得产品的所有信息,包括种植环境、生长状况、包装加工等各个环节,消费者大可对食品的安全性放心。这种全环节的可追溯性软件将大力保障法国的粮食与食品安全。

基于卫星和无人机支持的作物分析和控制系统"农场之星"(Farmstar)[①],它利用作物图像分析和农艺模型系统,对作物生长状况(营养、疾病风险、倒灌风险等)提供专业的咨询服务。根据空中客车公司(Airbus)的数据,正是由于这种合理决策和精准作业,法国农民每公顷小麦可以节省 57 美元的生产成本。

法国目前最热门的农业服务平台之一是一个名为 MiiMOSA[②] 的众筹平台,这个平台可以帮助法国农民筹集资金,开展多元化经营,而不必担心负债压力。在 2019 年法国国际农业博览会上,MiiMOSA 众筹平台研发的一种最新众筹方式——"捐赠众筹+实物补偿"映入公众眼帘。该众筹方式的具体运行方式举例来说可以理解为:假设一个牧民希望筹资 2 000 欧元建一个奶酪加工作坊,他会在平台发布众筹消息,感兴趣者可以参与出资,最终出资者可以获得参观牧场、体验农家乐、获赠奶酪等实物报酬。这种新兴的众筹平台吸引了众多法国农民的参与,MiiMOSA 众筹平台官网显示,自 2018 年 3 月以来,该平台共拥有 300 000 个会员,资助项目 4 000 个,筹集到 5 000 万欧元,发放农业和食品贷款额达 21 023 314 欧元,公民结转资本额为 2 046 399 欧元,公民结转利息额达 252 251 欧元,项目成功率为 100%。

二、农业合作社促进农业产业链一体化发展

法国农业以农场为基础,以农业合作社为纽带,各产业链之间无缝对接,商业化运作,形成了非常完善的农业产业化服务体系。法国农业合作社在农业生产中发挥了重要的产业支点作用,促成了法国农业的有序发展和稳

---

① "农场之星"控制系统官网,http://www.myfarmstar.com。
② MiiMOSA 官网,https://www.miimosa.com/fr?l=fr。

步提高。法国农业合作社类别很多，广泛覆盖农业生产、农产品加工与流通、农业技术、农业机械化的推广以及农村社会化服务等各个领域，它们同时在农业教育和培训、农业信贷、农业保险、农民社会保险等各个方面均有布局。

法国农业合作社的优势可以总结为三个方面：一是集中整合了农业生产的需求，降低了农民的采购成本，实现生产资料的统一购买，农民技术的统一支持，农产品的统一销售，合作社还对农产品加工、储存、贸易、金融、保险等服务通过众包的模式进行统筹管理；二是通过农业合作社，连接了农产品的生产和销售，增强了农民的市场话语权，维护了农民的经济利益；三是农业合作社与农场之间的分工合作，是一种既独立又合作的双轨经营模式。农场负责把农产品的种植和生产做好，合作社负责把产前、产中、产后的各项服务做好，实现了农工商一条龙、产供销一体化经营的模式。

截至 2020 年底，法国 90% 以上的农场主加入了农业合作社，其年营业额达 1 650 亿欧元。法国农业合作社已形成了完整的农业产业链一体化网络，其中很多农业合作社以及农业合作社性质的联合组织，甚至逐渐发展成为世界知名的大型农业和食品企业集团，如法国种业巨头利马格兰集团等。

三、坚持农业可持续发展理念

法国把绿色、环保与可持续的现代农业发展理念作为国家的基本国策、居民的普遍共识贯彻到农业产业化进程中的各个环节。

(一) 生态农业发展理念

20 世纪 80 年代法国提出"理性农业"的理念，具体内容包括：在发展现代农业过程中，需要整体考虑和全面兼顾生产者经济利益、消费者需求和环境保护，以实现农业可持续发展。"理性农业"理念得到了上层决策者的认可，形成了理性农业的相关标准：在保障生产者收入的前提下，不断提高农产品质量，注重保护生物的多样性，注重农业和自然的和谐发展。这种对可持续和环境的珍视，不仅回应了公民的诉求，还调动了社会各级力量参与监督，政府的强制措施更提供了制度性保障。发展"理性农业"，需要包括议会、政府、生产者、经营者、管理者在内的所有行为主体从理念上、制度上和行动上把农产品质量当作大事，在农业和农业食品生产上贯彻"绿色、环保与可持续"的发展理念。

在法国，绿色农业是指生产方式尊重环境，在农产品的生产、仓储、保鲜过程中不使用合成化学产品，不采用转基因技术。例如，在波尔多，葡萄种植主要是"看天吃饭"，若要喷药或浇水，必须经过农业部门的严格审批。农业专家对农药的半衰期也极为苛求，即使绝产，也不会在采摘前的两个月内喷药。法国政府同时出台多项措施鼓励发展绿色生态农业和农产品加工业，如设立 1 500 万欧元的绿色未来基金，向从非绿色农业向绿色农业转变的农户提供免税等扶持；在生态农产品消费方面，法国政府强制要求所有食堂和餐厅的菜品中必须包含 20% 比例的绿色食品。再比如，始建于 15 世纪的夏特诺瓦农场，现已传承至第八代，在生产方面十分强调轮作，有的轮作周期长达 7 年，有效创造了一个对致病细菌不利但利于农作物自我调节的精确的生态多样化环境。

在发展过程中，法国农业形成了以 AOC（原产地证明）、AOP（欧盟原产地证明）为重点，包括 STG（传统特产农产品保证）、IGP（受保护的地域标识）、AB（有机农产品）、LR（红色标签认证）等在内的一套完善的质量标准体系，为绿色环保可持续农业提供了有力支撑。

（二）重视农业人才培养

法国农业的可持续化更要得益于政府和科研机构对农业人才的培育。法国农业人才培养的特点可以总结为以下三方面：一是农业人才培养模式和层次的多样化，法国政府下辖的教育机构、科研院所、农商会、合作社的分工明确，培养目标和服务对象各有不同，可纵向到底、横向到边，满足从农业工人、农业技师、农业高级技师、工程师到科研人员各个层次的人才培养需求。二是重视农业人才实践能力的培养，法国各类培训机构都有自己的实验基地、实验室和操作车间，实践课时占总课时的 1/3，半数左右农业院校与农场有直接联系。三是农业人才培养体系较为成熟和严格，这些都提升了农业的准入门槛，法国还颁布了农业教育指导法案：规定农民必须接受职业教育，只有取得合格证书后，才能享受国家补贴、优惠贷款和农业经营资格，并要求凡 18 岁以上的农民，每人需参加为期一年（可累计）的农业知识培训；18 岁以下者须先培训 3 个月，再到农场实习 3 年，期满后经过考核颁发

"绿色教育证书"。

绿色农业发展理念保证了法国农业生态资源的可持续发展，完善的农业人才培养体系保证了法国农业人力资源在代际上的可持续性，为法国延续并保持欧洲乃至世界农业强国地位奠定了坚实的基础。

第二节 农业发展的困难

虽然法国农业在 1945 年后经历了空前的大发展，实现了农业的全面现代化，通过农业合作社将农民组织起来，政府也通过各种制度和政策保障了农业的可持续发展，成为世界农业不可忽视的重要力量。但是，进入 21 世纪以来，法国农业不得不面对众多困难：农业耕地面积日渐减少，农民数量锐减、老龄化严重，农民收入低、贫困程度不断加剧，农产品国际竞争优势减弱，这些困难都阻碍了法国农业的发展。

一、农业耕地面积日渐减少

法国虽然把农业当做立国之本，并以其农产品和食品行业在全球占有的领先地位为豪，但是，法国的农业用地面积正在以每秒 26 平方米的速度减少。根据法国农业和食品部的统计可知，在过去的 30 年内，法国减少的农用地面积比例近 7%，累计约 200 万公顷。更为严重的是，近几年土地减少的现象正在加速，在 2006—2008 年，法国农用地减少率达到峰值，平均每年减少的农田面积达 82 000 公顷。

二、农民数量锐减，老龄化问题严重

2010 年，法国农业普查结果表明，由于农民数量减少，2000—2010 年，法国农场数量从 665 000 家锐减为 515 000 家。与此同时，法国农民老龄化趋势逐渐加大，45～64 岁农民成为绝对主力。而在法国的某些地区，50 岁以上的农民（之前预计他们将在未来 10 年内退休）中，仅有 40% 的人知道将有一位年轻的农民接手他们的农场，其他农民不得不面对后继无人的局面。法国农场经营者年龄分布对比可参考图 15-1。

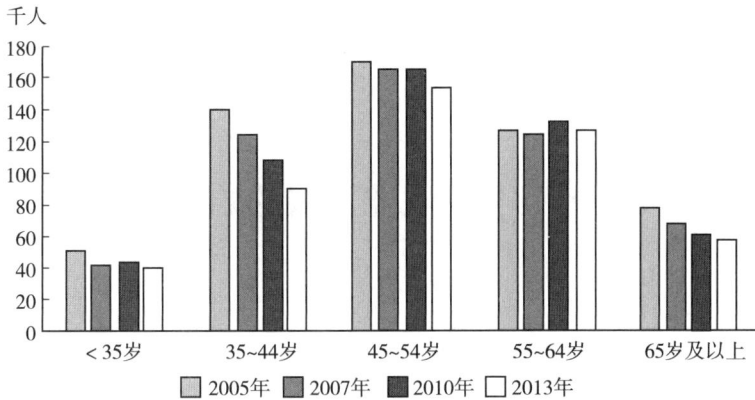

图 15－1　法国农场经营者年龄分布对比

数据来源：欧盟统计局，ec. europa. eu。

三、农民收入增长困难，农村贫困程度加重

近年来因市场利益分配不均和气候条件不佳，农民境遇不断恶化，不满情绪大大增加。据法国《费加罗报》报道，目前法国 20％的农民亏本经营，50％的农民每月收入不足 350 欧元。与此同时，农场平均债务从 1980 年的 5 万欧元上升至如今的 16. 4 万欧元。世界银行的数据显示，2016 年法国人均收入为 38 720 欧元。然而，根据法国农业社会保险互助社介绍，一半以上的法国农民月收入却不到 354 欧元，并且这一比例比 2015 年提高了 1/5，农民收入明显下滑。

四、农产品国际竞争优势减弱

在法国，某些农业生产自然条件差、农产品收成低于平均水平的地区被列入"单纯弱势地区"，可以领取政府补助，额度可达部分农民收入的一半以上。但是，未来这部分只享受补贴而不提供优势农产品的农民很可能被移除到补贴名单之外，一些农民的生计或将无法保障。此外，欧盟与南方共同市场关于自贸协议的谈判也令很多畜牧业主担忧。法国农业经营者公会全国联合会认为，这一协议意味着巴西或者阿根廷的低价肉类大量进入法国，抢占法国本地肉类的市场，将导致至少 2 万个畜牧农场消失。法国部分地区的农民或因不能生产

具有国际竞争优势的农产品而不得不另谋出路。法国政府在保障国内农民利益与开放国际市场之间如何进行利益权衡，也将是法国农业未来发展必须解决的难题。

第三节 农业发展的启示

根据世界银行的统计，2016 年，法国人均耕地面积为 0.27 公顷。法国的土地分散和小农经济在历史上曾对本国经济发展产生严重的负面影响，1945 年以后，法国开始推行以土地集中为核心的农业改革，由政府成立土地整治公司，从农民手中收购土地，经过整治规划后出售给具有经营能力的农场主，从而使大中型农场不断增加。到 20 世纪 70 年代，基本完成了土地集中，农场的平均面积由 1955 年的 1 600 公顷上升到 2 000 公顷以上。土地规模的扩大，使得法国有条件推广农业机械和生物技术，大大提高了土地的产出率，带动法国逐步成为欧洲主要的农产品出口国。法国农业发展的启示可概括为以下四个方面：提高农业生产效率，加强制度建设，推动农业产业链一体化发展，加强农业从业者的教育和培训。

一、提高农业生产效率

从谷物种植情况来看，法国偏重于小麦和玉米。这与法国人饮食习惯有关，法国人的主食为面包，这些面包均以小麦为原料进行加工生产，法国小麦较高的产量成为法国居民面粉消费的重要保障。根据世界银行的统计，法国小麦单产能达到 6 256 千克/公顷，排名世界第五。另外，法国作为畜牧业大国，需要大量玉米作为饲料，玉米产量能达到 9 491 千克/公顷，排名世界第二。可见，法国的农业生产效率非常高。

二、加强制度建设

法国农业所有的生产、流通都是按照既定目标和标准进行的，所有产品的生产数据都进入可追溯系统，有严格的信用惩戒威慑，市场主导着资源的配置，政府只发挥引导、支持和规范作用。全国上下重视并切实执行欧洲白皮书以及各种规章制度，保证了农业有序、高效发展。

补贴制度是法国加强和调控农业的重要杠杆。在稳定、加强农业发展方面，法国对农业的补贴主要按照农产品作物类别、种植面积和牲畜头数等标准进行直接补贴。其他的补贴惠农政策还包括：设立青年务农者立业贷款，鼓励年轻人从事农业生产；设置畜牧和新栽培补贴；提供现代化农业装备资助以及农业灾害补贴贷款等。在调控引导方面，政府通过增减主要农产品补贴幅度来鼓励或者限制某种农产品的生产，引导农业结构调整，例如，设立土地休闲补贴、价格降低补贴、环境保护补贴等。

"原产地命名控制（AOC）"制度的实施，特别使一些地理、气候条件不好的区域找到了发挥独特优势的机会，促进了地区农业自然资源的合理开发。该体系的运作非常成功，它以传统文化、地方特色的优势产业及产品为基础，把农业标准化建设与农产品名牌战略相结合，塑造了农产品的"民族精品""国家品牌"，形成了法国在农产品和食品国际贸易上的绝对竞争力。拉菲、白马、拉图和奥比安等国际知名的红酒品牌就是典型代表。

三、推动农业产业链一体化发展

法国政府在农业生产过程中积极促进供、产、销三方面的有机配合、统一经营并制定措施给予保障。将产前和产后的相关企业建立在农村，配以发达的市场信息网络，农业的发展逐渐与工业和商业的发展结合在一起，成为"农工商综合体"。一方面，工商企业严格控制农场生产农畜产品的数量、质量和价格等；另一方面，通过合同关系，工商企业不仅最大限度地把利益让给农业生产者，保证了一体化农场的产品销路和收入，而且还及时向农业生产者提供先进的生产工具和必需的生产资料，协助其改良生产技术、提高经营管理水平，从而使一体化的农场获得更高的生产效率。

四、加强农业从业者的教育和培训

法国长期以来在农业领域形成的教学、科研、推广一体化的机构设置，使法国农业教育、科研推广运转良好，效率极高，是该国农业全产业链健康发展的重要基石。法国农业教育体系由高等农业教育、中等农业职业技术教育和农民职业教育三部分组成，并相互补充、紧密衔接，而且法国大学内有农科院，教学科研与推广等各单位不重复设置，全国布局合理，使农业教育、科研与推广有机融合。将先进的技术、理念和制度应用于农业，让农业从业者持续增产增收增效，让生存环境更加和谐。实践证明，强化农业从业者的教育和培训是实现全产业链健康发展的重要保障。

相关网站

Related Websites

法国 2015—2022 年 CAP 报告，https：//agriculture. gouv. fr/la-pac-2015-2020-en-un-coup-doeil.

法国爱思农集团官网，http：//www. fernand-assistant. fr.

法国大众银行官网，https：//www. banquepopulaire. fr/portailinternet/Pages/Default. aspx.

法国国家地理与林业信息研究院官网，https：//ign. fr/institut.

法国国家风险管理基金官网，https：//agriculture. gouv. fr/la-mobilisation-du-fonds-national-de-gestion-des-risques-agricoles.

法国国家农业、食品与环境研究院官网，https：//www. inrae. fr.

法国国家农业健康和环境互助基金官网，https：//opera-connaissances. chambres-agriculture. fr.

法国国家农业食品与环境研究院官网，https：//www. inrae. fr.

法国国家农业研究院介绍，https：//baike. so. com/doc/8441935-8761839. html.

法国国家食品理事会官网，https：//cna-alimentation. fr.

法国海关官网，https：//www. douane. gouv. fr/dossier/notre-action-linternational.

法国互助信贷联合银行官网，https：//www. creditmutuel. fr/fr/groupe/banque-solide/organisation. html.

法国农林复合系统，https：//chambres-agriculture. fr/recherche-innovation/agroecologie/agroforesterie/.

法国农业公会官网，https：//chambres-agriculture. fr/recherche-innovation/projets-rd/.

法国农业合作社官网，https：//www. lacooperationagricole. coop/fr.

法国农业和食品部官网，https：//agriculture. gouv. fr.

法国农业和食品部数据统计司，https：//agreste. agriculture. gouv. fr.

法国农业和食品部数据统计司 2020 年年度报告，agreste. agriculture. gouv. fr.

法国农业技术协调协会官网，http：//www. acta. asso. fr.

法国农业社会保险互助会官网，https：//statistiques. msa. fr/chiffres/prestations-cotisations-et-autres-recettes/.

法国农业食品企业 2020 年度报告，http：//agriculture. gouv. fr/Le-panorama-des-IAA.

法国农业信贷银行官网，https：//www. credit-agricole. fr.

法国全国统计及经济研究所，https：//www. insee. fr.

法国生物多样性保护办公室官网，https：//ofb. gouv. fr.

法国食品银行官网，https：//www. banquealimentaire. org.

法国水利局官网，http：//www. lesagencesdeleau. fr.

法国土地信贷银行官网，http：//www. banque. creditfoncier. fr/page _ identification. aspx.

法国有机农业发展促进署官网，https：//www. agencebio. org/vos-outils/financer-son-projet/les-aides-aux-agriculteurs-bio/.

法国政府官网，https：//www. gouvernement. fr/france-relance.

共同农业政策检测和培训官网，https：//capeye. fr/pac-application.

共享花园和都市农业，https：//agriculture. gouv. fr/initiative-jardins-partages.

欢迎来农场官网，https：//www. bienvenue-a-la-ferme. com.

农业生态学和区域农村发展报告，https：//agreste. agriculture. gouv. fr/agreste-web/download/publication/publie/NES45-A2/nese190945A2. pdf.

欧中联合商会官网，https：//www. eccu. fr.

欧洲和国际社会保险联络中心报告，https：//www. cleiss. fr/docs/regimes/regime _ france _ agricole _ salaries. html.

欧洲农业农村发展基金网站，https：//www. europe-en-france. gouv. fr/fr/fonds-europeens/fonds-europeen-agricole-pour-le-developpement-rural-

FEADER.

全球经济指标数据库网，https：//fr. tradingeconomics. com/france/gdp-per-capita.

中国农业国际交流协会官网，https：//www. caaie. org. cn/index. php?id＝195&x＝news.

中央再保险公司官网，https：//www. ccr. fr/l-entreprise-ccr.

参考文献

References

《中法关系中长期规划》（全文）［EB/OL］．［2014-03-28］．http：//theory. people. com. cn/n/
2014/0328/c136457-24761323-3. html.

《中法政府关于第三方市场合作的联合声明》［EB/OL］．［2015-07-02］．http：//world. people.
com. cn/n/2015/0702/c1002-27244657. html.

陈静俊，2013. 国际农批市场模式比较的借鉴和启示［J］．科技信息（1）：325，328.

陈锡文，2003. 法国、欧盟的农业政策及其对我国的借鉴作用［J］．中南林学院学报（6）：
11-14.

从农业大国到农业强国［EB/OL］．［2016-12-09］．https：//www. sohu. com/a/121078964 _
485176.

翟琳，王晶，徐明，等. 法国农业科技体制发展及对中国科技体制改革的启示［J］．世界农业，
2015（4）：65-68.

丁建军，余海鹏，2020. 西方发达国家农业转型的经验及对湖北的启示［J］．荆楚学刊，21
（3）：40-44.

法国的农业政策［EB/OL］．［2008-01-15］．http：//www. foods1. com/news/370371.

法国加大环境保护力度［EB/OL］．［2020-01-03］．http：//news. eastday. com/eastday/13news/
auto/news/world/20200103/u7ai9004555. html.

法国农业和食品部. Agri Summit 2019［EB/OL］．［2019-06-24］．https：//agriculture.
gouv. fr/dossier-de-presse-agri-summit-2019.

法国农业和食品部. 2020 法国农业教育大纲［EB/OL］．www. agriculture. gouv. fr.

法国农业和食品部 2018-2022 年欧洲和国际战略［EB/OL］．［2019-02-21］．https：//agricul-
ture. gouv. fr/la-strategie-europe-et-international-2018-2022-du-ministere-de-lagriculture-et-de-
lalimentation.

法国农业教育体制［J］．世界教育信息，1999（3）：25-27.

法国政府农业支持政策［EB/OL］．［2018-06-23］．https：//baike. so. com/doc/28323983-
29744579. html.

法国驻华使馆参赞出席集团"法国主题月"开幕式［EB/OL］.［2016-10-28］. http：//www. chemchina. com. cn/portal/xwymt/jtxw/webinfo/2016/10/1477614732401328. htm.

韩长赋主持召开中法农业及农业食品合作混委会第五次会议［EB/OL］.［2018-11-05］. http：// www. moa. gov. cn/xw/zwdt/201811/t20181105 _ 6162334. htm.

合生元以 2000 万欧元作价收购法国乳企 20% 股权［EB/OL］.［2013-07-03］. http：// shipin. people. com. cn/n/2013/0703/c85914-22067699. html.

贺丽娟，2019. 论 16-18 世纪法国农业经济的发展［J］. 衡阳师范学院学报，40（5）：120-125.

洪仁彪，张忠明，2013. 农民职业化的国际经验与启示［J］. 农业经济问题，34（5）：88-92，112.

胡博峰. 法国：探寻农业可持续发展新路径［J］. 中国畜牧业，2011（17）：56-58.

胡红斌，戴波. 国外农业合作社运营模式的比较研究［J］. 世界农业，2017（5），158-161，177.

湖北省人大农委赴法考察团，2007. 法国农业经济发展及相关法制建设的考察报告［J］. 楚天主人（1）：34-35.

回良玉访问法国并签署《中法农业合作联合声明》［EB/OL］.［2006-04-21］. http：//www. gov. cn/govweb/ldhd/2006-04/21/content _ 260457. htm.

蒋忱忱. 法国农业合作社［J］. 中国合作经济评论，2011（2）：120-140.

孔泉大使在巴黎就中国经济形势和中法关系发表演讲［EB/OL］.［2009-10-14］. http：// www. amb-chine. fr/chn/sgxw/t692424. htm.

李冰，2016. 秦皇岛市家庭农场发展对策研究［D］. 秦皇岛：河北科技师范学院.

李鸿涛. 法国坚定捍卫农业利益［J］. 经济日报，2020-02-28.

李华. 法国如何培育职业农民［J］. 大众日报，2019-06-05（9）.

李靖. 欧盟农产品价格支持政策经验与启示［J］. 河南农业，2016（15）：52-54.

刘德成，2004. 中法流通业比较［J］. 商业时代（29）：33-34.

刘康. 法国是如何成为世界农业强国的［N］. 中国县域经济报，2017-09-25（3）.

刘武兵，李婷. 欧盟共同农业政策改革：2014-2020［J］. 世界农业，2015（6）：65-69.

洛纯，1998. 法国农业概况［J］. 全球科技经济瞭望（6）：3-5.

马忠浩. 国外巨灾保险模式及对我国的启示［J］. 时代金融，2018（35）：395-396.

梅俊杰，2009. 从马克思的论断看自由贸易的历史真相［J］. 马克思主义研究（6）：60.

孟莉娟. 美国、法国、日本农业科技推广模式及其经验借鉴［J］. 世界农业，2016（2）：138-161.

宁萌，2016. 土地承包经营权退出制度研究［D］. 天津：天津商业大学.

农业部副部长余欣荣率团考察法国农业并会见法国农业、食品及林业部副部长艾里克·阿兰［EB/OL］.［2012-12-08］. http：//www. moa. gov. cn/jg/leaders/yuxinrong/huodong/201212/

t20121208 _ 3100293. htm.

谭金芳，邓俊锋，徐佳 . 农业教育视角下的法国现代农业及启示［J］. 中国农业教育，2016（2）：11-15.

唐仁健同法国农业和食品部部长举行视频会谈［EB/OL］.［2021-02-04］. http：//www. moa. gov. cn/xw/zwdt/202102/t20210204 _ 6361219. htm.

滕淑娜，顾銮斋，2011. 法国农业经济政策的历史考察［J］. 史学集刊（4）：80-88.

田瑞霞，王烽，2016. 中外农业现代化与城镇化的比较研究［J］. 世界农业（9）：99-104.

王东京，等，2012. 法国农业现代化之路［J］. 农村工作通讯（18）.

吴涛，韩冰，徐甜 . 法国何以成为欧盟第一大农业国？［EB/OL］.［2018-04-20］. http：//mem-o. cfisnet. com/2018/0420/1312141. html.

许世卫 . 荷兰、法国农业科研体制及对我国的启示［J］. 科学管理研究，2005（6）：91-101.

许浙景，杨进 . 法国农业教育的发展和特色［J］. 世界教育信息，2019，32（15）：44-49.

许浙景 . 法国农业教育的发展和特色［J］. 神州学人，2019（7）：46.

杨娇 . 法国农村金融体系对我国的启发［J］. 中国市场，2011（22）：55，57.

杨璐璐，吴群，周应恒，等，2017. 农村土地"三权分置"催生的农民获得感［J］. 改革（1）：32-48.

姚懿德，1993. 法国山区发展及其整治［J］. 山区开发（5）：393-396.

张莉，张敬毅，程晓宇，等 . 法国生态农业发展的成效、新措施及启示［J］. 世界农业，2019（11）：18-23，130.

赵静，2015. 美国、日本和法国 3 国中央政府农业投资的主要做法和经验［J］. 世界农业（4）：91-95.

中法农业及食品合作混委会第六次会议在南昌召开［EB/OL］.［2019-10-16］. http：//www. moa. gov. cn/xw/zwdt/201911/t20191116 _ 6331950. htm.

中法猪产业链巨头强强联合！新希望与科普利信要在中国生产高质量猪肉［EB/OL］.［2018-06-27］. http：//static. nfapp. southcn. com/content/201806/27/c1268159. html？from＝groupmes-sage.

周佰成，白雪，李佐智 . 农业巨灾保险比较思索［EB/OL］.［2012-10-31］. https：//www. baywatch. cn/a/lunwenziliao/zirankexue/nongyeshengchanbaoxianlu/2012/1031/16506. html.

周璇 . 数字科技让农业更"时尚"［J］. 中国会展，2019（7）：17.

朱勤，2020. 实现城乡基本养老保障均等化的改革路径：兼议农民退休制度［J］. 人民论坛（25）：80-84.

MICHAEL T. Government and Agriculture in Western Europe 1880—1988［M］. 3rd ed. New York：New York University，1989：16.

KOTLER P, KELLER K, DELPHINE M, et al. Marketing Management［M］. Prentice Hall,

Pearson Education，2009.

PORTER，MICHAEL E. Choix stratégique et concurrence：techniques d'analyse des secteurs et de la concurrence dans l'industrie [M]. Paris：Economica，2004.

LELORRAIN，ANNE-MARIE. L'évolution de l'enseignement agricole depuis les débuts de POUR [J]. Pour，2016，232（4）：118.